公关战略

成就卓越的商业组织

李曦——著

清华大学出版社
北京

图书在版编目（CIP）数据

公关战略：成就卓越的商业组织 / 李曦著 . — 北京：清华大学出版社，2024.4
ISBN 978-7-302-65904-4

Ⅰ.①公… Ⅱ.①李… Ⅲ.①企业管理－公共关系学－研究 Ⅳ.① F272.9

中国国家版本馆 CIP 数据核字（2024）第 065365 号

责任编辑：宋冬雪
封面设计：青牛文化
责任校对：王荣静
责任印制：丛怀宇

出版发行：清华大学出版社
   网　　址：https://www.tup.com.cn，https://www.wqxuetang.com
   地　　址：北京清华大学学研大厦 A 座　　　　**邮　　编：**100084
   社 总 机：010-83470000　　　　　　　　　**邮　　购：**010-62786544
   投稿与读者服务：010-62776969，c-service@tup.tsinghua.edu.cn
   质 量 反 馈：010-62772015，zhiliang@tup.tsinghua.edu.cn
印 装 者：小森印刷霸州有限公司
经　　销：全国新华书店
开　　本：170mm×230mm　　　**印　张：**20.5　　　**字　数：**285 千字
版　　次：2024 年 5 月第 1 版　　　**印　次：**2024 年 5 月第 1 次印刷
定　　价：88.00 元

产品编号：102347-01

本书所获赞誉

郑砚农

中国国际公共关系协会顾问、原常务副会长

营销大师科特勒曾说过："过去，企业提高竞争力靠的是高科技、高质量，而现在却要强调高服务和高关系。"他强调高服务、高关系也是竞争力，是在强调公共关系实务的价值。但公共关系更重要的价值是在企业战略层面发挥作用，属于"一把手工程"，这也是李曦女士从索尼（中国）副总裁的岗位准备去京东集团之前我建议她要与"一把手"认真谈一次再做决定的原因。

将公关在企业战略的"道"与公关实务的"术"相结合才是公共关系完美的价值。

这应该是我看到的国内第一本关于企业公关战略的书，值得从事公共关系相关领域的朋友乃至企业管理者阅读。

赵大力

中国国际公共关系协会常务副会长

中国的公共关系行业至今只有 40 年的发展历程，行业的发展离不开优秀公关人从业经验的总结、积累与提升、分享。这本《公关战略》完美呈现了李曦从业 30 年的职业化、专业化和国际化的思考与洞察，相信会给广大公关行业从业者带来启发与灵感。

吴晓波

著名财经作家

公关战略是企业战略的重要组成部分，在企业发展战略组合拳中具有不可替代的作用，当下，能认识到这一点并积极践行推进的中国企业并不多。《公关战略》这本书系统梳理了企业在从小到大的发展进程中，公关所能起到的关键战略作用和具备的独特价值，不管你管理的是大企业还是中小企业，是创始人、CEO还是品牌营销从业者，这本书都推荐你阅读一下。

何刚

《财经》杂志主编，《哈佛商业评论》（中文版）主编

很多人没有意识到，公关战略是企业发展战略的重要一环，有效的公关战略可以全面提升企业的硬实力和软实力，帮助企业跨越危机和内外阻碍，顺利实现远大愿景。李曦基于丰富实战思考总结的这本《公关战略》，是企业管理者和公关、品牌营销从业者提升公关认知，实现战略超越的利器，值得仔细阅读。

张燕梅

清华大学苏世民书院首席运营官

我与李曦认识算起来已经整整 30 年，这些年来，从索尼（中国）到京东，再到成为 Page Society 中国市场高级顾问，她一直在公关行业的前沿冲锋陷阵，打造高端品牌，创新公司形象，助力外资企业在中国的顺利运营，帮助中国民营企业快速融入国际环境。

《公关战略》这本书不仅充分呈现了李曦作为一名资深公关人从业 30 年来大量宝贵的行业发展思考与公关管理经验，值得组织领导者、管理者和公关及品牌营销行业从业者一读，还展现了她一如既往的真诚和正直的品格。

柯颖德（Scott Kronick）

奥美公关高级顾问，前奥美公关亚太区首席执行官，Page Society 中国分会主席

公关的重要性，已经被时间和世界的发展证明，未来，无论企业规模大小，都应当从一开始就把公关纳入企业发展的战略性考量。经由这本书，读者将更有能力赢得影响力驱动的未来。李曦是中国最有资格写这本书并引导读者走向未来的人之一。

序言

随着企业经营环境日趋复杂，信息沟通与传递越来越呈现碎片化的态势，企业与各利益相关方开展有效沟通、化解危情时刻，越来越成为一项有挑战的工作。2022 年秋，产销量连续 25 年全国第一的"海天酱油"遭遇了添加剂风波，由于当时企业对于此事的反馈和声明不被公众接纳，导致短短一周时间市值就跌了 300 多亿元。类似的惨痛教训比比皆是。

企业变大后，不仅需要与员工、合作伙伴、客户、消费者进行更有成效的沟通，从而更好地达成企业的发展目标，还需要与政府、媒体、意见领袖乃至社会各界和谐相处。而那些能够不断输出正向的价值观、通过前瞻性的观点引领整个行业前行的企业，将成为行业的领导者。它们在建立品牌价值和企业良好声誉并由此向前更好发展的同时，也承担了更多社会责任，带来更大价值。

我的整个公关职业生涯是在索尼公司和京东集团度过的，其间经历了大型跨国企业在中国开拓市场及中国本土创业企业高速发展的阶段。在离开京东后的几年中，我有机会接触了很多大、中、小型企业的创始人和 CEO（首席执行官），我发现，大多数的企业创始人、CEO 并不太了解"企业公关"是做什么的，不知道企业公关能够给企业带来哪些价值，更不知道企业的公关战略应该如何制定、在企业整体发展战略中是什么角色、应当发挥怎样的作用。

简单说来，企业公关可以帮助企业提升"软实力"，包括以更加智慧的方式运作好企业与各利益相关方之间的关系，在企业的发展中获得各方的支持。好的公关战略可以提升品牌价值和企业声誉，扩大产品和服务在消费者群体中的影响力，以及建立和加强客户与合作伙伴对企业的持久信赖。在遇到危机时，企业公关可以帮助企业以正确的判断和决策、恰当的方式方法，减轻危机可能给企业带来的巨大伤害，帮助企业渡过危机并重建市场信赖。在当今的时代和媒体环境下，这项工作越来越复杂和富有挑战性，需要企业在其整体发展战略中涵盖公关战略——将公关战略作为企业发展战略中的重要一环，从而确保企业既有足够的硬实力，又有强大的软实力。只有这样，企业才有可能越过重重困难，跨过万千阻碍，最终走向远方的愿景。企业的公关负责人或首席传播官越来越需要具备战略性思维和专业的方法论，从而帮助企业建立好与各方高效沟通的专业体系，并通过专业化地运营这一体系，将企业的核心关键信息及时、精准、有效地传递到受众群体中，切实助力企业提升品牌价值、企业声誉和市场信赖度。

中国的公关行业起步比较晚，总共才有短短几十年的发展历程，这个行业不像技术行业，没有明确的发展逻辑可遵循，公关学涵盖了战略学、心理学、市场营销学、政治经济学、外交学等多个学科的思维和知识，却始终难以用既有的传统学科门类定义，以至至今都鲜有专门谈论企业公关战略的图书。《公关战略》一书首次系统梳理总结了在企业从小到大、由简至繁的发展进程中，企业公关所能够起到的关键战略作用和带来的独特价值，并完整地介绍了企业公关工作所涉及的所有专业能力模块的知识。大量宝贵的行业发展思考和企业公关管理经验均源自过往 30 年我在大型行业领导企业丰富的一线公关实践和深刻行业洞察，源自我在为不同领域的中外企业做咨询和培训时所积累的跨行业思考和众多案例分析，源自我在与公关行业众多企业公关人、公关从业者和学术界的学者们进行交流和互动的过程中所获得的启迪，源自我在深入研究企业发展战略和企业管理时阅读过的大量专业书籍。

无论是在初创期、成长期、成熟期，还是衰落期 / 再造期，抑或是展开多元化发展、全球化进程、投资并购、合纵连横或谋求上市的每一个重要的发展阶段，企业都需要仔细研究舆情环境、准确定义受众群体，制定与其发展阶段和目标相匹配的专属沟通策略和主旨传播信息，并通过恰当的传播形式和有效的渠道组合将关键信息传递给企业的利益相关方，它们包括消费者、客户、员工、合作伙伴、媒体、意见领袖、行业机构、政府部门、非政府组织乃至竞争对手等。

我本人从最基层的职位做起，直到担任索尼（中国）有限公司和京东集团两家具有代表性的行业领导企业的公关副总裁，曾帮助两家大型企业从 0 到 1 建立了完整的企业公共关系管理体系并全面运营，积累了大量的一线企业公关实战和创新的经验。经过常年思考、摸索和改进企业公关组织与团队的成长，我逐渐形成了一套战略型公关思维框架和方法论。在过往的 30 年里，我也亲历了 20 世纪 90 年代到 21 世纪 20 年代中国经济领域几大支柱产业的周期性更迭——从家电、IT（信息技术）、消费电子到互联网、电商、互联网生活服务等，它们兴起、破局、衰落、演进。从企业出来后，在为面向未来新纪元的潜力赛道——软件、云计算、生物制药、双碳等领域的企业做公关、品牌、市场方面的顾问咨询工作时，我又进一步收获了对于新的前沿产业领域和企业级市场公关的洞察。与此同时，我亦亲历了传统媒体从辉煌到衰落及新媒体从边缘到崛起的整个媒体商业模式的颠覆、变革与重生，对于媒体生态的变化、声音市场的演进都有着切身的体会和深入的参与。

《公关战略》一书正是以中国近代商业发展史为宏大的时代背景，近距离观察并深度剖析众多企业公关实战案例，突出呈现在企业发展的关键时刻，公关战略能够为企业所带来的独特价值，以及相反——它的缺失给企业带来的各种问题甚至灾难。

在碎片化信息汹涌而至的时代，创业者、企业家、公关人、品牌人、营销人越来越焦虑。系统性、战略性、体系化的思考和梳理，能够让企业管理者和公关、品牌、营销从业人员站在更高的视角，以更系统化的思维引领和伴随企业穿越周期，并在企业发展的每一个重大时刻为它保驾护航。

马克·吐温有一句名言——"历史不会重演细节，但过程会重复相似。"时间永远向前，企业公关应该在产业的每一次更迭中、在企业前行的每一段旅途中都不辱使命。再次感谢我们所经历的伟大时代。

李曦

2023 年 10 月于北京

目 录
CONTENTS

第 8 章 | 公关战略成就卓越组织

第1章 公关战略的土壤：瞬息万变的舆情世界

第1节 "声音市场"：媒体生态的重构与公关战略底层思维

任何一家企业都不是孤立于社会而存在的，企业管理者除了需要专注于自身的商业模式、业务经营、产品制造与服务，还必须确定最适合企业自身的市场定位，以及作为社会的一分子需持有的社会态度。企业还要注重维护与社会各方沟通互动的关系，使其保持良性和健康的状态；遇到利益相关方所关切的问题，需要及时回应各方关注，安抚情绪、阐明立场和观点。社会各方所表达的态度、意见、观点和情绪的总和被称为舆情，产生舆情的地带，我们称其为"声音市场"。

企业的掌门人、市场负责人、品牌公关人都需要密切关注"声音市场"，通过对"声音市场"的深入洞察，再结合企业的战略发展目标，来制定企业的沟通策略。

随着社会的发展和信息传播手段的极大丰富，"声音市场"的重要性越来越显著。而随着20世纪90年代互联网产业的兴起，以及之后的30年间数字技术、大数据、人工智能、云计算等技术的飞速发展，整个"声音市场"发生了天翻地覆的变化，以信息传播和观点分享为主要职责的媒体行业的商业模式亦随之发生了重大变革。

这些变化主要反映在以下几个方面。

第一，信息来源发生了彻底改变。具体到我们每个人的切身感受就是，几乎没人看报纸了，甚至看电视的人也变少了。人们主要的信息来源变成了新闻资讯平台（如今日头条、新浪新闻、腾讯新闻、网易新闻、搜狐新闻等）、社交平台（微信、微博等）、短视频及直播平台（抖音、快手、微信视频号、小红书等）、网络视频平台（爱奇艺、腾讯视频、哔哩哔哩等），主流媒体的信息传递方式转变为同时通过 App（应用程序）和它们在各大平台上的媒体账号进行新闻信息发布。与此同时，大量自媒体涌现，它们活跃在各大网络平台，以丰富的传播形式进行着内容传播。我们可以将这些统称为"新媒体"。

第二，信息分发和获取的轨迹也发生了彻底改变。在今天的新媒体格局形成之前的传统媒体时代，信息的分发和获取方式完全是"中心化"的，我们的信息大多来自新华社、《人民日报》、中央电视台、地方报纸等，媒体按照分类包括党报、都市报、行业媒体等。在新媒体格局形成之后，原来"中心化"的信息分发方式已经被彻底改变为"去中心化"的方式，涌现出大量新媒体平台发声渠道，全体网民随时随刻都在创造内容，信息的分发和获取的轨迹从过往的条理清晰、有迹可循变成了"信息爆炸、遍地开花"。媒体格局的根本性变化也改变了企业公关人的工作方式，尤其是面向消费者开展企业品牌公关工作，变得极富挑战性。任何人想要控制信息几乎变成不可能完成的任务。

第三，进入网络新闻资讯时代后，信息获取的平台继从纸媒变为网络新闻媒体后，又发生了从桌面到移动端的彻底巨变。人们的阅读习惯转变为随时随地通过手机获取碎片化的信息。

第四，个人 IP（知识产权）崛起，内容的生产从"集中制"转变为"分散制"。在去中心化的信息制造和分发时代，每个人都被赋予了平等的机会创作内容、发布信息、获得反馈、拥有粉丝（包括读者、观众、追随者等），个人内容创作与信息传播这一生产力被解放，海量信息瞬间喷薄而出、汹涌而来。一大批个人 IP 崛起。

与此同时，传统的媒体机构开始面临巨大挑战，担心自身提供的内容能否保持足够的市场竞争力，成本效益是否还经得起考验。另一方面，内容创作和信息传播方式的扁平化变革使得传播的门槛大幅度降低，受众获取的信息也从有甄选到泛滥，辨别信息的真伪、重要程度、适合与否开始变得日益重要；人们的注意力和时间变得越来越珍贵，成为内容分发角逐者争相抢夺的东西，内容传播平台越来越注重用户停留时长这个指标。

第五，公众的观点变得非常多元化。正是由于上述媒体商业模式的发展与演变，观点多元化成为必然的结果。除了主流媒体传递的声音，有更多观点来源于崛起的关键意见领袖（KOL）和关键消费者（KOC）群体，形成了观点金字塔（图 1-1）。市场、品牌、公关从业人员应当拥有更多元化的视角，具备快速收集、辨别、分析精选各方观点的能力，并能够代表企业予以及时和恰当的应对。

图 1-1 观点金字塔

以上这些都是翻天覆地的巨大变化，这些变化不仅改变了大量媒体从业人员的工作方式和公关从业人员的传播方式，也改变了大众信息获取、人际沟通、内容创作与分享乃至思考和判断问题的方式。

科技的进步催生了创新的商业模式，带来丰富多彩的内容创作和信息传播的形式，最终呈现为"信息碎片化"这一特点。较为完整的信息被分解为片段，人们通过网络媒体、社交平台能够获取的信息数量与以往相比呈几何级增长，同时又非常分散，其效果就是碎片化信息大爆炸。

现代人生活越来越忙碌，只能在闲暇的间隙获取更多信息，比如吃饭时刷一刷短视频，坐公交车时用手机上一会儿微博、小红书等。可以说，信息的碎片化在现代社会中有非常多的实际应用场景，成为当今信息传播的常态。

这确实给人们获取更多信息带来了极大的便利，也大大提升了信息传播和获取的速度。不足是，信息的完整性降低，推演的过程被大量简化，导致人们接收的信息通常并不全面，很多时候存在内在逻辑的不完整。人们每天浮光掠影地阅读非常多的信息，也增加了不少谈资，好像什么都知道一些，仔细一想仿佛又什么都不是真正的知道。碎片化的信息，只有经过汇总整理，并加以深入分析，才能看到较为完整的图景，找到内在的逻辑，尽可能还原事实的全貌，抑或沉淀为知识。

信息碎片化的另一个缺点在于，人们接受碎片化信息后的随机反应，和深思熟虑后采取的行动完全不同。所以，我们经常能在社交平台上看到大量不负责任的观点和评论，这就需要人们有意识地提升自己独立思考和判断是非的能力。如何提高？对于企业来说，需要进行及时全面的舆情监测、比对和分析；对于个体来说，则需要学会选择可靠的信息源和加强独立思考的意识。

我们需要特别关注在沟通形式发展的进程中，过去 10 年出现的现象级关键词——"今日头条""短视频""直播"。它们的出现都开启了一个信息分享的新时代，随后陆续出现了类似的、延展的或细分的应用，在此不一一阐述。

今日头条

字节跳动（Bite Dance）公司由"80 后"创业者张一鸣于 2012 年创立，是最早将人工智能应用于移动互联网场景的科技企业之一。其研发的"今日头条"客户端，通过海量信息采集、深度数据挖掘和用户行为分析，为用户智能推荐个性化信息，开创了一种全新的新闻阅读模式。相比同时代的其他新闻网站，今日头条平台在当时没有很多人维护编辑信息，产品使用的时长却已经远超其他媒体同行。经过 10 年的发展，"今日头条"的注册用户超过了 7 亿，头条 App 月活跃用户达到 3.5 亿，成长为国内最大的资讯平台。

今日头条创始人张一鸣曾表示："取得这样的成绩离不开人工智能技术在产品上的应用。今日头条有大量算法方面的工程师，有数万台处理器，每天用户请求数十亿次，请求量在人工智能应用当中已经是非常大的，有几万台机器昼夜不停地计算各种概率。"今日头条还有一个显著特点是有数百万的庞大创作者群体，可以说开创了全民自媒体时代，也带动了各大平台纷纷开放自媒体号的注册和运营。互联网信息爆炸时代有非常多的内容产生，需要把不符合法律法规和公众社会道德的内容去除掉，今日头条将这样的工作也大部分交给了机器人，机器人可以比人更快地阅读，找出其中错误的部分，人工智能技术也应用于审核工作。2023 年 12 月底，今日头条发布的 2023 年度平台治理报告显示，该平台一年累计处理不实信息 109 万条，拦截涉嫌诈骗内容 167 万条，处置传谣账号 2000 多个。平台治理成为一项长期而复杂的工作。

短视频

短视频一般是指互联网新媒体上时长在 5 分钟以内的视频。随着人们生活的节奏越来越快，移动终端的快速普及和网络提速，短平快的大流量传播内容逐渐获得各大平台、粉丝乃至资本的青睐。

随着网红经济的出现，短视频行业逐渐崛起一批优质 UGC（User Generated Content，用户原创内容）内容制作者，微博、快手、今日头条等纷纷入局短视频行业，募集了一批优秀的内容制作团队入驻。2017 年，短视频行业竞争进入白热化阶段，内容制作者也开始偏向 PGC（Professional Generated Content，专业生产内容）化专业运作。

短视频的缺点是太短，信息很难完整传达，然而它的魔力也正在于此。因为人们都知道它短，不会期待和纠结是不是把信息说全了。而传统媒体人、公关人可能会很纠结，因为传统公关讲究信息屋的完整搭建，核心信息的传递也需要有完整的逻辑。但信息碎片化时代已经到来，与其拧巴，不如顺势而为。

直播

娱乐的多样化导致网络直播平台的兴起。把时间的指针拨回被称为"直播元年"的 2016 年，这一年智能手机、4G 网络在中国全面普及，1000 多家直播平台雨后春笋般涌现。2017 年，直播行业进入快速发展期，竞争也日益加剧。

在之后的两年，直播行业给大众的突出印象是，一些超级网红通过直播带货，狠狠地搅动了电商大市场，以致所有的电商平台都开通并大力发展直播卖货。直播最大的优势是比以往的图文呈现更丰富、比短视频传播更灵活，更有利于帮助用户理解一些相对复杂、枯燥的东西。2020 年伊始，突发的新冠疫情进一步催熟了直播产业。

QuestMobile 2020 年 3 月发布的《2020 中国移动直播行业"战疫"专题报告》的数据显示，2020 年春节期间，受新冠疫情影响，网民对移动互联网的依赖加大，互联网的使用时长比平常增加 21.5%。人均每日使用时长为 6.8 小时，同比 2019 年春节增加了 1.2 小时。春节过后，这一数字还在上涨，达到了 7.3 小时。

然而，2020 年的直播产业小高峰，从后面两年的快速发展往回看，只是产业崛起的初期阶段。到 2022 年的"双 11"，抖音发布了"抖音双 11 好物节"数据报告、消费趋势及用户购买偏好。报告显示，10 月 31 日至 11 月 11 日，抖音电商内参与"双 11"活动的商家数量同比增长了 86%，兴趣电商内容带货持续发力，直播带货总时长累计达 3821 万小时，7667 个直播间销售额超过百万元。

短短几年的时间，人们已经不能想象没有直播的"双 11"。起始于技术驱动的资讯、短视频、直播平台终归进军商品交易的战场，与传统电商展开消费者和生意的争夺。而争夺直播头部主播亦成为传统电商的竞争手段之一。自 2021 年以来，淘宝直播为了扶持腰部主播和新主播，陆续推出新领航计划、引光者联盟、超级新咖计划、源力计划 4 项主播政策。其目标是实现支持 2000 个账号成交翻倍，5000 个店播年度成交超 1000 万元，培育 100 个粉丝超百万的内容账号。

经过 10~20 年的革命，传媒领域的市场格局发生了彻底的变化，媒体生态已经完全重构。

2015 年，世界报业协会发表全球日报发行量排行榜，当时中国有三份报纸进入前 20 名，其中《参考消息》以日发行量 270 万份排名第 9；《人民日报》以日发行量 186 万份排名第 18；《羊城晚报》以日发行量 150 万份排名第 20。这些媒体在报业里都是佼佼者。但在今天的移动互联网时代，包括这些头部传统媒体在内的所有纸媒的印刷量仅仅保持着极低的水平，很多报纸都不再印刷，这标志着一个资讯传播时代的结束。

与此同时，"亿级用户规模 App" 成为市场的主导。根据 QuestMobile2023 年春季报告，截至 2023 年 1 月，中国移动互联网月活跃用户规模已超 12 亿，与"声音市场"相关性最大的应用中，即时通信类 App 月活跃用户规模超过 11 亿，微信占 94%；短视频类 App 月活跃用户规模超过 9.5 亿，抖音占 77%；综合资讯类 App 月活跃用户规模超过 5 亿，今日头条占 72%。值得注意的是，"短视频＋即时通信"占据了网络用户超过 50% 的时长比例。至此，新媒体不仅彻底颠覆了传统媒体的商业模式，并已发展至市场成熟期。

传统媒体也在不断进行自我革新，在融媒体发展策略的基础上，《人民日报》成立了"新媒体中心"，导入互联网应用技术，强化内容创意和新媒体账号运营，其全网新媒体账号影响力获得了极大的增长。2022 年 7 月，《人民日报》新媒体（官方自媒体）的粉丝数量已达到：抖音平台 1.6 亿、微博 1.5 亿、微信 4600 万的规模，人民日报客户端也获得了 300 万的日活跃访问。与时俱进的转型升级，让《人民日报》在新媒体时代再次走在了权威媒体的前列。

毋庸赘言，移动社交在今天已经成为人人必备、占据时长最多的刚需应用。人们从头部新闻资讯 App 和大社交媒体平台获得资讯；同时，个体的创作欲望被大大激发，涌现出大量引人注目的个人 IP。我们进入了一个移动阅读、移动社交、人人都是自媒体的碎片化信息流通时代。

新媒体本身也在不断地迭代升级，内容、渠道和交互形式都在不断丰富，其特点主要包括以下几个方面。

1. 资讯形式的升级

我们经历了"语言—文字—图像—视频"的升级。内容越来越丰富，其实质是用户体验感越来越具象。

2. 资讯交互方式的升级

从阅读文字、听声音、看视频，到直播和社群分享交互与以意见领袖为中心进行聚合和传播。其升级的核心特点是从单一获取到社交分享，再到社群交流，从单一中心向多中心发展，从资讯交互发展至商品交易。

3. 资讯渠道的升级

我们经历了"纸张—广播电视—电脑—手机"的升级，其实质是用户对资讯传播载体的携带和使用越来越方便。传统媒体大量关门，存活下来的都在向"融媒体"（将传统媒体和新媒体的优势相结合，将原来的单一媒体传播形式转变为多种媒体形式的传播）转型。资讯类渠道逐渐发展为多形态的、聚合的、更具交互性的平台。

【案例 1　纸媒的尴尬】

2020 年 1 月 8 日，一架乌克兰国际航空公司的班机在伊朗坠毁，共造成 176 人身亡；空难发生后第一时间，伊朗国家电视台说涉事客机（PS752 航班）是因为机械故障而坠毁。在加拿大总理特鲁多等西方国家领导人指出客机系被导弹击落，以及多家西方媒体报道极有可能是伊朗误将其击落后，伊朗民航组织负责人依然声称"这种说法是不合逻辑的谣言"。

2020 年 1 月 11 日早上出版的《环球时报》头版头条以"伊朗驳斥导弹打客机说"为标题对此事进行了报道和评论；然而，就在当天中午，伊朗军方调查小组公布的调查结果称："1 月 8 日伊朗武装部队处于最高程度的警戒状态，而 PS752 航班起飞后，其形态完全类似于在接近伊斯兰革命卫队敏感战略中心的敌对目标。在这种情况下，由于人为的失误，该客机无意中成了目标，不幸导致亲爱的同胞和外国乘客遇难。"全球的网络媒体第一时间对这样一个 breaking news（突发新闻）进行了报道，但短短几个小时之前批量印刷和发行的报纸已经无法更改。这件事以一种相当尴尬的方式再一次提醒我们，纸媒称霸的时代已经结束了。

【案例 2 从"罗永浩直播首秀"看新新沟通时代的演进】

2020 年 4 月 1 日愚人节的晚上，罗永浩和抖音合作，完成了他的直播首秀。这场直播首秀，创造了一个纪录：3 小时的直播带货支付交易总额超过 1.1 亿元人民币，累计观看人数超过 4800 万人，创下抖音直播带货的新纪录。当晚，罗永浩带货清单总计 22 种，主要包括食物饮料、生活家居用品、科技产品三大类。

不少人开始都是抱着看一场相声的心态来看罗永浩的这场直播的，也有不少人为了看罗永浩的直播首秀下载了抖音。有人惊呼："这个世界真的变了！"不少首次围观直播卖货的网友感慨："今晚是中国直播界腥风血雨的一夜，缔造了 2020 年中国电商史上魔幻的一幕。"

4月2日凌晨，罗永浩在自己的微信公众号发了一张海报，秀出了直播卖货的战报（图1-2）。老罗写道："无言感激；无限惭愧；会继续努力。"这13个字和一张战报海报，在短短几个小时内阅读量超过10万。这是个人IP崛起的典型案例。

图1-2　罗永浩直播卖货的战报

　　随后，罗永浩转战淘宝直播间，这一消息本身引起了市场的轰动，其加盟后主打男性消费者品类，囊括大牌数码家电、运动鞋服、美食饮品。首播累计观看人数总计2600万，iPhone13等3C（计算机类、通信类和消费类电子产品的统称）类产品全部售罄，单场预估销售额达2.1亿元。

　　在新媒体沟通时代怎么顺势而为，罗永浩的团队应该没少琢磨。利用信息碎片化这个新传播时代的突出特点，罗永浩的团队干脆把完整的信息继续打散，把它打得更碎。你们不是没有时间吗？你们不是只有看碎片化信息的工夫吗？那好，我就让你们每次看一点点，勾起你的兴趣，但是话不说完，让你看了这次还想下次。如此这般，粉丝们被罗永浩的每次只抖开"包袱"一个小角儿的短视频成功吸引，很快就养成了不断来看他的短视频的习惯，因为每次都能多一点点惊喜和刺激。

2020年是直播产业进入超大规模增长的引爆年。借由这样一个案例，我们看到了内容生产、信息传播和媒体发展的一系列演进，它与科技的发展和创新的应用密不可分，带有很强的时代特征。在这样一个变化纷繁复杂的新新沟通时代，2020年罗永浩的那一场直播首秀交出了一份惊人的商业成绩单：50000支小米巨能写中性笔全部售罄；45000张奈雪的茶定制100元心意卡全部售罄，100000盒信良记小龙虾全部售罄……罗永浩的抖音账号注册仅仅3个小时，粉丝量就突破了百万。到4月2日开播前，粉丝数量已经超过500万。这也是新媒体时代沟通与传播变现的典型案例。

【案例3 李筱懿的流量密码】

李筱懿是从财经记者到公众号时代的领军人物，出版过《灵魂有香气的女子》《情商是什么》《自在》《先谋生，再谋爱》等10部作品，连续8年获评"当当年度影响力作家"，是图书出版、知识付费和视频领域的全方位女性内容IP，在微信生态圈、抖音短视频、微博、小红书、快手等平台累计粉丝超过2200万。

李筱懿在2023年分享了这些年做内容的心路历程。她认为做内容要考虑三个重点。第一个是"定位"，内容定位是什么？给谁看？内容标准是什么？我们得有一个清晰的认知。第二个是"表达方式"，用什么样的方式传达内容？要多与用户站在同样的视角互动。第三个是"价值"，要想清楚我们到底给用户提供什么价值。

对于从 21 世纪 20 年代开始大为流行的短视频和直播，李筱懿认为比起图书和公众号的深度内容来说，其更像是浅度内容。2500 字可以是一篇公众号文章，也可以拆成五条短视频。大家在创作短视频时，要留心时长，时长很关键，对于刷短视频的人来说，他可能十几秒就会划走，注意力、耐心和专注度都十分有限。做短视频还有一些技巧，例如"埋钩子"，吸引观众持续关注。

李筱懿做的主要是知识类的内容传播，她认为直播是由七个流量密码组成的。

第一，筹备。视频号直播会有预约公众号通知、短视频剪辑、群内运营等多渠道的通知，这是一个筹备阶段，可以在这个阶段为直播进行预热。

第二，内容。一个内容创作者穿越周期的时候，请一定记得放下成见和执念，时代一直在变化，有些事情不可预知。比如，她本人作为一名作家，新冠疫情 3 年都无法开线下签售会，于是她开始用直播的方式与读者互动。后来她从一个单纯的文字内容创作者，逐渐将内容迁移到"文字 + 视频 + 直播"的多类型传播形式，并将自媒体号扩展到多个平台进行传播，包括视频号、抖音、小红书等。

第三，周期。李筱懿每天讲一个女孩的故事，用图书、微信生态链、短视频、在全国的 85 个社群及更多平台等多个传播渠道和多种传播方式去讲这些故事，面向的观众和读者群体是"中国的姐姐"——30 岁 + 的女性群体，陪伴她们成长、帮助她们抚平焦虑，同她们分享知识和洞察。她把这个产品比作"视频版的读者文摘"。每个月她还做两场知识分享类直播和一场图书直播，此外还有好物分享直播。多种内容创作方法需要组合运用。

大量的直播都是在晚上做，但她认为其实这是一个平台化特征；她通过在中午做直播保持了独树一帜，更维持了自己的生物钟、生活习惯，从而能够让自己保持一个良好的身体状态、持续做好工作。

第四，团队。个人IP、自媒体号在深度运营用户的阶段，一定要保持团队的一致性，整个团队的气质都要一致，否则会对用户的黏性造成伤害。

第五，形式。李筱懿团队的直播形式是：知识分享 + 图书分享 + 好物分享。

第六，复盘。直播的复盘，要认真分析直播的效果，包括数据和货品的复盘，这对每一位初来乍到者都很关键。

第七，工具。紧随平台的脚步，及时掌握新工具。

李筱懿的方法论作为一个典型，呈现了个人IP在新媒体时代如何做到从籍籍无名到收获巨大公众影响力。

媒体生态的重构改变了公关战略传播的底层思维。通过以上案例分析，我们至少可以进一步思考以下问题：

如果变化过于纷繁让你感到焦虑，你是否可以思考一下，哪些东西没有改变、需要我们坚守？改变了的地方，它们的底层逻辑到底是什么？

在当今的"去中心化沟通时代"，公关战略创意和内容传播必须要打组合拳，那么适合中心化传播体系的内容与适合去中心化传播体系的内容权重如何分配，内容与渠道、传播时机和内容形式如何精准匹配，才是最佳的传播方案？这需要操盘者基于对"声音市场"的洞察、对企业业务需求的深刻领悟、对传播资源的精准梳理及对创意内容的定制化包装，最终形成公关战略和传播方案，达成高回报率的结果。这其中有大量可以深入研究的细节。

以下问题供大家思考：

- 人人都可以发声，但想凸显出来却极其困难。如果你想做个人 IP 和 / 或内容创业，如何做好自己的定位、方式和价值？罗永浩、李筱懿及更多的新崛起的大 IP 和他们尝试的做法给你带来了什么启发？

- 作为企业中的沟通专业人员，或者公关营销公司行业人士，你需要思考：如何布局、规划、创意，从而能够持续为你的企业、品牌、客户输出新的价值？

- "沟通"接下来还会发生哪些变化呢？这些变化会蕴含哪些新价值的创造呢？不妨天马行空地想象一下，没准儿你会发现新大陆。即便你的预言不能实现，这样的思考至少能让你多一些洞察。

第 2 节　舆情监测与分析：制定企业公关战略的重要基础

庞大、复杂、多变的"声音市场"是企业公关人需要密切关注、深入观察和进行角力的战场。对"声音市场"的洞察就是公共关系行业通常所说的"舆情监测与分析"，是制定企业公关战略的重要基础。

俗话说"知己知彼，百战不殆"。我们通过舆情监测与分析可以做到：

- 更加清晰地认知企业自身在"声音市场"中的位置。

- 更精准地了解企业自身与市场其他玩家的竞争关系，这需要提前定义比对的维度。

- 基于舆情监测与分析报告，复盘企业自身在"声音市场"上的传播策略是否落实到位，核心信息是否传递到目标受众群体，传递的质和量又是怎样的。

- 基于上述监测和分析工作，对于企业自身做得不好的地方重点研究并制定改进方案。

- 基于上述监测和分析工作，推演出竞争品牌的传播策略、传播力度、传播效果、费用预算等，对于制定竞争战略具有参考作用。

- 基于严谨的"声音市场"分析与推演来调整企业自身的竞争策略和行动方案。

公关人需要循环往复地做以上工作，持续观察企业在"声音市场"上的表现，以螺旋上升的方式持续改进公关传播策略和行动——包括在质和量两方面的持续提升，在传播精准度上的提高，在投资回报率上的持续改进等。

如同在战场上打仗，舆情监测与分析可以帮助我们提前精准地了解整个声音战场的情况，分析出对手的作战策略（公关战略）和武器装备（预算、媒体资源、内容创意及传播方式的丰富程度等），从而制定自身的作战策略，关键突破口——包括关键内容创意和传播节奏（关键时间点），以及资源配置。

舆情监测与分析在危机管理方面尤其重要。负面舆情的出现会有损企业、品牌、机构、个人的形象和声誉，舆情监测就像企业的天线，第一时间发现舆情的变化与异常，然后快速洞察舆情的实质。这部分工作对后续制定最适合的危机管理解决方案，包括发布声明、进行舆论疏导等，都起着至关重要的作用。

对于企业来说，通过专业的舆情监测、分析和应对，构建一个对企业发展更有利的舆论环境，对树立企业的品牌形象、维护企业的良好声誉都有着重要的实践意义。

大多数公关行业以外的人对舆情都只有感性的认识，会把舆论场上的热点事件当作茶余饭后的谈资。一篇关于企业的负面报道，哪怕只是来自一个很边缘的自媒体，由于强相关性，通常也会被企业人员在内部大量传播和转发，造成企业内部人员认为这个报道已经在社会舆论场上占据了巨大的影响力，而这很可能与实际情况不符。

专业的企业公关人借助舆情监测与分析的工具，可以更加客观地看待舆情事件。针对企业相关的话题，可以通过"质"和"量"两个维度对企业在"声音市场"上的表现进行更加深入和精准的分析。

"质"的分析维度通常包括重点话题分析，宏观环境及细分市场走势分析，关键词与核心信息的露出及其露出位置的显著程度，网络评论分析，也会涵盖是否有重量级专家的评论，是否涉及国家和行业的相关政策，等等。

"量"的分析维度则通常包括篇数、浏览量、点击量、评论量（又分为正向、中性、负向）、点赞数、转发数，以及更全面的全网大数据分析（包括词云、热点等），在不同传播渠道的传播走势，乃至分地区、分受众年龄段的分析，等等。

舆情监测与分析的模型可以根据企业的需求来建立，然后企业公关人就可以通过对"声音市场"的全面、细微、精准的洞察，对整个"声音市场"的情况，对竞品可能拥有的资源和采取的传播策略，对方的执行能力和风格打法等都有所了解。基于深入细致的分析和比对，进而形成自身的战略层级思考。

商场如战场，这是我们打仗之前的"战前分析"。充分了解自身和对手的方方面面，是制定独特的、具备差异化竞争优势的公关战略的基础，这样说来，舆情监测与分析工作做得再专业都不为过。

【案例 4　声音市场的舆情监测与分析示例】

一、利用大数据技术在全网新闻资讯平台上提炼出 Reno6 被提及的重点情况，包括频率高低不等的关键词，以及消费者对其评价较为集中的主要关键词。企业市场、品牌、公关部门可以参考这些对于"声音市场"的精准洞察，制定后续的对外沟通、传播策略；企业的产品设计和运营部门亦可以参考舆情监测与分析报告不断改进自身的产品与服务。结果如图 1-3 所示。

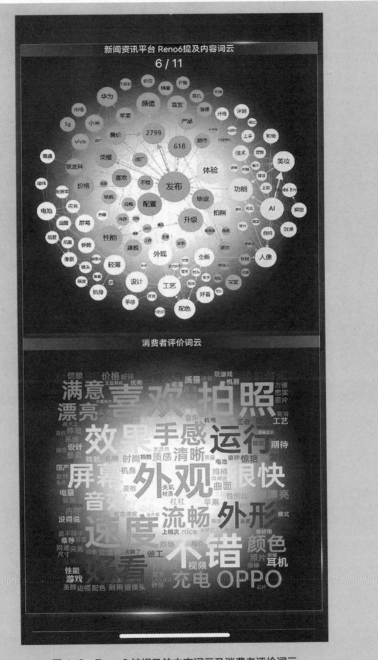

图 1-3　Reno6 被提及的内容词云及消费者评价词云

二、全网搜索国潮关键词的分析以及市场玩家比对分析，帮助企业洞悉"声音市场"的走势，在之前市场、品牌、公关传播成果的基础上，制定未来的市场营销、品牌传播战略和行动计划。结果如图1-4所示。

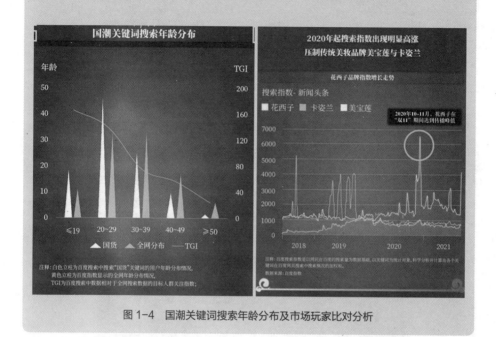

图1-4　国潮关键词搜索年龄分布及市场玩家比对分析

深入了解"声音市场"并进行专业的舆情监测与分析是企业开展战略型公关的重要基础，是制定公关战略之前首先要做的功课。随着企业从初创期发展至快速成长期、成熟期，直至转型期，这项工作的复杂度会逐步提升，亦应相应地提升该项工作的专业度和精细度。就像越是复杂、大规模的军事行动，越需要制定高水准的军事战略，而专业、完善、精准的战情分析与洞察，既是战略制定不可或缺的基础，也是关系到战略部署成功与否的关键因素。

第 2 章　公关战略在企业不同发展阶段的作用

第 1 节　初创期企业：跨越危险鸿沟，令创新商业模式得以存活和发展

　　企业公关不仅是公关人的工作，也是企业战略的一部分。在企业初创最艰难的时期，新产品或新服务需要跨越从"早期采用者"市场到"大众采用者"市场的危险鸿沟。在这一过程中成功者寥寥，失败者众多。能够更好地运用企业公关战略的创始人、CEO，更有机会超越他人，获得成功。

公关的本质是沟通。企业公关也可称作"企业沟通"或"企业传播"，英文是 Corporate Communications，直译即为"企业沟通"。

　　在企业的初创期，绝大多数的创业者可能从未考虑过"公关"能够给企业带来什么价值，更不会想到公关还能在关键时刻帮助企业在市场上取胜。确实，一直以来，公关似乎只与大企业、大品牌有关。但也有一些非常有说服力的案例告诉我们，公关战略的确能够帮助初创期的企业在市场上成功超越同行。与之相反，因为忽视公关的战略意义，一些卓越的创新产品、技术或应用最终未能成功进入主流市场，留下深深的遗憾，遭受了巨大的损失。

　　曾有美国硅谷的资深企业管理者对过往数十年的科技行业进行观察发现，

绝大多数科技企业的创新产品、应用或服务都因无法跨越从"早期采用者"市场到"大众采用者"市场之间的巨大鸿沟而失败，大量企业前赴后继的探索实践和惨烈的市场竞争都验证了一个真理，就是最终能够跨越这个鸿沟脱颖而出的企业和品牌凤毛麟角。这些成功者为广大消费者所熟知，但更多的创新产品、服务、业务模式乃至创业企业本身，都在市场推广初期或企业发展的初创期直接跌落深渊，再也没能起来。

初创企业面临的另一个典型的挑战是，它们往往会把精力更多地专注于创新业务本身，将利益相关方局限在合作伙伴和客户的范围内，对于社会的期待估计不足，忽视了与更多社会利益相关方的沟通和协同，导致在设计业务运营模式、开展市场营销推广等工作时站位不够高、考量不够充分和全面，不能匹配其创新业务的复杂性。这些问题很有可能会直接使得创新业务出现重大瑕疵和公众信任危机，最终企业因无法应对而导致整个业务的失败。

这一节我们来看看公关战略对于企业初创时期的发展和创新业务的重要意义。在具体探讨如何为初创期的企业或者创新业务制定公关战略之前，让我们先来看几个初创企业和创新商业的案例，它们都关乎企业或创新业务的生死攸关时刻，我们可以关注一下公关战略在其中的作用。

【案例 1　京东家电搅局家电连锁江湖】

2022 年 7 月的两条新闻曾让许多人心生感慨，一条是"2022 年《财富》发榜，京东在中国 500 强中跃升至第 7 位，成为行业内唯一进入前 10 的民营企业"。《财富》全球 500 强榜单是按照收入来排名的，京东 2021 年全年净收入达到了 9516 亿元人民币，在如此大的体量下，同比增长达到了 27.6%，已经是一家万亿收入规模的企业。（2022 年全年京东的净收入已经达到 10462 亿元人民币。）另外一条是"张近东父子，被全球追债"。苏宁 2021 年全年的营收是 1389 亿元，同比下滑了 44.94%；净亏损 432.65 亿元，同比下滑了 912.11%。一家曾经辉煌一时的企业如今沦落到了极其糟糕的境地。

京东已经是全品类的电商平台，上面两家企业营收的数字不好直接做对比，让我们只聚焦家电这个业务板块。2022 年初，中国电子信息产业研究院发布的 2021 年家电市场调研报告显示，2021 年，线下渠道占整体家电零售额市场的比例为 47.1%，线上渠道为 52.9%。家电零售市场线上市场主导、线下市场辅助的崭新格局已经浮现。在家电零售商占比图中，京东家电占比 32.5%，名列第一，远远超过了曾经的市场霸主苏宁（苏宁后来更名为苏宁易购，市场份额为 16.3%）和国美（5%），如图 2-1 所示。

图 2-1　2021 年我国家电市场零售商占比情况

而 2023 年初发布的 2022 年我国家电市场零售商占比情况显示，受 2022 年新冠疫情反复的影响，网络零售对家电消费起到了"稳定器"的作用，家电网购占比升至 58.2%，远高于我国零售市场整体网购渗透率。京东进一步扩大市场份额至 36.5%，苏宁易购则跌落至 8.7%。

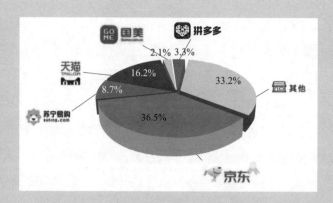

图 2-2　2022 年我国家电市场零售商占比情况

　　回顾家电行业近 30 年来的发展，整个家电市场从 20 世纪 80 年代末、90 年代初开启了家电连锁模式，国美和苏宁逐渐成为家电连锁巨头。在接近 20 年的时间里，市场格局都未发生明显改变。2010 年，京东开始上线家电零售业务，显然，这是一块非常难啃的骨头。彼时京东的整体业务依靠融资逐步拓展，无论是扩张品类还是自建物流，都需要大量的资金、人员、管理等全方位的投入，京东创始团队可以说每天都行走在悬崖边上，一个不小心就可能资金链断裂，企业就会瞬间跌落深渊。

　　2012 年，家电市场总盘子接近万亿元人民币，而所有的电商渠道加起来只有一两百亿元，连 2% 的市场份额都不到。无论京东的业务人员怎么争取，很多家电品牌厂商都不愿意冒着得罪市场上最有势力的零售商的风险支持京东。

　　恰恰就在这样的危情时刻，一则"苏宁在港融到一大笔钱"的传闻流传开来。如果苏宁成功融资的传闻是真的，那么只要苏宁愿意，就可以打一场"歼灭战"，即在一段时间内把大家电的价格全部降到市场最低，通过这一手段把家电厂商和顾客全都吸引到苏宁的售卖渠道。京东的家电业务彼时刚刚起步，只在少量"早期采用者"群体中被认知，绝大部分的"大众采用者"还未能认知，而"大众采用者"才是市场的主流。处于业务初创期的京东当时所面临的正是"跨越危险的市场鸿沟"这一巨大挑战，它和许许多多的初创企业一样，正处于穿越黑暗走向黎明的困难时刻。

尚未被主流市场认知，自营进货又占用了大量资金，如果再被竞争对手刻意打压，导致大量进货成为卖不掉的库存，就会产生连锁的负面效应。例如：家电商品随着时间的推移价值贬损严重，只能以极低的价格处理掉；库房面积被大量占用带来经营成本居高不下；"在京东买家电不仅看不见摸不着还不便宜"的消费者认知一旦形成便难以改变……无论是商品滞销、资金滞压、经营亏损还是市场认知的失败，都有可能让京东在那样一个关键时刻遭受灭顶之灾，这是京东无法承受的巨大风险。与苏宁的战火一旦点燃，京东可能会极为被动，甚至无力应对，让京东家电业务被扼杀在摇篮中。而苏宁可以在干掉京东家电之后，再次回归正常的赢利模式。这一场景正是初创企业和成熟企业在市场对阵时的典型场景。

在这一生死关头，2012 年 8 月 15 日，京东创始人刘强东在微博上发起了闪电般的突袭，打响了第一枪。他主动挑起了京东针对苏宁、国美大家电品类的价格战，称未来三年大家电零毛利，保证比国美、苏宁便宜 10%以上。刘强东通过微博平台打响的既是价格战，也是舆论战，后续我们可以看到，他当时凭一己之力制造了一个巨大的全民舆论热点。

苏宁、国美因为担心京东通过舆论战抢走更多消费者，不得不立刻回应。苏宁直接回怼：苏宁价格必然低于京东，否则价差双倍赔付。国美也迅速加入战斗：国美在线电器全线商品比京东商城价格便宜 5%。两大巨头下场，一场大规模商战瞬间爆发，也引起了消费市场的高度关注。

京东即刻成立了"打苏宁指挥部"，苏宁也喊出了"平京战役"的口号。与此同时，电商行业的其他竞争对手也趁机纷纷下场，将这一事件升级为线上线下家电渠道的一场混战，也将"价格战"变成了对京东的"群殴"。刘强东进而发出多条带着浓浓火药味的微博，令这场微博上发起的"战争"不仅来势凶猛，更是火速升级和出圈，引起众多大众新闻媒体的关注。大量网站、报纸、电视台都纷纷报道这一事件，一时间让"上京东可以买到更便宜的家电"，以及电商新势力京东力挑苏宁、国美线下家电巨头这一行业竞争事件的影响力几何级放大，演变成了人人皆知的热门话题，社会影响力巨大。大多数消费者并不知道事件的背景，纷纷围观看热闹，更有不少原来在线下渠道购买家电的消费者，开始尝试上网选购家电。刘强东在微博平台的重磅发布让"上网买家电"这一概念首次为大众市场所熟悉，一举跨越了横梗在"早期采用者"群体和"大众采用者"群体之间那条深不见底的沟壑。

由于事发突然，在"8·15"大战之前，参与竞争的各家并没有来得及在商品备货、价格调整和相应的服务等方面进行充分的准备，消费者在购买商家声称的优惠商品时频频出现断货现象，引发了不少消费者投诉，一时间家电市场战火纷飞，乱成一片。这种乱象引起了主管部门的关注，几天后，包括京东在内的各家电零售商陆续被有关部门约谈，大家偃旗息鼓，承诺改进工作，确保今后在大促前做好充分准备，更好地保障消费者的利益。后续，京东花大力气加大货品的丰富度，不断提升自营物流的送货体验，加上大众市场从那一刻开始认知和尝试"上网买家电"这件事，京东的家电业务得以存活下来，继续向前发展。

尽管这场刘强东在微博上发起的战役最终以偏负面的媒体报道结束，但通过这一迫不得已的公关行动，首先是自救成功，京东家电业务没有被扼杀在摇篮中，而在当时，救活了家电业务也就相当于救活了京东整个业务。同时，把"上京东买家电更便宜"的概念成功地广而告之，让"网购家电"这件事一举突破了"早期采用者"市场，进入到"大众采用者"市场。这是一个极为关键的突破。

这场公关战给了我们一个启迪：如果处于创新业务需要从"早期采用者"市场过渡到"大众采用者"市场的阶段，能够通过一个引爆全民关注的热点话题，去推动创新的产品、技术、应用或商业模式为大众所认知，就能切实帮助企业跨越危险的市场鸿沟，让好的创新成果避免被传统势力打压或扼杀在摇篮中。一旦这些创新产品、应用或商业模式活下来，再通过不断的改进和完善逐渐变得强大，就可以为提升消费者体验、促进技术进步和行业发展、推动市场前进做出贡献。

不过，刘强东的这一做法极为罕见，也几乎不可复制。在没有系统性准备的情况下使用舆论这把双刃剑，也会给企业带来反噬效应。这一点我们可以通过建立好的公关体系来尽可能避免，本书后面的章节将会详述。

【案例 2　滴滴顺风车业务下线】

2015 年，滴滴新上线"顺风车业务"。随着该业务服务体量的增大，这一新生业务开始不断出现问题。

先是陆续发生多起年轻女乘客被性骚扰等不良事件，之后 2018 年 5 月 5 日，祥鹏航空公司空姐李某某搭乘滴滴网约车赶往郑州火车站途中惨遭司机杀害。仅仅过了 3 个多月，2018 年 8 月 25 日，乐清市公安局官方微博通报：8 月 24 日 17 时 35 分，乐清警方接群众报警称其女儿赵某于当日 13 时，在虹桥镇乘坐滴滴顺风车前往永嘉。14 时许，赵某向朋友发送"救命"消息后失联。这名年轻女孩后被证实在遭受了滴滴顺风车司机钟某的强奸后被杀害。此前的 2016 年 5 月 2 日晚，深圳一名 24 岁女教师搭乘滴滴顺风车返回学校，司机潘某持刀逼迫被害人交出身上财物，之后将其残忍杀害。随后滴滴通报称，涉案司机在平台上的注册信息均为真实信息，但涉案车辆的牌照系司机临时伪造。短时间内连续发生多起恶劣的重大刑事案件，让公众对滴滴的愤怒达到了顶点。

此前很长一段时间里，滴滴还曾将"社交"作为顺风车业务的突出卖点，该顺风车事业部前总经理在 2015 年的一次采访中称："这是一个非常有未来感、非常 sexy（性感）的场景，我们一开始就想得非常清楚，一定要往这个方向打。"可以说，这一错误的市场定位和营销方向本身，从一开始就埋下了祸根，无形中诱导了部分开顺风车的司机期待与乘客聊天甚至进一步交往。而与此同时，滴滴却并没有把乘客人身安全保障放在第一位，也没有重视建立能够快速反应、快速解决乘客问题的客服系统。滴滴顺风车僵化、搪塞的做法令人惊讶、广受诟病。媒体、法律机构和公众厉声指责滴滴在安全风控、社会责任和法律责任方面的意识淡漠，事发当晚，央视对滴滴连发三问："管理哪里去了？责任哪里去了？监管哪里去了？"

滴滴顺风车顿时深陷舆论漩涡和公众信任危机。2018 年 8 月 26 日，滴滴对于乐清顺风车乘客遇害一事发布公告，表示诚恳接受公众和监管部门的批评，决定自 8 月 27 日零时起，在全国范围内下线顺风车业务，内部重新评估业务模式及产品逻辑，同时免去顺风车事业部总经理的职务和客服副总裁的职务。滴滴表示："随着服务体量的增大，我们的安全管理和处置能力也面临巨大的挑战，特别在潜在风险识别、流程制度设计、快速响应等方面有许多亟待改善的地方，我们诚恳接受公众和监管部门的批评。客服体系将继续整改升级，加大客服团队的人力和资源投入，加速梳理优化投诉分级、工单流转等机制。"

数起命案的发生，令资本市场对滴滴的发展之路也一度产生了担忧。其实，和此前滴滴公布的一年74.3亿的订单量相比，顺风车一年大约3亿的订单量，在滴滴整体业务中的占比并不算大，但是这项新业务由于忽视了对于关键企业利益相关方的考量，忽视了社会责任和法律意识，市场营销推广定位从一开始就出现严重偏差，终酿大祸，给滴滴带来了远超其实际业务体量的负面舆论环境和恶劣形象，并且持续了相当长的时间。

北京最具影响力的媒体之一《新京报》曾评论此事件："滴滴曾在其2017年会上打出'我们的征途是星辰大海'的口号。但是，在滴滴这艘大船驶向'星辰大海'之前，必须得先修补好船底一直被忽视的大洞。"

从滴滴顺风车这一创新业务的失败案例中我们可以看到，它完全不具备战略型公关的意识，无论是业务运营模式的设计，还是市场营销推广的站位都太低，公关能力与业务的性质和体量完全不能匹配。

作为服务大众的创新出行平台，必须要展开极为复杂的与社会各界众多利益相关方的沟通与协同。这些利益相关方除了司机和乘客，还包括数量众多的、几乎全方位的政府管理部门，如交通管理部门、工商部门、质量监督部门、公安系统、法律机构、劳动保障部门等，以及包罗万象的非政府组织，如消费者保护组织、妇女儿童保护组织等。如果没有对这些内外部利益相关方进行完全的梳理，没有建立起企业与之相对应的高效沟通和协同的机制，意味着企业无法获得来自多方社会管理视角针对大众出行服务可能会有的意见和反馈，不仅在品牌推广和公关策略方面的考量会出现偏差，其创新业务在遇到重大问题的时候更会压力凸显，乃至束手无策，最后只能在巨大的舆论和社会压力下将问题业务下线。这个案例告诉我们，战略层级公关的缺失可能会给企业带来巨大的声誉和商业损失。

【案例 3　软件开源运动的公关战略】

埃里克·雷蒙德（Eric S. Raymond）是软件开源运动和黑客文化的元老级人物，1997 年以后，他成为开放源代码运动的主要理论家，以及开放源代码促进会的主要创办人之一。他撰写的《大教堂与集市》一书成为开源运动的"圣经"，颠覆了传统的软件开发思路，影响了整个软件开发领域。

雷蒙德观察到，在互联网世界里，有一种与传统软件开发模式（大教堂模式）截然不同的全新的模式：集市模式。大教堂模式是封闭的、垂直的、集中式的开发模式，反映了一种由权力关系所预先控制的层级制度；而集市模式则是并行的、点对点的、动态的多人协同开发模式，开发者之间通常仅仅靠互联网联系，在这种貌似混乱而无序的开发环境中，居然产生了质量极高和极具效率与生命力的软件，产生了诸如 Linux 这种世界级的操作系统，这是怎么做到的呢？

他通过亲自实践，研究了这种模式的成功原因和主要特点，给出了软件开发的真知灼见，解释了"黑客"（Hacker）愿意无偿贡献自己代码的动机，研究了开源软件的经济动力和盈利机制，并预测了软件业将必然面临的根本性变革。[他为"黑客"正名，指出"黑客"并不是计算机犯罪分子，而是醉心于软件和网络的编程高手，是乐于分享和喜欢突破极限的问题解决专家、天才发明家和艺术家。"骇客"（Cracker）才是搞破坏的人，比如攻入他人计算机、破解电话系统或者散布病毒等。"黑客"创造，"骇客"破坏，"黑客"对"骇客"也是不齿的。]

在雷蒙德首次发布《大教堂与集市》7 个月后，网景通信公司宣布了开放"网景通信家"源代码计划。网景的执行副总裁和首席技术官给他发了一封电子邮件，在邮件中说："我代表网景公司所有员工，感谢您帮助我们走到这一步，您的思考和写作，对我们的决定有着至关重要的启发意义。"
雷蒙德意识到，网景将在商业世界中提供一个大规模的、真实的集市模式
的测试。开源文化此刻面临一个机会，如果网景通过此举能够重新收复市
场份额，那将会引发一场早该到来的软件产业革命。同时它也面临一个
风险：如果网景此举失败，那么开源概念将受到严重怀疑，商业世界在未来
10 年都不会再碰它。华尔街及其他一些机构，对这件事的初步反应是审慎
乐观的。与此同时，开源理念在其他很多地方已经获得了成功和支持。自
网景发布源码以来，人们对开源模式的兴趣有爆发式的增长，这种趋势由
Linux 操作系统推动。

为了让这一颠覆性创新思维得到更多的认可，真正推动产业变革，雷
蒙德采用了积极的公关战略。最初在技术行业刊物层面推广有关开源运动
的想法，但他认识到这远远不够，若要席卷华尔街，一个重要和基本的条
件是要鼓动起精英主流媒体，特别是《纽约时报》《华尔街日报》《经济学
人》《福布斯》和《巴伦周刊》等。

不同于大多数技术背景的行业领军人物，他从一开始就明白一件事情，
那就是媒体完全不喜欢抽象的东西，需要有故事、有戏剧性、有冲突、有
亮点，有名人站在他们面前说出令人震惊的观点。他决定让自己成为那个
"鼓动者""代言人""宣传家""大使""传道者"。他一方面和各公司 CEO
们往来，一方面站在屋顶又唱又跳大喊大叫地吸引记者，不断刺激媒体，
直到这个机器的齿轮碾出一句"革命来了"。

在网景宣布开源后的 10 个月内，媒体关于 Linux 和开源世界的报道呈
现稳步的指数级增长，其中大约三分之一引用了雷蒙德说的话，剩下三分
之二也大多把他作为背景资料。

在当时与老牌软件巨头微软的斗争过程中，雷蒙德除了不断通过媒体

发声，还决定聚焦《财富》世界500强公司前100企业的战略和技术负责人，认为必须要影响到这个群体。经过努力，他不断受邀给这些企业的战略家和技术投资人作开源方面的演讲。此外，他还和草根"黑客"们一起开展了街头示威活动，制造了"公关事件"。那是1999年2月15日，旧金山湾区的一群Linux用户在媒体全程报道下在微软办公处示威，要求微软按照Microsoft End-User License对捆绑在他们机器上但并未使用的Windows退款。雷蒙德主动要求成为这次活动的带队，由于互联网连环漫画网站曾诙谐地把他编排为"星球大战"剧情里的主角，活动组织者为他准备了绝地武士欧比旺·肯诺比（Obi-Wan Kenobi）的戏服，他在游行那天穿上戏服并走在队伍前面，向周围兴奋的记者们喊着："源码与你同在！"还面向媒体发表了声明。CNBC电视台等主流媒体对这次游行做了报道。几周后，一些主要的PC（个人电脑）和笔记本制造商宣布他们将推出不预装Windows软件的机器，当然价格里也不会包含"微软税"。

持续的公关行动迅速扩大了开源运动的影响力。在网景发布源码后的18个月内，Linux的能力得到了快速成长。给《泰坦尼克号》电影渲染场景的Linux盒子堆满了屋子，这让那些提供昂贵图形引擎的制造商们感到害怕。1999年初，各大独立软件开发商之间掀起了一股风潮，纷纷将其商业应用移植到Linux上。1999年4月，著名的计算机市场研究组织IDC预测，Linux在2003年的增速将会是其他所有服务器操作系统增速的两倍，也比Windows NT更快。5月，硅谷领先的风险投资公司Kleiner-Perkins首先开始为基于Linux的创业公司提供融资。到7月下旬，其中最大一家公司Computer Associates宣布其大部分产品线都将支持Linux。1999年8月，针对2000名IT管理者进行调查的初步结果显示，49%的受访者都认为Linux在其企业级计算战略中是"重要或必不可少"的因素。IDC的另一项调查称

Linux 自 1998 年以来有着"令人吃惊的增长速度",而 13% 的受访者现在已经在其业务运营上使用 Linux 了。同样是 1999 年，Red Hat Linux、VA Linux 及其他 Linux 公司的成功上市引发了一波 Linux IPO（首次公开募股）热潮，这些围绕开源以赢利为目的的公司持续成为投资者追逐的热点。在后续的发展中，对商业用户提供开源操作系统的运行支持成了很好的买卖，IBM、HP 以及其他一些公司也宣布提供 Linux 支持服务。

这些公关行动与传播影响深远。随着时代的发展和商业的演进，大型的传统企业意识到必须转型，即将本来等级森严的公司治理结构转化成更为精干敏捷的组织结构，对雇员给予更多的自主权和责任。"黑客马拉松"（Hackathon）就是新型工作方式的一个模板，它代表了科技领域企业成长的一种新的驱动力，而且也是在以一种新的团体合作的方式解决科技领域棘手的问题。

微软自身经过了多次迭代，也引入了"黑客马拉松"机制，并使其成为企业文化变革的标志性活动之一。人们发现即兴的头脑风暴有时可以激发出巨大的创造力，程序员和开发者们可以通过协作开发出有用的软件或硬件产品，"黑客马拉松"也可以被用来探索在开发早期出现的各种技术问题的解决方案。这种去中心化的、去中介的、分布式的计算机编程形式已经成为软件开发行业的行业标准。不论是线下的大型"黑客马拉松"还是线上的开发者活动，这个曾经前卫的模式已经慢慢成为产业主流。

从软件开源运动的案例中可以看出，让一个全新技术概念的影响力从无到有、从小到大，需要采取战略层级的公关策略：

（1）核心人物敢于突破技术背景的局限，成为新思维、新概念的精神领袖、代言人、宣传家。

（2）传播与推广远远突破技术媒体范畴，想办法制造话题，进军到大众媒体和财经媒体，从而获得广泛的市场认知、深入的行业影响力和投资领域的关注，进而激发真实的行动，这些行动横跨了创业公司和传统公司、市场调研机构和投资行业。

（3）确定战略优先级，选择《财富》100强进行上层影响力突破，通过演讲、布道，获得顶级商业圈层的关注和认可。

（4）采用"空军"与"陆军"相结合的立体公关手法：文章发布、媒体访谈、论坛演讲、社群活动、书籍出版、公关事件（游行事件）、调研报告等手段一网打尽。

战略型公关的效果是从上到下、快速渗透的。当创新的思维被大众媒体和财经媒体广泛关注和报道，当《财富》世界500强公司前100的企业开始研究它，当权威的市场调研机构将其纳入关注和调研的范围，当这一新思维、新概念成为精英人群和精英媒体所谈论的热点时，其产生的效应是巨大的，人们很快会去主动抓这个热点，唯恐被落下。这时，影响力效应会反过来作用于基于创新思维的新技术、新业务的发展，也就真正达到了战略型公关的目的。

初创期企业公关需要思考的问题

对于初创企业来说，公关是一把双刃剑。

实际上，每一家初创企业或者每一个全新概念的公关传播都会面临同样的情形。我曾在索尼公司工作了18年，之后转战京东工作超过6年。一个典型的思维变化就是，索尼会将一个计划做到近乎完美才推出，而在京东所有的行动每时每刻都在与竞争对手抢时间，因为这些行动关乎一家初创企业的生死存亡，而不是锦上添花。对于初创企业来说，考量公关战略好与不好的关键因素，除了看创意、内容、传播渠道等组合拳是否高明，力度和质量是否到位这些专业的因素，"速度"和"时点"（timing）也是极为关键的。首先能生存下来，再谈完美。主导思路如此，企业管理者也应以同样的逻辑来评价公关的效果。

企业初创期往往会遇到如下问题：

（1）缺乏公关认知。企业负责人对于公关几乎不了解，不能判断公关是否可以为企业带来真正的价值，也未能请教公关专业人士，导致对公关的直接忽略。

（2）公关人才缺失。企业初创期的公关人员的素质水平往往达不到行业最高水准。

（3）公关能力缺失。企业的资源比较局促，与大量的业务拓展需求相比，公关的需求好像还没有到达很高的程度（源于大多数企业负责人无法判断公关能够带来什么价值），因而这个职能被暂缓建立。

（4）公关价值难以体现。企业负责人的意识与企业资源的局限往往导致企业采取最低调的公关，其影响力触达的范围被局限在本行业的窄众群体，无法给企业带来更多价值。

（5）业务不足以支撑公关对于内容的需求。有一些初创企业的业务本身就是面向某一个特定的客户群体，且不适宜对扩展的受众群体进行披露。这样的初创企业暂时不需要开展公关工作。

（6）媒体资源欠缺。大多数初创期的企业不知道如何与媒体进行沟通。而如果不能以"行家"的手法和媒体打交道，有时候对企业来说，与不和媒体打交道相比，甚至会带来更多风险。

（7）在内容创意和传播形式上选择剑走偏锋的路线，导致传播失控，带来负面影响。由于初创期的企业大多不具备完整的公关体系，缺乏公关工作的指导思想，对于舆情的分析不够全面，制定公关战略时依据不充分，单纯依靠个性化、偶发性的内容创意，也缺乏专业的评估，在这种情况下，如果企业选择了剑走偏锋的内容创意，就好比将自己扔进了赌局，其传播结果会有很大的不确定性，可能会失控，甚至会给企业带来巨大争议或负面影响。而要想扭转企业的负面形象则需要十倍的修复工作。这样的事例不胜枚举。

上述的所有问题和难点，都让很多初创企业对开展公关望而生畏，很多企业采取暂且搁置发展这一职能。

如何解决上述问题呢？

如果你是一位企业负责人，在读了本书之后，对公关战略带来的价值感兴趣，可以先采用聘请资深公关顾问的方式，帮助企业负责人、管理团队逐步理解公关战略，在管理层达成共识，并将具体的公关战略运用到实际的工作和项目中，后续可以从点滴开始逐步建立自己的公关体系。企业CEO与资深公关顾问可以直接、深入地交流业务的方向、目标，资深公关顾问参与企业战略发展委员会的日常工作和会议，并在公关战略层面给予建议。当然最理想的方式是在适当的发展阶段，拥有一名能够深刻认同企业愿景、使命、价值观，深入理解企业业务核心，对企业的发展重度承诺的公关负责人，并建立起一个专业可靠的公关团队。

阿里巴巴从创业初期采取的就是高举高打的公关战略，其公关负责人也是阿里合伙人，与创始人马云的沟通极为密切，在企业里的地位也非常高。阿里巴巴创业早期就开始创建阿里集团的市场公关体系，以颇具创意的方式制造和引导话题、深刻地理解和运作媒体成为阿里公关的著名特征。阿里巴巴从一开始就是以做大规模电子商务平台为目标，目标越宏大，就越需要战略型公关，公关战略在帮助它实现这一商业目标的进程中起到了非常重要的作用。当然，阿里巴巴的公关也是非常有个性的，很多时候不按常理出牌，这既为它带来了好处，也给它带来了不少争议。

马云很早就认识到公关对于推动实现宏大商业目标的战略作用，极为重视也非常擅长，常常亲自下场做公关，淘宝在初创期就直接定位为eBay的挑战者。在eBay易趣办公楼对面，某天树起了淘宝的广告牌："eBay可能是条海里的鲨鱼，我们是扬子江里的鳄鱼，如果我们在海里交战，我便输了，可如果我们在江里交战会怎样！"马云通过"扬子鳄长江战鲨鱼"的比喻，传递了一种声音：与外来的eBay不同，阿里是一家极致的本土化公司，是在自家地盘，而eBay作为外国公司虽然很庞大，但一定会水土不服。

马云讲过很多次，创业者跟职业经理人有很大区别。碰到一头野猪，职业经理人会想，我用狙击步枪怎么打，怎么装弹，怎么瞄准。而创业者，手边有一把菜刀，就直接上去了，只能因陋就简。这个比喻非常形象地描绘了初创企业和成熟跨国企业之间底层思维和做事逻辑的差别，反映在公关手段上亦是一脉相承。我们要注意，当一家企业从初创期发展到成熟的全球化企业的时候，其方式方法也需要改变，如果仍然采用企业初创期的公关战略和风格，就好像一个人年龄增长了身体长大了（业务变得很庞大了），但是心智还没成熟，这样去做事也会带来相应的问题。我们在后面的章节将会专门探讨。

当然，如果企业采取低调的公关策略依然能够完全达到其商业目标，那么可以维持这样的做法，但不要期望在很短的时间周期里让一个全新概念获得广泛的公众认知，也难以获得战略型公关为企业带来的额外的市场拓展机遇。

若要掀起新的革命，公关战略的运用是必不可少的。

第 2 节　成长期企业：扩大市场影响力，成为行业领军者

> 企业变大的时候，公关的重要性开始凸显；企业管理层需要精准理解与回应不同群体对企业的期待。深入了解媒体环境，对于制定企业公关战略具有关键性作用。快速成长期企业的公关战略与创意丰富多彩，充分运用公关战略，可以收到以小博大的效果。

成长期企业发展的时代背景

中国改革开放 40 多年间发生了几次主要的产业更迭，最为大众所熟知也极具代表性的产业跃迁发生在制造业和信息产业。

20 世纪 80 年代，中国劳动密集型产业开始迅速发展，大量外资企业在中国投资建厂，中国正式加入全球分工体系，凭借劳动力、土地等成本优势迅速发展，逐渐成为"世界工厂"。2010 年，我国制造业占全球的比重为 19.8%，跃升

为世界第一制造大国。

2015 年，国务院正式印发《中国制造 2025》，开始了从中国制造向中国创造、从中国速度向中国质量、从中国产品向中国品牌的三大转变，助力中国迈入制造强国行列。2021 年 12 月，工业和信息化部等有关部门联合印发《"十四五"智能制造发展规划》，明确指出发展智能制造，对于加快发展现代产业体系、巩固壮大实体经济根基、构建新发展格局、建设数字中国具有重要意义。智能制造重新定义了制造业体系，其推进与前沿人工智能技术的发展密不可分，其中包括 5G、大数据、物联网、边缘计算等，它们相辅相成，共同推进中国制造业转型升级。

在制造业迅速发展、迭代、转型、升级的整个进程中，一大批创新型制造企业为中国乃至全球市场提供了横跨众多产业、种类繁多、极大丰富的"中国造"商品。中国电子信息产业规模迅速扩大，经济总量由改革开放前的全球排名第 11 位，跃居到世界第一。产业发展由 40 多年前处于全球产业链低端，上升至中高端，部分领域已达到世界先进水平。以大众熟知的民用科技产品为例，中国消费电子行业产销规模均已发展至全球第一，是消费电子产品的全球重要制造基地。全球约 80% 的个人计算机、65% 以上的智能手机和彩电都是在中国生产的。随着生产规模全球领先，各类中国消费电子产品都已走出国门，在全球市场展开日益深入的营销活动，品牌的树立和因地制宜的企业公关也成为众多企业越来越重视的新课题。

近 20 年来，世界经济加速向以网络信息技术产业为重要内容的经济活动转变。中国把握住了这一历史契机，弯道超车，尤其在互联网科技产品和应用创新领域跃升至世界互联网产业的最前端。在全球 2021 年 TOP20 互联网企业中，美国和中国的互联网企业几乎各占一半，如图 2-3 所示。中国互联网创新企业站在了世界舞台的中央，这也是近代商业史上，中国企业非常耀眼的时期。

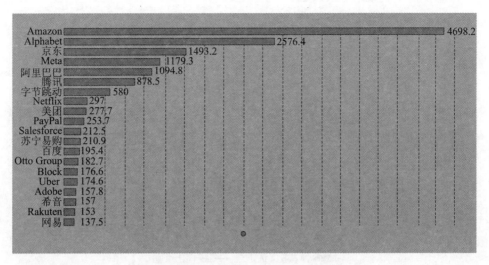

图 2-3 全球互联网企业 20 强（按 2021 年营收）

在过去 40 多年的时间里，无论是制造业还是信息产业，大批崛起和发展壮大的中国企业都有一个共同的特点：成长的速度极快。以中国的电商行业为例，按照中国国家统计局的数据，在中国市场，实物电商在整体社会零售中的渗透率从 2012 年的 6.2% 快速上升到了 2020 年的 24.9%。举例来说，京东年销售额从 2013 年的 693 亿元人民币，增长到 2022 年的 10462 亿元人民币，10 年间增长了 15 倍。不提早年翻倍的高增长，即便在 2015 年净营收已经超过 1800 亿元人民币的时候，2016—2017 年京东还能持续有超过 40% 的增速，这样的发展速度令人震惊。同一时期，全球零售业巨头、位列《财富》500 强第一位的沃尔玛，也是美国最具代表性的公司，它的年销售额的增长率很长时间内都在 2%~3% 徘徊，过去十多年以来年销售额最大增幅也是个位数。这个对比说明了中国互联网龙头企业是在以西方传统大企业十倍以上的速度增长。

与之对应，西方经济的黄金时代始于 20 世纪 50 年代。1951 年，美国 GDP（国内生产总值）增速为 15.5%。进入黄金时代的发展，美国的 GDP 由 1961 年的 5233 亿美元增长到 1971 年的 10634 亿美元。其间，1965~1970 年，美国的工业生产以 18% 的速度增长。

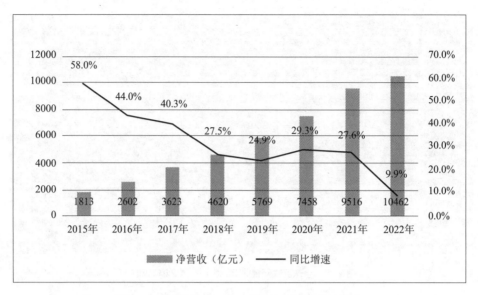

图 2-4 京东集团 2015—2022 年净营收及同比增速

战后由于以原子能技术、航空航天技术、电子计算机技术发展为标志的新科技革命的兴起，美国经济进入高度现代化的发展阶段，加上现代企业组织的新发展、跨国公司的迅速崛起等，美国开始向后工业社会和信息化社会转变，站在了资本主义世界的高峰。

日本的经济在 20 世纪 60 年代到 80 年代持续增长，在科技研发、工业制造、矿物开发、农渔业增长、服务和文化产业的创收等方面均有显著体现，进一步说，投射到人们生活中的发明和创新产品与应用，像汽车、电器、医药、教育等领域，都已经走在了世界的前端。

回顾 1960—2020 年的 60 年间，美国的 GDP 增长了 38 倍，从 5433 亿美元（全球总 GDP 的 39%）增长到 20.89 万亿美元（在全球 GDP 总和中占比逐渐有所下降）。日本 GDP 增长了 114 倍，从 443 亿美元增长到 5.06 万亿美元。中国 GDP 增长了 246 倍，从 597 亿美元增长到 14.7 万亿美元，经济总量在全球占比达到了 17.3%。

企业的发展离不开大的时代背景。在以美国为代表的西方经济发展黄金期，一大批具有代表性的西方跨国企业进入高速发展时期，如沃尔玛、通用汽车、福特、IBM、通用电气、波音、微软、英特尔、可口可乐、迪士尼等，欧洲代表性跨国公司壳牌、空中客车、雀巢、戴姆勒·克莱斯勒、宝马、西门子、诺基亚等。后续在美国崛起了一批互联网企业，如谷歌、脸书、推特、亚马逊等。同样，日本经济腾飞的黄金期亦产生了一批高速发展的跨国企业，如丰田、本田、松下、索尼、佳能、富士、京瓷等。中国改革开放 40 多年也涌现出大批知名家电、消费电子、IT 企业以及后来的互联网大厂，从长虹、TCL、海尔、格力、联想、华为，到阿里巴巴、腾讯、百度、京东、字节跳动、滴滴、美团、小米等。

成功走过初创期后，企业开始进入快速成长期，其所处的营商环境将变得越来越复杂，需要沟通的利益相关方也多了起来。在企业发展的这一阶段，企业公关的重要性凸显出来。企业创始人和管理层需要更准确地理解和应对不同社会群体和复杂社会环境给企业发展带来的沟通需求，得体地回应社会各界对企业的期待。

许多企业创办人会问："难道我只跟我的合作伙伴、客户沟通不行吗？"当企业变得更大、更有名气的时候，企业在整个社会中就有了一定的示范效应，当然也会因此获得更多的红利。那么与之相对应的，企业也需要承担更多的社会责任，为其他企业做出示范。通常，能够成功获得快速成长的企业都及早地意识到了公关战略的重要性，能很好地利用战略型企业公关助其成长，比竞争对手在更短的时间内获得更多社会力量的支持，推高发展势头；同时也会较为顺利地度过激烈竞争中尤其是来自业务之外的、难以预计的险象丛生阶段。

回顾过往三四十年间的经济巨变，企业公关人最不能忽略的是媒体的商业模式亦发生了翻天覆地的变化。科技的突破、创新与发展，不仅改变着制造业、信息产业，也彻底改变了媒体行业，内容生产和信息的搜索、传播、互动与获取的方式都发生了根本性的转变，从过去的"中心化"转变为"去中心化"，从信息的集中供给转变为分散传播，传媒行业的思维也逐渐从"媒体视角"转变为"客户视角"，即资讯平台根据阅读者的需求和兴趣偏好，通过人工智能的深度学习和算法技术向其推荐内容，尽量使其获取到更加适合（感兴趣、有价值）的内容。

作为企业公关人应当及时洞悉媒体的最新发展趋势及其商业模式底层逻辑的变化，在思维和行动上均与时俱进。

在这一节中，我们会重点关注战略型公关如何助力成长期企业形成市场领导地位，并做一些案例分析。

成长期企业的主要特征

企业进入高速成长期的首要标志是收入的增速开始大幅提高，并在相当长的一个时期保持这种高速增长，背后的典型促进因素大体归为以下几种：

1. 垂直方向的突破

当某个产业发展到一定阶段，科技的突破让原本成本居高不下、一直躺在实验室的功能显著提升的新产品的市场化成本突然大幅度降低，价格能够为市场上的主流顾客群体将将接受，这时，该新产品的市场普及速度有时可以用"席卷"来形容。像过往我们所经历的平板电视替代显像管电视、智能手机替代功能性手机等事件，都属于这一类。

与之相类似，原本只有在专业市场、专业场景或受空间局限才能使用的产品，通过技术创新，将其转变为可以家用或可以移动的个人化产品，由于其能够提供给消费者前所未有的体验而瞬间风靡，带来业务的高速增长。像索尼的Walkman（随身听）让人们获得随时随地如同在房间或音乐厅欣赏音乐一般的享受，像苹果的iPhone智能手机做到了让人们随时随地都可以享用有如大型计算机般的智能计算服务。

2. 水平方向的业务扩张

在某个具有足够规模的新市场，一项业务从原本的重点一线城市快速扩展到更广泛和更多层级的二、三线甚至四、五、六线城市，在短时间内做到业务的极速扩张。例如计算机 IT 产品，开始只是在大城市流行、逐步普及，后来继续渗透到二、三、四线城市，在这些城市中再经历一遍从流行到普及的过程。再比如共享出行业务、互联网生活服务中的外卖服务等，开始都是在大城市试点，试验成功的模式后续被迅速推广到全线城市，在短时间内业务获得了极速扩张。

3. 商业模式的迭代

与既有市场玩家相比，推出完全创新的商业模式、更优的商业解决方案，没有包袱，轻装上阵，依托大量外部投资获得超高速的成长和扩张，从而颠覆传统商业模式。例如在过去的 20 年间网购模式高速成长，替代了相当部分的传统零售模式，成为主流的零售商业模式之一。

4. 投资并购、合纵连横

企业依照未来发展目标和战略规划，通过有计划的、定向的投资并购、合纵连横，以比自身发展更快的速度补上原来的业务和能力短板，快速补足市场竞争能力、扩大业务规模，以更快的步伐迅速跨越发展里程碑，朝着企业的愿景目标更快地前行。

从公关负责人的视角来看，我们需要根据企业不同类型的快速成长模式，制定不同的公关战略，有效地支持企业战略发展目标的实现。

公关战略助力成长期企业形成领导地位

对于垂直方向的突破，即基于突破性创新所带来的高速增长机遇，公关战略的考量重点是如何能够机智而又精准地向市场介绍一项全新的突破性的技术、一个从未有过的全新产品系列。这个最初的创意决策极为重要，它的成功基于资深公关人对目标市场顾客群体心理潜在需求高度敏感，最佳状态是找到一种"心灵感应"。全新技术、产品的推出，无论是品牌名称、推广口号，还是传播出去的核心理念、重要信息等方面，都要有极为精准的把控，力争一推出就立即赢得市场的欢迎和客户积极的反馈，收到一炮而红的效果。

【案例 4 索尼 Walkman 的成功推出】

Walkman 是 20 世纪最传奇的产品之一。世界上第一台 Walkman 的开发灵感诞生于 1978 年夏天，发明它的原因是索尼的创始人井深大先生要出国，他希望能在越洋飞机上听音乐。1979 年，第一台 Walkman 产品试制出来之后，公司领导层希望在学生放假前投放市场。为了抓住这样一个市场时机，量产的时间只有 3 个月。

如何推广这样一种前所未有的全新产品？首先要为这个产品起一个好名字，让人们一听就懂。Walkman 这个广为流传的产品名就是索尼发明的。最初这并不是一个现成的英文单词，在海外市场推广时，索尼的海外销售公司纷纷表示强烈反对，因而 Walkman 在美国初次推广被称为"Soundabout"，在英国初次推广时叫作"Stowaway"，而在澳大利亚推出时则叫"Freestyle"。索尼的联合创始人盛田昭夫先生觉得这些名字都没有 Walkman 响亮，于是力主各个地区将名字改回 Walkman（1980 年 11 月开始全球统一）。事实证明这个决定是非常正确的，也是极具战略意义的公关决策。

索尼在当时的宣传力度很大，把这款新产品的推出变成了掀起一种全新的时尚流行文化——"随时随地欣赏音乐"成为流行于年轻群体的潮流概念。索尼请了很多名人明星大做宣传，他/她们腰上别着 Walkman，头上戴着耳机，或在街上漫步，时尚悠闲；或滑着轮滑，年轻动感，传递出美好生活的讯息。此举令 Walkman 迅速为广大年轻人所青睐，成了当时一种新文化、新潮流的标志。当时的索尼原本预计在两个月后，将首批 Walkman 面向全世界发售，后来却推迟了，因为根本供不应求。除了日本国内庞大的需求量，来日本游玩的游客、航班上的机组人员，都争相将这款代表新流行文化的 Walkman 带回自己的国家，为的就是向家人朋友展示这个"能随身带着听歌的盒子"。盛田昭夫先生自己也不遗余力地宣传 Walkman，1981 年《人物》杂志上，盛田昭夫腰挂 Walkman，姿势潇洒，全然一个潮流文化代言人般的明星企业家形象。

Walkman 推出的第 5 年就售出了 1000 万台，到第 7 年，这个数字突破了 2000 万；同年"Walkman"一词进入牛津大词典，成为一个真正的英文单词。Walkman 的风靡让当时日本近乎所有的消费电子厂商都开始生产类似的随身听产品。使用磁带作为播放介质的 Walkman 随身听有着超长的寿命，直到 2010 年才正式停产。自问世以来，索尼卡带 Walkman 已在全球销售了 2.2 亿部，制造了一场轰动全球的音乐收听革命，风靡和领导了一个时代的便携音乐流行产品。

索尼内部曾有过一句话："消费者并不知道自己需要什么，直到我们拿出自己的产品，他们就发现，这是我要的东西。"曾经是深度索尼迷的乔布斯也说过同样的话。这不仅在创新产品开发上适用，在创新概念的市场推广、创新品牌的大众传播上同样适用。当你要向市场推出一个全新的概念、技术、产品时，如果它的名称、口号恰好击中了潜在消费群体的心理需求，冥冥中与它的消费客群"心心相映"，这个概念、技术、产品就更有可能一炮而红。盛田昭夫正是那个与目标消费群体有着"心灵感应"的天生的推广者。

当然，许多曾经在自己的时代红极一时、如日中天的创新产品，在今天已经荡然无存。Walkman 在手机大行其道的今天，仿佛已经是格格不入的古董。任何企业、产业和宏观经济都有其发展周期，而公关战略的底层思维却是可以穿越周期的。这也是为什么战略相较于公关实务中的任何分支都更加重要，而这正是本书的核心所在。

企业进行水平方向的业务扩张，在一个大的新兴市场非常普遍，中国就是非常典型的大规模新兴市场。城市按照人口规模、经济水平可以分为超级城市、一线城市、二线城市及三到六线城市不等，大多数企业会设立片区管理机制，如以北京为中心的华北区、以上海为中心的华东区、以广州或深圳为中心的华南区、以成都为中心的华西区，再加一个以武汉为中心的华中区。

公关职能需要考虑与企业的分地区业务管理相匹配的组织与能力建设。例如早期索尼在中国市场面向更多市场区域扩展业务的阶段，我将公关部的组织也进行了相应的升级，称之为"矩阵式组织"。公关的核心能力依然集中在总部，当时索尼中国的业务总部已经定在了上海，但由于中国政府和媒体的特点，北京也是极为重要的，因此我们当时将核心能力集中在北京和上海两个最主要的地区，有点"双总部运作"的意味。我曾跟公司管理层用"咨询"加"服务"两个词来描绘公关部门的职能作用，当时公关部在北京的团队在战略咨询能力方面更强，而在上海的团队则以运营服务的专业能力为优势。例如，北京部门重点负责与中央媒体、具有全国影响力的行业媒体、大众媒体、网络媒体、关键意见领袖等重点人群的沟通互动，以及制定公司层级的公关战略；上海部门则重点负责与实际业务，包括各类消费电子产品的营销相关的公关工作，再加上品牌调研以及企业标识、公司官网等运营管理类相关工作。除了把核心能力在北京和上海分别做好定位和布局，我们还将媒体沟通这项工作进一步扩展到了广州、成都等地，由当地新增的公关人员负责与当地媒体圈层的本地化沟通。所有这些组织的升级都是基于业务目标的变化、业务规模的扩展规划进行的。

公关战略一向都包括组织的设计与变革及人才梯队的不断建设，配合企业的发展目标，公关既要从专业的眼光考虑长远发展的规划和路径，也要从适合企业发展阶段的视角考虑与之匹配的组织设计和人才招募。

在做好组织设计、人员安排的基础上，我们的全国媒体沟通效率与效果均提升显著，企业随之也拥有了更具规模的媒体资源库，将高质量的专业媒体沟通扩展到了更广泛的领域，对更高的业务目标的实现起到了应有的作用，同时也为业务的进一步发展打好了坚实的基础。而更广、更深的媒体沟通触角反过来也会不断丰富舆情监测和分析的广度与深度，进而逐渐影响到整体的公关战略的制定，包括在"声音市场"上竞争策略的制定。

【案例 5　联想业务从城市扩张到全球扩张】

联想创业于 1984 年，当年，柳传志在中关村与中科院计算所的 10 名研究人员一起成立了中国科学院计算技术研究所新技术发展公司（联想集团的前身），他们意识到，PC 一定会改变人们的工作和生活。凭借 20 万元人民币（2.5 万美元）的启动资金和将研发成果转化为成功产品的坚定决心，这 11 名研究人员在北京一个租来的办公室里开始了他们的创业。20 世纪 90 年代，联想的销售业绩一路上扬，到了 2003 年，联想在全球 PC 市场的份额达到了 2%，排名第九。也是在那一年，联想开始计划通过城市的扩展和渗透，进一步扩大在国内市场的销售规模，获得新一轮的高速增长。

一直高度重视公关战略的联想在一、二线城市的公关工作已经全面开展起来，而且颇有成效。彼时中国的公关行业也才刚刚起步不久，还没有一家公关公司有能力做三、四、五线城市的公关。联想当时聘请了本土公关公司蓝色光标配合它的全国业务扩张行动。

业务的下沉和中国市场的全覆盖是联想的新业务目标，联想为此升级了组织架构，开始在更多的城市开设分公司，而以往在三、四线城市完全依靠当地经销商售卖联想产品。为了配合联想的市场拓展和营销下沉工作，蓝色光标开始在全国数十个三、四线城市聘请了专职和 / 或兼职的公关人员（有的直接与当地媒体人员进行合作），为了节省组织扩张带来的成本，蓝色光标通过非常灵活的运营方式从 0 到 1 逐步完成了中国地方媒体资源的全面扩充和大量下沉城市的本地公关能力的建立。他们开始先从北京总部派资深公关人去地方市场开展工作，陆续招聘来的部分公关人员最初就在联想设置在当地市场的办公室里，部分兼职公关人员在家办公，逐渐培养起了覆盖全国一线到五线城市的公关运营团队。地方上的公关人员负责配合联想在当地的业务目标需求与各地方媒体保持良好沟通，通过本地媒体大力宣传联想产品，同时支持联想在三、四、五线城市的本地市场营销活动和品牌传播项目。经过一年多的时间，公关团队紧随联想业务部门的步伐快速覆盖了数十个三线到五线城市，有力地支持了联想通过城市扩张获得快速增长的业务目标。当时在公关行业中，蓝色光标也因此做到首先实现将其业务能力、媒体资源扩展到全国数十个城市，一举成为公关公司中的佼佼者。

在 IT 产业，联想曾经是公认的拥有最多的媒体资源、最好的媒体关系的企业。强大的公关能力帮助彼时的联想塑造了极强的品牌影响力和美誉度。城市扩张的业务目标初步达成后，紧接着在 2005 年，联想成功收购了 IBM 的 PC 业务，这在当时是一个壮举。联想为这个重大投资并购项目所制定的传播主题是"让世界一起联想"。借助这一重大全球并购举措，联想业务的横向扩张从国内市场进一步拓展至全球市场，在拿到 IBM PC 业务之后，联想 PC 业务在 2005 年就跃升至全球第三，这也开启了联想奔赴全球 PC 第一的新征程。

数年前就开始的战略型公关布局和牢固的公关基建此刻到了厚积薄发的时刻，全中国几乎所有的报纸、网络媒体对此重大事件进行了全方位的新闻报道，很多有影响力的商业杂志也将这一重大国际并购事件做了封面报道，重磅的影响力辐射到各级政府、IT/数码/家电行业、专家学者群体、市场、客户、消费者及全体员工等所有企业的利益相关方，覆盖到中国大地的几乎每一个角落，在国内外都产生了巨大的影响力。

此次公关事件大获成功的关键因素，一是事件本身意义重大，二是多年来的战略型公关布局和精心维护的全国大量媒体资源成就了一个超大规模的影响力事件。(备注:联想的PC业务在2013年第二季度达到了16.7%,夺得了全球PC市场份额的第一。)

商业范式的演进迭代,会在颠覆一些传统企业的同时成就一些创新公司,这些创新公司的出现往往是一个新行业趋势的开始,未来有巨大的发展潜力。有投资界的加持,加上没有负担的轻装上阵,这些创新公司就好像行驶在快速轨道上的高铁列车,飞奔向前,把传统绿皮火车——原来那些传统企业远远地甩在后面。

战略型公关在这类企业快速成长的背景下,有一件必须要做的事情,就是向投资界(资源和弹药支持的重要来源方)、合作伙伴(创新模式走向市场成功的同路人)、市场(客户或消费者)有策略地、清晰地阐述这个前所未有的创新商业模式的价值,描绘企业的远景目标,以及它能够为客户、合作伙伴、投资人带来的好处和收益,从而获得所有重要企业利益相关方的认可和支持。有了这些同路人,创新的商业模式才有可能真正落地、走通,直至获得成功。

成功实施这一公关战略极为重要,能够帮助创新企业更快地获得投资者的资金、商业伙伴的合作、消费者的认同、志同道合者的加盟,而速度是成功的关键要素。公关战略实施的关键首先是核心信息的精准确立,根据上述不同利益相关方,有必要确定有针对性的子信息,并面向目标群体进行有效传递,打好战略组合拳。

【案例6 京东零售商业模式的创新突围】

20世纪末互联网的出现最初让信息的获取与分发的方式发生了革命性

的变化,搜索引擎、新闻网站和互联网展示广告等都是基于互联网信息领域的新商业范式。到了 21 世纪初期,一些创新者开始尝试通过互联网进行商品的交易,一种叫作电子商务的新商业范式逐步兴起,在后续的 10 年间颠覆了整个传统零售业。

京东从 2004 年开始进军电子商务,此前它以中关村 IT MALL 的店面为据点进行 IT 产品的销售,并已经扩展到 12 个店面。2003 年的 SARS 让熙熙攘攘的 IT MALL 瞬间空空如也,零售店面因租金等成本高企,在那一年大量亏损,有的不得不关店。在这样的危急时刻,京东创始人刘强东不得不尝试在互联网上销售,基于过往"从不卖假货"的良好口碑,网络销售终于打开了一个口子。经过成本效率的比对计算和面向未来的深思熟虑,2003 年底,刘强东决定关闭当时占业务比重 99% 的线下零售业务,全面转型投入电子商务这一创新的零售业务模式。

更多的人也看到了机会,到 2012 年,市场上五六家电商创业公司的竞争呈群雄逐鹿之势,都在争取以最快的速度、最大的力度获得投资方、合作伙伴、消费者的支持,从而在这场竞争中最终获胜。

京东从 2013 年起开始建立公关体系;2014 年京东作为第一家综合性电子商务公司在纳斯达克成功上市,之后连续数年保持高速成长;2016 年,京东以超过 2600 亿元人民币的年销售额、同比 44% 的增长率,成为中国最大的零售商(按销售额)。在这 3~4 年的高速成长期,京东对外传递了大量信息,整合了大量媒体资源,开展了丰富、立体的公关传播活动。核心信息包括以下几个层面,每个层面的核心信息都通过面向目标受众的对应媒体进行精准传递。

1. 面向投资者

京东的商业理念是,前端用户体验,后端成本效率;用户体验就是产品、价格、服务。京东依托其创新的商业模式,成为全中国零售行业成本最低、效率最高、用户体验最好的零售商。

公关团队对这一核心信息的传递可谓矢志不渝。从 2013 年初开始陆续通过官方媒体、头部财经媒体、主流新闻网站的科技频道和颇有影响力的科技垂直媒体等精准传递核心信息,如新华社、《人民日报》《财经》杂志、《中国企业家》杂志、新浪科技、腾讯科技、网易科技、TechWeb 等,清晰地阐述京东创新商业模式、背后的思考和逻辑及最终会给投资人和社会带来什么价值。除了"空军"还要有"陆军",面向商业精英群体,京东公关部选择了高规格的论坛进行宣讲,如安排创始人陆续参加博鳌论坛、央视经济论坛、中欧工商管理学院论坛、耶鲁中心论坛等。国际媒体的传播也非常关键,如《福布斯》(中文版)有关京东的封面文章、《金融时报》(*Financial Times*)的著名栏目"Lunch with FT"等重点报道就在国际市场上产生了很大的影响力。

尽管在很长一段时间里京东的财务报表盈利一项为负,但投资人大都能够理解当下的亏损和再投入都是为了最终获得规模效益,因为京东有非常远大的抱负,不会只追求短期效益。这些有规划的公关传播帮助京东多年来获得了投资圈对其商业模式的深度理解、认同和支持。

刘强东曾经就京东的商业模式阐释如下:"我们的商业逻辑是什么?不是要靠忽悠客户、涨价获利、提高毛利率获利,而是要通过降低成本获利。如果成本比你降 30%,我卖价比你低 5%,我可以赚钱。所以整个中关村,如果市场价 100 元的,你通过比拼,110 元卖出来了,老板成功了。我们从创立京东商城那一天开始,都在想 90 元卖出去,但是我要想让它跟卖 100 元赚同样多的钱。所以毛利从来不是我们追求的目标,而降低成本是我们的目标。"

2. 面向合作伙伴

刘强东始终强调"京东要打造为合作伙伴、消费者带来价值的供应链体系"。怎样为合作伙伴带来价值呢？依靠先进的商业模式、先进的管理能力。京东整个零售部分，自营零售综合费率不到10%，全世界能做到综合费率10%的只有两三家公司，而中国大部分零售商成本在15%~20%。相比之下，京东在售价低于其他零售商、让利于消费者的情况下，依然可以分享给品牌合作伙伴比行业平均水平更高的利润。

刘强东还用最朴素的语言，表达了与合作伙伴之间的利益关系："不仅自己赚钱，也要让合作伙伴赚钱。如果有机会赚1块钱，我们不会把这1块钱据为己有，而是将其中的30%拿出来分享给合作伙伴和员工。"有一些家电和IT品牌起初不愿意和京东合作，但是通过看财务报表，发现自从与京东合作后利润有很好的增长，而不是像与传统零售渠道合作那样利润被更多的盘剥。这些直接面向合作伙伴的核心信息通过京东集团年会CEO演讲、各业务品类的合作伙伴大会、创始人媒体采访等被不断地传递出去，逐渐为京东赢得了越来越多的品牌合作方。

3. 面向消费者

"提供最好的用户体验、正品行货的保障、物流配送的快捷、更低的价格"，是面向消费者群体的核心子信息。京东公关团队通过大众、网络传媒、官方账号等渠道向消费群体进行了大力度的、地毯式的传播，还经常利用社会热点让京东的话题受到更多关注，最终让京东"质量好、物流快"的印象深入人心。（注：京东2022年的净收入突破了1万亿元人民币。）

一些极具战略眼光的企业通过投资并购、合纵连横快速补短板、扩规模，在短期内成功获得了超高速的成长。例如，国内企业中的腾讯，全球企业中的通用集团、丹纳赫集团（Danaher）等。

不停地进行投资并购的企业面临一些重大挑战，这些挑战包括财务风险、政策风险、文化整合风险、营运风险等。公关战略则需要重视以下几个方面：

（1）与企业的战略投资部门、财务部门、人力资源部门、法务部门、政府关系部门等要保持极为密切的沟通，确保全面掌握每个投资项目内部和外部环境的关键要素。如相关产业政策、给市场和行业带来的影响、公司财务的关键变化、并购公司文化融合与人员安置等。只有对所有关键因素有了非常透彻的了解，才能为公司撰写投资并购项目的披露公告。一旦公告发出，将对投资界、全行业、合作伙伴与客户均产生非常重大的影响。其对于投资并购战略意图、并购后企业的市场定位及将为市场、客户带来的价值阐述，都会对各利益相关方更好地理解投资并购行动和树立其自身的行业领导地位产生重要意义。

（2）一家企业多次发生投资并购后，集团控股公司的公关、品牌部门需要具备统合管理多个不同类型、不同来源、不同文化的品牌公关团队的能力。对于哪些功能必须集中在集团控股公司，哪些功能可以放权到分支机构，要设立非常清晰的原则。需要建立集团与各分支机构公关人员的网络，培养一个可靠的分布在集团各个战场的公关人才梯队。有时候通过定期在公关人员网络会议中分享最佳实践，可以有效地提升整个团队的向心力，建立互相支持的团队文化，提高各个团队成员的实战能力。如甄别出不符合核心发展理念和价值观的人员，需要将其从队伍中剔除。这个过程就好像是一棵树越长越大，主干和枝条都需要依靠阳光雨露和根部营养才能茁壮成长，同时还要不断修剪，才能令其保持最佳状态。

（3）公关核心信息必须可持续。投资并购较多的企业多面临沟通上的挑战，即公众、各利益相关方由于对投资并购事件的理解不够充分，可能会误解相关企业的投资并购行动，淡化对原企业文化和价值观的认同。公关人员必须确保通过专业到位的沟通，弥补这一理解上的鸿沟，在这个过程中，公关对外传播应该始终围绕统一的"核心信息"，这一核心信息应该尽量对所有利益相关方来说简单易懂，在此"核心信息"的基础上进行延展，不要偏离，让公关传播可持续，逐步体系化。

【案例7 丹纳赫集团靠投资并购极速增长】

丹纳赫集团是全球科学与技术的创新者，是领先的创新产品与服务的设计商及制造商，提供的产品涉及医疗、工业、商业等领域，公司主要有5个业务部门：测试与计量、环境、牙科、生命科学与诊断、工业科技。丹纳赫从一家投资公司成功转型为全球最大的工业品综合管理集团，1986年至2014年底共收购企业400多家。公司营业额从1986年的3亿美元增长到2021年全年近300亿美元，2022年位列美国企业500强排行榜第118位，总市值高达600多亿美元，被称为"赋能式"并购之王。

丹纳赫集团的子公司都是通过不断并购而来的，其前后共并购了数百家公司，其对外的核心信息非常清晰，外界可以看到。丹纳赫集团并购的企业通常具备以下特点：

- 有长久增长的潜力
- 和现有公司在同一个增强领域或者相近的领域
- 在细分领域具有领先地位，有比较强的品牌影响力
- 能够产生持续的、可见的利润。有较高的利润率，并且赢利的可持续性较好，例如可通过长期服务赚钱（一旦购买了产品，就需要公司不断提供服务）。2018年，整个丹纳赫集团的营业收入中，有70%属于可重复发生的销售（比如说耗材、维修服务等）
- 合适的企业文化

丹纳赫集团具备非常强大的核心竞争优势——精益管理和精益生产，经过逐步演化，形成了现在的丹纳赫商业系统（Danaher Business System，DBS），丹纳赫集团引以为傲的精益管理能力得益于其商业系统，媲美日

本丰田，在欧美企业中排名第一。围绕这一核心竞争优势，通过大量的投资并购，丹纳赫集团的行业地位不断提升。尽管该集团实施了大量的投资并购，但外界对其核心竞争优势、财务战略、管理多个并购企业的卓越能力等核心信息始终有清晰的认知，各利益相关方并没有因其频繁的投资并购行动感到迷惑。

例如，对于华尔街来说，不断增长的、每季度的财务数据的预测都很准确的公司最受欢迎。丹纳赫集团对外发布的核心信息很好地击中了投资者的心，其股价的增长一直远远地高于指数的增长。其核心信息的准确定位和对外部利益相关方群体的精准传递，值得我们学习和借鉴。

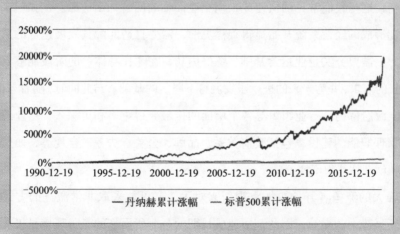

图 2-5　丹纳赫上市以来股价表现
资料来源：Bloomberg，方正证券研究所

卓越的公关战略在企业成长期能够非常有效地助力企业树立行业领导地位，不管是在专业细分领域还是在庞大的消费市场。运用好公关战略可以帮助企业在成长期更快地获得各个利益相关方的认同、支持和合作，从而助力业务顺利开展，业绩的增长一路狂飙。

成长期企业公关需要注意的几个问题

处于快速扩张阶段的成长期企业，其生存问题已基本解决。这时企业具有较强的活力和较好的发展实力，通常发展速度较快，在资金、人才、技术水平、运营水平等方面都较创立阶段有显著提高。

快速成长期的企业所处的市场通常具有广阔的发展前景，市场容量足够大，属于国家产业政策鼓励发展的行业。企业能够做到高速成长，通常已经是某个细分领域的 Top 3（前三）。其企业领袖通常具有长远的眼光和博大的胸怀，有创业的激情、创新的精神，以及不同凡响的前沿思维，也会高度重视产品和服务的创新研发。

处于这个时期的企业就像人到了青壮年时期，生命力旺盛，臂膀大腿都变得更粗壮有力。这时候如果心肺等身体的核心运转功能跟不上，就容易突然摔跤受伤，这与我们常见的快速成长期企业面临的问题如出一辙。例如，企业在创立期形成的经营系统开始显得捉襟见肘，需要打造匹配其发展速度的系统管理能力，需要夯实企业运营基础，练好内功，在"长身体"的阶段能够支撑快速成长的需求，并为未来的进一步发展打下坚实的基础。与此同时，随着与市场、社会、政府部门、行业组织等各个层面的接触变得更多和更深入，企业还需要加强管理职能的建设，包括政府关系、品牌、公关、法务、合规等，而这些职能在初创期往往很不完善。

强大的竞争者开始更加重视新兴对手，有可能采取非常激进的方式试图扼杀新兴势力的崛起，因此，快速成长期的企业所面临的竞争环境是极有挑战性的。

在这个发展阶段，企业往往需要一边建体系、建团队，一边打硬仗。从公关战略的视角来看，处于快速成长期的企业需要特别注意以下几方面的问题：

（1）抓住国家产业政策鼓励企业发展的红利，积极接触产业政策的制定者和有影响力的行业专家，可以通过拜访和沟通、邀请到企业深度交流、在有影响力的行业论坛上发表演说等方式，让这个重要的群体有机会深度理解企业的发展理念、阶段性成就、未来愿景，以及为行业和社会做出的贡献。企业与他们保持长期的友好沟通，首先可以避免这一重要群体对企业的误解，有时候这个群体因为对企业的了解不够深入或者因为看到媒体的误读（这也有可能是公关传播的问题）而做出的公开评论会给成长期企业带来严重的影响。此外，在一些关键时刻，基于该群体对企业的深度理解，还有机会获得对企业而言中立或积极的专家观点。

（2）在一个具有广阔前景和容量巨大的市场中，快速成长期的企业如果已经获得行业前三的地位，应该积极发出能够引领行业发展趋势的洞见和观点，努力建立行业领导地位。这些声音可以通过主流媒体报道、行业论坛发言、市场调研报告、邀约意见领袖撰文等多种方式发出。

（3）快速成长期企业的领导者——企业领袖是极为重要的领军者，确定企业领军人物在公众场合发表的核心信息非常关键。在核心信息确立后，亦应选择最适合的发声渠道，包括有影响力的头部媒体（财经、大众、行业等媒体类型）、企业公众号、个人社交媒体账号等进行有针对性的受众群体的覆盖。

（4）建立危机公关体系。由于需要正面强大的竞争对手，对应社会多个层面对于企业的更多关切，处于快速成长期的企业必须要重视建立危机公关体系，具体见本书后续专门的章节。

【案例 8　快速成长期的"饿了么"突然被央视"3·15"晚会曝光】

"饿了么"是一家高速成长的互联网外卖平台，截至 2016 年 3 月，经过 8 年的高速发展，其迅速覆盖了全国 300 多个城市的近 50 万商户，餐厅存量达到巨大的规模。作为第三方外卖平台，它在早期的发展较为粗放，对线上商户运营资质的审核、证照采集等工作未能做到一步到位。

央视"3·15"晚会每年会重磅曝光侵犯消费者正当权益的企业，2016年3月15日的央视"3·15"晚会，"饿了么"首当其冲被点名批评。央视记者经过实地调查，称"饿了么"采用黑作坊，在"饿了么"App上，有的餐馆的照片看着干净、正规、光鲜亮丽，实际却是油污横流、不堪入目的黑作坊。央视认为，相关店铺有责任，食品安全部门应该对其监督管理，但"饿了么"平台也同样不能逃避平台管理责任，它应该对餐饮服务商户进行筛选，保证入驻商家的商品和服务的质量。

央视"3·15"晚会的曝光是对处于快速成长期的"饿了么"的一记重击，在一段时间内相继引发了大量的顾客投诉，令其一时应接不暇。同时，由于央视"3·15"晚会的影响力巨大，全国各地的工商管理和消费者保护系统的分支机构纷纷查处"饿了么"在地方上的违规运营，令其非常被动。毋庸置疑，"饿了么"的品牌声誉也遭受了巨大的贬损。对于"饿了么"来说，这一媒体危机事件在其快速成长期的经营发展中是一个巨大的教训。

"饿了么"在回应央视"3·15"晚会点名批评时说："新《食品安全法》修订实施五个月以来，饿了么已经下线违规餐厅25761家，涉及违规行为包括无证无照、证照不全、假证、套证、超范围经营等。"但是由于它的运营系统能力无法有效支撑其高速增长，事实上线下市场人员数量有限，细致的排查需要一个持续的过程。可以想见，当时的"饿了么"并没有建立一个有效的危机管理体系，应对时显得有些手忙脚乱，补上这一课是它必须要做的工作。

快速成长期的企业未能意识到公关战略重要性的大有人在，与高度重视并进行了公关战略部署的企业相比，它们会缺失在整个产业中的有效影响力（如在产业政策制定和完善过程中提供有价值的事实和观点）；不能通过发挥战略型公关的优势更快地获得引领行业趋势的领导者地位（从而获得更多的各方支持者）；由于忽视与全社会的利益相关方和意见领袖保持长期有效的沟通，只是沉浸在自己的经营上，有可能在企业完全没有防备的情况下突然遭到重击、栽一个大跟头，给企业的正常经营轨迹带来巨大的破坏。公关战略在企业快速成长期的作用比企业家通常能够想象的更为重要。

第3节　成熟期企业：持续提升品牌价值，赢得红海之战

成熟期企业的主要特征

　　度过快速成长期，企业便进入了成熟期。成熟期的企业拥有了比较稳定的业务规模，进入这一阶段的企业，经过了快速成长期的市场拼杀，已经突出重围，确立了自己在市场上的"江湖地位"，其所在市场的竞争格局亦呈现相对稳定的状态。成熟期企业拥有独特的资源和差异化的竞争优势，已经形成企业的核心竞争力，在市场、行业和客户群中建立了较高知名度的品牌。成熟期企业拥有了较为稳定的资金和利润，对市场需求的预测也具备了相当的经验和洞察力，依托自身日趋完善的研发、生产、营销、管理、服务等完整的能力体系，成为颇具规模和实力并拥有稳定市场份额的重要玩家。企业内部管理体系日趋规范，团队建设主体工作已完成，整个企业管理进入更职业化、精细化的管理阶段。成熟期企业依靠其强大的竞争优势，形成了一定的竞争壁垒，这个阶段通常是企业生命周期中时间最长的阶段。

　　从公共关系、品牌管理的视角来看，公关部门既是企业连接各利益相关方的关键纽带，又是确保其企业和品牌持续获得市场、合作伙伴、客户群体认可的关键战略部门，是成熟期企业战略的重要组成部分。进入成熟期的企业，虽然自身的业务规模、竞争优势相较快速成长期有了长足的进步和稳定的保障，但其所在的市场通常也成了接近饱和的红海市场，市场竞争变得更加胶着，企

业管理需要更加精细化和注重成本效率的衡量。在这样的背景下，公关品牌战略的目标就是提升企业的美誉度，保持品牌的生命力，引领企业进行市场突围，赢得客户长久信赖，成为基业长青和更受尊敬的企业。

成熟期企业公关运营重点能力

管理日渐精细化成为成熟期企业公关业务运营的日常，但公关负责人不应止步于此，还需要考虑公关职能的战略性发展，这主要包括两个方面：一个是公关专业能力的建设与巩固，另一个是公关内容和品牌策略的创新与突破。既要向下夯实地基，又要向上盖高楼。如图2-6所示。

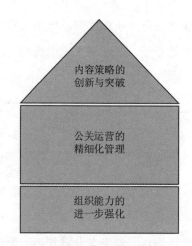

图2-6　成熟期企业公关战略性发展思路框架

公关传播的核心要素之一就是内容。成熟期企业在内容创新上容易懈怠，其在制定对外传播的关键信息和内容创意方面必须要紧跟时代潮流，通过引领未来的、具有突破创新性的内容创意胜出竞争者，不断吸引审美趋于疲劳的客户群体的目光，激发市场的持续关注和兴趣。

公关和品牌策略的战略思维创新花样繁多，例如创建新的市场，"母品牌＋子品牌"的"群星策略"，文化为先，等等，后面的篇章还会有专门的讲解。这里举一个"母品牌＋子品牌"的品牌群星策略的例子。

自从公关活动在百余年前进入商业领域以来，消费市场成为其发挥作用的主战场。消费市场关系到每个人生活的方方面面，市场容量巨大，产品包罗万象。经历了西方百余年自由经济发展和中国40多年改革开放的消费市场是人类经济发展历史进程中最具活力、最为丰富、对人类的生活方式产生了最为显著影响的经济研究样本，国际和国内消费市场上涌现出了大量消费者耳熟能详的品牌。

许多成功的消费品牌不仅拥有超级强大的品牌力，围绕其主品牌建设的一系列子品牌更是成为品牌战略的代表。如果把一些知名的消费品牌的母品牌比作太阳，那些子品牌就像围绕在太阳周围的大小行星，它们共同组成了耀眼璀璨的太阳系。

例如，索尼品牌经过30多年的发展，到20世纪80年代成为全球消费电子第一品牌，这一荣耀一直持续了约30年。索尼生产的产品包括电视机、音响、摄像机、数码照相机、游戏机、手机、笔记本电脑等家用电子产品，此外还有广播电视专业产品及关键电子零部件等，在20世纪80年代的发展高光时刻还收购了闻名全球的音乐业务和好莱坞电影业务。索尼的母品牌是SONY，旗下还陆续拥有过众多子品牌，例如BRAVIA（电视）、VAIO（笔记本电脑）、Walkman（随身听）、Discman（CD随身听）、PlayStation（游戏机）、Cyber-shot（数码相机）、微单（数码相机）、Handycam（摄像机）、Xperia（手机）、Memory Stick（存储卡）及Sony Music（音乐）、Columbia Tristar（电影）等。不仅消费电子行业巨头索尼如此，采用"群星策略"的还包括日化用品行业巨头宝洁、联合利华，食品饮料行业巨头雀巢、中粮，IT互联网行业巨头联想、小米，以及许多著名的汽车品牌等大量成功的面向终端消费者的企业。然而，尽管这些市场的主流企业都基于业务的发展和延伸建设了一系列子品牌，它们的品牌公关战略却有很多差异，通过本节后续的案例解读，读者可以对此做一个了解。

从内部管理和体系强化的角度看，成熟期企业的公关部门需要不断强化组织与能力。

企业公关能力模块可以包括媒体监测与分析、内容创意机制、媒体关系平台、公关价值评估、危机管理机制、人才培养机制等。例如，公关传播除内容之外的另一大核心要素就是"渠道"，成熟期企业需要不断强化媒体关系平台，扩展和深化传播渠道，资源应全面覆盖企业所在行业、市场、客户等领域，应与超过90%的关联媒体、关键意见领袖、关键意见顾客时刻保持良好的沟通互动，灵活地进行传播资源组合，有策略地开展公关品牌传播。

与建设和巩固能力模块同步进行的是不断强化组织能力，精进专业水准，培养卓越团队，制定好企业公关与外部公关服务公司合作的原则与机制，不断完善公关部门预算制定管理、价值创造评估、投资回报测算等价值衡量体系，同时保持创新意识，持续提升公关咨询与服务的专业水平。此外，在公关风险防控、危机管理方面，必须要建立完善的风险识别机制和危机管理体系，如准备完整的敏感问题备用口径和问答库等，确保企业能够第一时间以趋于完美的手法应对危机。

成熟期企业典型公关案例解读

成熟期企业面临的突出问题包括：如何在战略上突破创新、自我进阶，如何持续提升品牌价值、维护好企业声誉并保持行业领先地位，赢得每一场激烈的市场竞争战，等等。

成熟期企业的公关实践多如牛毛，本书选择以"公关战略"为主线，和读者们分享企业战略突破过程中的一些关键战略思维和身处此阶段的企业经典案例，希望能给你带来公关战略思维上的启发，而不是面面俱到或流水账式的总结。在接下来的案例分析中，我们将重点探讨成熟期企业公关品牌战略思维的创新和对比，在品牌塑造过程中公关起到的战略性作用，如何通过公关战略进一步提升企业声誉和行业领导者地位，以及成熟期企业所处红海竞争中的公关大战得失及带给我们的启发。

【案例9　宝洁与联合利华的子品牌战略】

宝洁与联合利华都是日化产品巨头，许多产品功能大致相同，却采取了不同的品牌战略。宝洁选择多品牌战略，而联合利华则走品牌延伸为主的路线。

宝洁创始于1837年，联合利华是1929年由两家公司合并而成，都是早已步入成熟期的企业。宝洁旗下曾有约300个子品牌，包括大家耳熟能详的飘柔、海飞丝、潘婷、沙宣、佳洁士、玉兰油、SK-Ⅱ、舒肤佳、护舒宝、帮宝适、汰渍、碧浪等。联合利华旗下有约400个子品牌，包括我们熟悉的品牌多芬、夏士莲、力士、奥妙、旁氏、凡士林、中华、和路雪等。

进入红海市场，品牌的竞争尤其重要，企业若要在竞争中胜出，加强品牌建设，实施品牌策略是必由之路。美国广告研究专家莱利莱特曾说："拥有市场的唯一办法是拥有占市场主导地位的品牌。"品牌战略是围绕产品的品牌所制定的一系列长期的、全局性的总体发展战略，以品牌为核心竞争优势，通过塑造品牌形象，俘获消费者心智，赢得长期利润。

宝洁的品牌战略是以"细分—定位"为特征的多品牌战略。宝洁的营销在业界有口皆碑，其中很重要的特征，就是将公关的精髓融入广告营销的创意中。首先，在市场调研与分析的基础上，针对主打客群，确定子品牌的精准定位，然后为子品牌命名和制定核心信息，继而进行全方位立体化的推广。好的名字和主打口号需要基于对市场舆情、消费心理的深入洞察和深厚的文化底蕴与文字功底，说其是营销战役取得成功的决定因素的一半都不为过。以洗发水为例，在中国，宝洁为各个洗发水子品牌首先起了辨识度非常高的名称，如"飘柔""海飞丝""潘婷""沙宣""伊卡璐"等。"飘柔"突出让头发柔顺亮泽，"海飞丝"主打解决头屑问题，"潘婷"使发根到发梢得到营养和滋润，"沙宣"给你垂坠质感的时尚造型，"伊卡璐"则突出其纯天然草本精华护发能带来的不一样的功效。各子品牌在其主打市场上均独领风骚。

就宝洁大量子品牌在市场上取得巨大成功的话题，我与宝洁的公关人士进行了沟通，他们提出了宝洁非常基础的一个品牌推广原则是，除了让消费者认知到产品的功能、效果等价值——这些是"硬指标"，还必须要让消费者获得产品的情感价值——这是"软指标"。如"飘柔"洗发水的市场广告宣传突出了女性的自信与时尚，同样都是洗发用品，"飘柔"给女性带来的除了头发的柔顺飘逸，还有女性自信和时尚的气质，契合那个时代的女性内心的向往和追求，成为大量女性心之所向的产品。在进入中国市场后，宝洁洗发水的目标消费者是高收入时尚女性，广告中明星带动时尚青春男女，展示年轻人追求浪漫、崇尚个性的生活画面，将简单的对日化用品的需求上升到了人们对时尚生活方式、自信生活状态的向往和追求。

在产品包装上，"飘柔"的草绿色包装给人以青春美的感受；"海飞丝"的海蓝色包装，带来清新凉爽的视觉冲击，"头屑去无踪，秀发更出众"的广告词更向顾客强化了海飞丝去头屑的功能点。从名称到主打口号，从包装到广告营销活动，一连串的市场动作围绕极为清晰的核心定位，成功突出了每个子品牌的特色。

联合利华的品牌战略历经90多年的风风雨雨，成为世界上最大的日用消费品公司之一。同宝洁相似，它也拥有大量的子品牌，但采用了与宝洁不同的子品牌战略——"品牌延伸"战略和侧翼进攻战略。

如"多芬"香皂是联合利华的一个主打品牌，因具有独特的保湿滋润功效而受到市场宠爱。联合利华据此实施品牌延伸战略，推出多芬保湿沐浴露，虽进入沐浴露市场较晚，仍成为与宝洁争夺市场的强劲对手。多芬后续还通过品牌延伸进入了除臭剂市场。联合利华在中国推行的成功品牌中，70%的品牌源于成功的品牌延伸策略，而非新创品牌。

除了将子品牌的核心优势特征延伸至更多的产品品类，联合利华还通过"国际—本土"双管齐下，将国际企业先进的公关品牌管理经验延伸至中国本土市场，积极收购当地有潜力、有影响的本土品牌，并对其进行提升、完善。如对中国牙膏第一品牌"中华"的收购，联合利华为其注入了先进的管理经验和技术，对产品进行重新包装，对品牌形象进行重新定位，使其品牌形象更鲜明、醒目和时尚；在市场获得成功的基础上，后续又开发出中华草本抗菌牙膏新品，使中华牙膏焕发出新的品牌活力，得到消费人群的关注，销量迅速上升。国际品牌与民族品牌携手共进，将国际品牌的管理和运营经验注入本土传统品牌，同时与当地文化深度融合，最终帮助原来的品牌迅速提升品牌价值，产生了 1+1>2 的效果。

联合利华还实施过"缩减—聚焦"品牌集中策略。曾经据测算，联合利华近 500 个种类的品牌中，对公司盈利贡献最大的只有 100 余种，仅凭这 100 多种优势品牌，公司年利润也是上升的。于是，公司收缩地盘，选出"夏士莲""力士""中华"等有知名度、有规模和本土化较好的一些品牌，和"奥妙""清扬"等具有市场前景、对消费者吸引力大的品牌聚焦经营，其余淘汰。

宝洁选择多品牌战略，其优势在于提高总体市场占有率，满足市场差异化需求，各个子品牌形象鲜明，又在公司内部形成竞争格局，内部市场化运营提高了整个公司各团队的战斗力。宝洁的市场营销团队被誉为市场营销的黄埔军校，在宝洁管理过市场营销、品牌公关的人才，有过大手笔品牌营销的实践，也见过激烈的市场营销战，都与宝洁的这种品牌策略密切相关。宝洁最终用财务表现衡量各个子品牌成功与否，来降低经营风险。这种做法只适用于行业中已经具备规模效应的头部企业，其缺点在于，品牌创建费用投入较大，内部竞争机制必然导致一些重复工作和冗余团队。2015年4月，宝洁首席财务官乔恩·穆勒（Jon Moeller）对外宣布了公司打算削减旗下非媒体营销代理商花费的计划，总削减金额达到5亿美元。8月份，宝洁再次宣布削减其全球范围内的公关、广告和营销机构的数量，减幅达40%，以提高整个企业的支出效率，就是对这种做法的一种平衡。长期来看，对于宝洁来说，通过自身不断创新和内部市场竞争来甄选出真正经得起考验的团队和品牌业务，总比让他人来颠覆自己好。

联合利华主要实行品牌延伸战略，即把现有成功的品牌用于新产品或修正过的产品，既丰富了公司旗下的产品种类，满足了不同细分市场的需求，强化了品牌效应，有利于新产品借助成功品牌的市场信誉扩大品牌的市场份额，又减少了新建品牌的市场风险，在节省新建品牌费用的情况下迅速占领市场，实现品牌价值增值。这种做法的挑战在于，如果品牌涵盖的产品领域过宽，会有品牌定位、品牌管理上的难点，假如某类产品出现问题，也会殃及整个品牌和多个产品线的形象。所以，采取品牌延伸策略，也要注意控制产品种类、数量、质量，需要做好平衡。

无论是宝洁还是联合利华，它们的品牌战略和市场推广方法虽然因企业不同而有明显差异，但都可以给我们以启示。产品是有生命周期的，品牌却不同；建立有生命力的品牌，可以超越产品的生命周期，且有机会持续增值。一旦品牌成功建立，即使产品不断地改良和换代，仍然会拥有广大忠诚的顾客群体。可见品牌战略能够为企业创造附加价值。

当企业发展至成熟期时，其企业发展和运营管理的复杂程度会给最高管理团队不断带来新的挑战和课题。对于行业头部企业来说，就如同进入了无人区，再也没有可供参考的现成方案，需要操盘手们具备极高的管理智慧、丰富的商业经验，从而做出正确的战略选择，开创出一片适合自身企业发展的新疆域。而公关品牌营销方面的战略思考、战略决策是企业整体战略布局中非常重要的部分。所有这些战略选择，最终需要经过市场竞争的洗礼，才能得到验证。

【案例10 《Sony Style》杂志及索尼跨品牌传播项目】

索尼创始于 1946 年，从最初生产收音机、录音机等音频产品开始，逐渐扩充其音视频产品的种类，陆续覆盖了民用的电视机、音响、摄录一体机、随身听、照相机及电视台采用的专业摄录像设备、演播室设备、投影机等全系列音视频产品，后来还拓展至游戏机、笔记本电脑等领域。到 20 世纪 80 年代，索尼成为全球消费电子巨头；1988 年，索尼集团收购了 CBS 公司属下的 CBS 唱片公司，以更坚定的决心进入唱片行业；1989 年，索尼收购了美国的哥伦比亚电影公司，索尼影视娱乐公司（SPE）成为好莱坞八大影业公司之一；20 世纪 90 年代，索尼游戏机 PlayStation 横空出世，短短几年的时间就行销至全球 120 多个国家，在年轻人中间风靡，获得了巨大的市场成功。而唱片行业经过 21 世纪初期的大并购之后，索尼音乐娱乐公司（SMEI）成为全球三大唱片公司之一，与环球音乐、华纳音乐呈三足鼎立的态势。

至此，索尼成为一家拥有电子、音乐、影视、游戏等业务的综合娱乐型公司。索尼创始人井深大、盛田昭夫具有超前的战略眼光和令人敬佩的雄心壮志，早在 1958 年就将索尼的前身"东京通讯株式会社"改名为索尼公司（Sony Corporation），并创立了索尼的全新品牌，意在不把索尼的业务发展局限在电子领域，未来公司可发展为兼具电子硬件和娱乐软件的综合型娱乐企业。

索尼 1997 年开始在中国的运营。进入 21 世纪，索尼在中国的业务渐入佳境，电子业务产品全线引进中国市场。为了让中国消费者更深入地了解索尼品牌的独特优势和魅力，索尼中国区曾开展了一系列品牌推广活动，其中，公关部于2003年创意推出了一本名为《Sony Style》的杂志，致力于全面而生动地传播索尼的品牌文化、经营理念、最新的产品信息和极致体验，以及重要的索尼资讯等，这本杂志的栏目囊括了娱乐资讯、生活格调、索尼之旅、玩家、视觉、绝对体验（Sony Studio）、电影酷评、索尼音乐、前沿科技、我在索尼、索尼探梦、索尼新闻、新品以及特别报道等。不但可以让受众群体了解索尼日益丰富的新产品，还呈现了产品背后的生动故事、索尼的创新精神和企业价值观、索尼消费电子产品在不同使用场景下的使用方法和极致体验、索尼音乐影视娱乐资讯等，精心设计和采编的内容丰富多彩，质量上乘，加以视觉大片和时尚娱乐讯息，这本杂志一经推出，就获得了各利益相关方的欢迎甚至追捧，其赠送和发行对象包括政府领导、媒体记者、意见领袖及与索尼有业务往来的客户，并在多个城市的索尼专卖店及一些潜在顾客常去的时尚场所陈列赠送，还在索尼举办的所有公司和市场活动上作为礼物赠送给来宾。

《Sony Style》杂志是季刊，一直做了六七年的时间，每期印刷数量达六万册左右，其影响力超过了许多市面上的商业杂志，获得大量的读者好评。许多媒体记者、索尼专卖店的顾客都对这本杂志爱不释手，常有读者专门给《Sony Style》杂志编辑团队写信表达对杂志和对索尼品牌深深的热爱。

例如，曾有北京的读者来信说道："第一次得到《Sony Style》杂志是2003年秋在中关村鼎好电子城中的索尼梦苑（Sony Gallery），我被它独特而生动的内容深深吸引。精彩的栏目、精美的印刷、引人入胜的内容，展现着索尼所承载的高贵、时尚、探索、创新、高品质的文化精髓。""我至今

图 2-7　索尼中国公关部门曾编辑出版的《Sony Style》杂志

珍藏着每一期《Sony Style》杂志，丰富的栏目不但让我了解到索尼日益丰富的新产品，还了解了一些索尼的发展历史。60多年来索尼一直在努力实现着它的光荣与梦想，创造了许多世界第一的产品。每件新产品都蕴涵了开发者的梦想、激情和技术创新的精神，以及持之以恒实现理想的坚定信念。"

　　就是这样一本杂志，以轻松愉悦的氛围、高雅时尚的气质，巧妙地融入了索尼品牌的精神内核——其对梦想的追求、对未来的探索、对顾客的承诺、对社会的贡献。它如同一座桥梁，将索尼品牌与它的忠实顾客的心紧密地连在了一起。在消费电子行业最风生水起的年代，整个媒体都会拿出最珍贵的版面位置报道消费电子、手机这些行业的创新产品、热门科技公司、产业发展趋势和你追我赶的市场竞争态势。作为处于成熟期的行业领导企业，必须要有更加出色的公关传播创意和呈现，从而凸显行业领导品牌的与众不同。

　　21世纪初，作为索尼电子业务在中国地区的总部，索尼中国公司紧紧抓住索尼品牌不同于其他电子产品品牌的差异化优势，开展了大规模的品牌跨界传播，包括联合索尼音乐公司在上海八万人体育馆举办索尼音乐大型演唱会，并在整个过程中进行电子产品的全线推广；联手索尼影视，利用《蜘蛛侠》等索尼大片首映礼，大规模展示索尼最新的电视产品等。这些活动都提升了索尼品牌区别于其他电子品牌的独特魅力与价值。

公关传播一直以来都是品牌传播的重要组成部分，几年间，借助大型的品牌跨界活动、密集的产品发布活动，索尼中国公司公关部门与800多名遍布全国各地的报道科技、消费电子、IT、家电、公益、社会新闻、财经观察等多个领域的媒体人、意见领袖建立了良好的沟通交流的机制，将提炼出的核心信息——从企业到品牌、从产品到社会贡献活动——及时、生动、有效地经由各类媒体传播到受众群体，以相当高的投资回报率，助力业务增长，赢得品牌形象和企业声誉的有效提升。

【案例 11　壳牌愿景发布[①]】

壳牌的愿景分析非常有名，壳牌也因愿景报告而著称。壳牌愿景团队源于其1965年成立的一个"长期研究"小组，当时主要是"研究未来"。该小组在1967年提交了一份关于未来的《2000年研究报告》。自此以后，他们开始了愿景分析，描绘未来的不同可能性。1971年初，他们将关于石油价格的愿景分析提交给了公司最高管理层，这一愿景分析让壳牌顺利度过了1973年的第一次石油危机。壳牌的愿景分析也因此声名鹊起。有专家评论，基于长远考虑的愿景，壳牌能更敏锐地应对一些重大问题，如气候

---

① 本案例源自刘小卫所著《公关生涯》，该书由中国人民大学出版社于2023年2月出版。

变化、中国崛起及美国页岩气革命等。

2001 年初，新一年的愿景报告成型，主题是"天然气是通向未来的过渡能源"，经过了各个方面的专家共同对各种可能影响未来的趋势进行头脑风暴，涵盖社会、经济、环境、政治等诸多领域，涉及能源还有各种情形下的能源建模。壳牌在那一年将愿景报告进行了全球发布，与联合国开发计划署（UNDP）和伦敦战略智库国际战略研究所（IISS）进行了合作，分别在美国和欧洲进行了发布。

2009 年，壳牌发布新一版愿景《蓝图和乱象》时，当时负责大中华区公共事务的董事刘小卫女士组织了最大范围的发布活动，一周内安排了九场有关愿景的沟通会，包括国家发改委和国家能源局领导专场、专家圆桌研讨、国内外媒体专场、三大国有石油企业专场，还有清华大学和北京大学的大学生专场，以及员工专场。活动覆盖了 2000 多人，成为当时壳牌全球受众覆盖面最广的愿景沟通行动。这一垂直的深入沟通方式，让政府、能源专家、媒体、能源同行、未来的领导者和员工对壳牌的愿景有了具体的了解，也强化了壳牌作为能源行业领头羊的品牌和口碑。在壳牌委托第三方独立进行的一年一度的"声誉调查"的结果中，就有受访的利益相关方提及"壳牌愿景"，愿景的发布和公关沟通行动有效地提升了壳牌的声誉，进一步巩固了壳牌的行业领导地位。

2014 年，壳牌新一版的愿景发布主题是"山峰和海洋"，当年其亚太地区的公关部门在亚太区六个国家与不同的合作伙伴举办了多场愿景沟通会。在马来西亚，和政府合作了一个专场；在新加坡，借助当时的第一次世界城市峰会做了专场；在泰国和印度尼西亚，跟媒体合作；在菲律宾，是跟当地的 CEO 高管学院合作。

2021 年初，由于疫情的影响，新一版的《变革中的能源愿景》发布全部通过线上进行，一个小时之内，来自全球的 6000 多名员工聆听了最新的愿景分享，内容是能源转型和达到碳中和的路径、挑战与机遇。得益于网络技术，这次愿景沟通活动在一个小时内的参与人数达到了发布愿景以来 20 年的人数总和。

愿景的创作和发布成为壳牌公司独有的"软性资产"，其对能源行业发展趋势的深入洞察和价值观点的发布，加上公关团队努力扩大利益相关方的沟通行动，帮助壳牌建立了在能源领域的意见领袖地位，提升了公司的品牌知名度和美誉度。这一行动持续了一段时间之后，其愿景团队开始受邀帮助合作伙伴或机构构建愿景，比如和文莱、挪威、尼日利亚、阿曼的国有石油企业合作，帮助世界可持续发展工商理事会构建 2000—2050 年的可持续发展愿景等。

20 世纪 90 年代，《哈佛商业评论》上一篇有关企业核心竞争力的文章，让多数企业聚焦成为自己所处行业的"伟大者"或"唯一"，从而让自己在市场中保持竞争力，立于不败之地。同样，从品牌和声誉管理的角度，企业的叙事和内容要深耕其"伟大"和"唯一"的领域，这些是企业的特质和独有的资产，也正是企业差异化的竞争优势和企业公关战略的核心依托。

【案例 12　阿里巴巴涉嫌垄断】

据各官方媒体报道，2021 年 4 月 10 日，市场监管总局依据《反垄断法》第 47 条、第 49 条，综合考虑阿里巴巴集团违法行为的性质、程度和持续时间等因素，对阿里巴巴集团作出行政处罚决定，责令阿里巴巴集团停止违法行为，并处以其 2019 年中国境内销售额 4557.12 亿元 4% 的罚款，计 182.28 亿元。同时，按照《行政处罚法》坚持处罚与教育相结合的原则，向阿里巴巴集团发出《行政指导书》，要求其围绕严格落实平台企业主体责任、加强内控合规管理、维护公平竞争、保护平台内商家和消费者合法权益等方面进行全面整改，并连续三年向市场监管总局提交自查合规报告。此次处罚，是监管部门强化反垄断和防止资本无序扩张的具体举措，是对平台企业违法违规行为的有效规范。

媒体报道中提及，2015 年以来，阿里巴巴集团为阻碍其他竞争性平台发展，维持、巩固自身市场地位，获取不当竞争优势，实施"二选一"垄断行为，限定商家只能与其进行交易，违反了《反垄断法》关于"没有正当理由，限定交易相对人只能与其进行交易"的规定，构成滥用市场支配地位行为。根据《反垄断法》，对实施滥用市场支配地位行为的经营者，应处上一年度销售额 1% 以上 10% 以下的罚款。

这条新闻将我的思绪一下子带回到 2015 年的"双 11"大促，毫不夸张地说，从 2015 年 9 月下旬到 11 月中旬的两个月，整个中国电商市场的竞争态势完全可以用战火纷飞来形容。

自从 2014 年 5 月京东在美国纳斯达克成功上市，中国的电商市场便结束了群雄逐鹿的混乱发展局面，市场格局大体确定了下来，电商第一大平台是阿里巴巴，京东超越各路电商创业企业，成为当时的电商第二大平台，进入了快速发展期的尾声，在资本的助力之下，加速打造更成熟的团队和业务体系，逐步迈向成熟期。

2015 年 9 月下旬，阿里巴巴召开隆重的发布会，宣布了"双 11"的启动。彼时的京东虽然在体量和平台影响力上仍远弱于阿里巴巴，但是也并不示弱，早就规划好了一场长达 6 周（从 10 月初到 11 月中）的公关战役。作为其中的重头戏，10 月中旬，京东与腾讯联手召开了大型发布会，双方公司的创始人刘强东和马化腾联袂出席，发布现场星光闪耀。可能是两位互联网大佬首次共同出席新闻发布会，也可能是在阿里巴巴启动了"双11"计划后，大家对京东的"双11"策略拭目以待，即便是发布会安排在了周末，也有约两百家媒体纷至沓来，兴奋地齐聚一堂，将会场挤得满满当当。在这个战略发布会上，京东与腾讯宣布共同推出战略合作项目"京腾计划"，由京东和腾讯共同搭建团队，为商家提供前所未有的创新营销解决方案。这次发布活动盛况空前，记得当时一位资深财经编辑跟我说："今年的'双11'打得真凶，一上来都是打战略牌。"

发布会结束后，正当京东的业务团队紧锣密鼓地与大量商家沟通，推动"双11"大促的各项工作之时，好几个业务条线的负责人，尤其是时尚家居业务部负责人收到了多个下属反映的同一问题，有不少原来很想积极参与京东平台"双11"大促的商家收到了某大平台的通知，如果他们想保住在大平台的"双11"促销资源，就必须从京东的大促中撤出。这些被要求"二选一"的商家们在撤出京东平台的促销活动时纷纷表示非常无奈，但是由于担心受到大平台的惩罚，又都不敢不照做。就这样，"二选一"事件愈演愈烈，眼看时间到了10月底，而京东的"双11"促销活动从11月1日就将正式开始。许多业务条线的同事一个多月以来极为努力地工作，可是"二选一"事件让他们的许多努力都白费了，越来越多的商家受制于大平台的"二选一"要求，无法参与更多电商渠道的促销活动，这种情形对于市场上的其他电商平台、商家和消费者都是不公平的。

10月29日，"京东黑板报"官方微信公众号发文"致商家朋友们的一封信：打击不正之风、促进行业健康发展"，引发了大量新闻媒体对"二选一"事件的关注，一部分媒体开始调查和报道，另一部分媒体高度关注着事情的进展。此刻，"二选一"事件成为迎接"双11"大促过程中的一个

"冲突性事件"，而"冲突""矛盾"恰是媒体喜欢捕捉和追踪的。文中表示，"部分国际、国内服饰品牌商家被某平台施压，要求品牌商家不得参与包括京东在内的其他平台的促销活动……个别友商逼商家二选一已不是新话题，但此番施压大有愈演愈烈之势……此举已损害了其他平台商家和消费者的利益。"在这封信中，京东表示："京东的所有营销活动，一如既往地敞开胸怀，热忱邀请广大商家以及友商同人共同参与。遗憾的是，在这个广大商家应该共同发力的时间点，个别友商再次以利益捆绑、胁迫商家，这种垄断的行为不仅扰乱了正常的商业秩序，触及了商业道德的底线，更加导致消费者利益受到严重损害。对这种行为，京东绝不认同并坚决抵制。"京东对"二选一"态度的表达相当强硬。

几天后，京东做出了一个重大决定，为了争取一个更为公平的竞争环境，为了让所有的商家能够有更加丰富的渠道通过"双11"大促来提高销量、拓展更广泛的客群，为了顾客能够获得更多样化的选择和更好的京东服务体验，也为了未来整个中国互联网行业都不再遭遇如此明目张胆的霸权式竞争，京东向国家工商总局实名举报了"双11"促销中胁迫商家"二选一"的行为。

2015年11月3日18点32分，"京东黑板报"官方微信公众号发布了官方公告："京东集团已向国家工商总局实名举报阿里巴巴集团扰乱电子商务市场秩序"。此公告一经发出，立即吸引了各大媒体的高度关注，之前还没有报道"二选一"的媒体已经对事件有了一定程度的了解，此刻全部加入了报道大军。媒体纷纷以"正式开撕！京东向工商总局实名举报阿里"或类似的标题为题，对"双11"到来之际两大电商的激烈纷争、京东面对大平台毫不手软的斗争进行了报道和解读。与此同时，京东的法务部门通过北京市高级人民法院提起了"'二选一'行为涉嫌垄断"的诉讼。

截至此刻，京东的政府事务部、公关部和法务部联手行动起来保护公司的正常经营，也为维护公平竞争的市场秩序而战。这一战也将 2015 年的"双 11"大促氛围推向了前所未有的高潮，更重要的是，在企业发展的关键时刻，京东面向合作伙伴、消费群体乃至全社会表达了自己的原则、立场和态度。其实，"二选一"的苗头从 2013 年就开始了，在京东长大的过程中，行业内的"二选一"行为一直时隐时现，到了 2015 年的"双 11"前夕达到了顶峰。最终，时隔 5 年多，这场纷争终于迎来了权威公正的结果。

2021 年 4 月 10 日的官方媒体报道称："滥用市场支配地位的垄断行为，排除、限制了相关市场竞争，侵害了平台内商家的合法权益，阻碍了平台经济创新发展和生产要素自由流动，损害了消费者权益。""没有公平竞争的良好生态，平台经济就会失去创新发展的强大活力。国家市场监督总局依法对阿里巴巴集团实施'二选一'垄断行为作出行政处罚一案是我国平台经济领域第一起重大典型垄断案件，标志着平台经济领域反垄断执法进入了新阶段。"

相比高速增长的时期，进入红海后的市场竞争更为艰难和复杂，企业要想在残酷的竞争环境中继续生存发展，常常需要使尽浑身解数。事实上，从常规的市场竞争升级到艰苦的搏命奋争的情况在各行各业都曾有发生。

成熟期企业公关需要注意的问题

企业的经营永无宁日，企业在成熟期会面临大量新的挑战，例如：

- 增长红利消失。原来快速成长期的红利已经消失，营业额与活跃用户的增速跟快速成长期相比通常有所下降。

- 竞争超级激烈。市场容量趋于饱和，整个市场从蓝海变为红海，不少企业在红海中苦苦挣扎,其市场表现之一就是价格战愈演愈烈;此外,也有可能会出现一些无底线的竞争手段。

- 大企业病出现。稳定期的企业团队最容易产生惰性,从而患上大企业病,官僚风气、人浮于事等现象导致企业成本高企,效率低下。

- 创新意识降低。经历了初创期的生存斗争和快速成长期的惨烈竞争,成熟期企业常常不知不觉地认为自身已经具备了足够强大的竞争优势,可以无往不胜。不幸的是,凡是有了这样感觉的企业,不久后就可能被另一股创新力量撕开一个口子,甚至被突然颠覆。对于成熟期企业来说,突破成长瓶颈是最具挑战性的课题。

面临再次创业。企业成熟期的战略选择决定了企业的未来走向,这时企业面临再次创业的挑战,以避免进入成熟期之后的衰退期。

面对挑战,企业公关需要重点加强的有以下几个方面:

1. 传播内容的创意创新突破

成熟期的企业公关要特别注意克服惰性,永远保持与时俱进,通过不断的突破创新成为行业的引领者,其中,内容的创意创新突破尤其重要。这往往基于对所在市场和客户潜在需求的深刻洞察及对社会思潮与心理细微变化的深入理解,再以独到的眼光、超强的敏感度找到在"声音市场"上最恰当、最巧妙的切入点,加以极具专业功底的创意和文案,这样推出的传播信息可以用"稳、准、狠"来形容,这也是成熟又极具竞争力的公关团队所具备的实力和风格。

2. 各项公关专业能力的持续提升与夯实

包括洞察能力、策略能力、执行能力、复盘能力、危机管理能力。市场竞争越来越复杂,外部的挑战越来越多,但随着企业组织变得更加庞大,内部的反应却越来越慢。公关部需要清醒地认识到这一问题,通过建立机制来保持对内对外反应的敏捷性。其中,企业的危机管理好坏最能反映公关部应对这一挑战的能力。我在索尼和京东工作的时候,都曾花大力气帮助公司建立完整的风险识别机制和危机管理机制,就是要确保企业在规模庞大、运营复杂的情形下,危机的应对依然可以做到极为敏捷和专业。俗话说，功夫在平时。要想应对好各种突发事件、危机事件，在日常工作中，需要持续完善企业风险识别和危机管理体系，这项工作平时没有人看得到，却丝毫不能懈怠。有关危机管理的具体内容，本书会在后续的章节中详述。

3. 公关资源广度和深度的扩展

成熟期的企业与行业、市场、社会有着深度的融合，广泛而深入的公关资源是必须拥有的。一般而言，公关资源包括专家智囊，政府宣传主管部门，具有公信力和影响力的媒体总编、编辑、记者，关键意见领袖和专家，一些与企业所在领域相关的非政府组织，公益机构，关键意见顾客，等等。成熟期企业的公关部门通常也会选择其中的一些重点机构进行多个维度的项目合作，以借助在某些领域深具影响力和资源的第三方力量，进一步提升企业的品牌形象和声誉。

4. 企业公关品牌推广的价值衡量、投资回报率的持续提升

企业进入成熟期，各方面的管理都需要更加精细、日臻完善。公关部同样也需要建立价值衡量体系，针对所有公关项目进行价值评估，对于项目的投资回报率进行审视和不断改进。

公关价值的衡量是整个公关行业的难题，企业公关可以将公关行业的一些专业价值衡量方式与企业内部通行和认可的投资回报率衡量方式相结合，创造出最适合企业自身的价值衡量体系。这项工作从定制预算到公关项目的规划、实施和复盘，应当贯穿始终。

成熟期往往是企业最长的一段发展时期，企业公关职能也进入不断深化和精进的成熟阶段。成熟期企业面临的下一个挑战，就是尽力避免进入衰退期，需要时刻洞悉市场动态和变化，并对未来有相当精准的预见性。同时通过持续的研发，开发出自身的下一个"杀手级"创新技术、产品、应用或服务，创造企业发展成熟期之后的新一片蓝海市场和第二增长曲线。

第4节　衰退期企业：重塑企业声誉和品牌形象，获得市场信赖

著名的管理大师彼得·德鲁克曾经说过："由于资金日益充裕，技术日益廉价，已没有任何国家、任何产业或任何企业，能够长期拥有不变的竞争优势。"

企业在繁荣阶段或成熟期通常市场地位稳定，客户量呈上升趋势，资金流动性好，为了保持市场份额不下滑，企业不断地招兵买马，扩张产能，扩大服务能力。但是，当这样的成熟市场接近饱和，头部企业接近垄断，新的企业难以参与竞争时，颠覆传统的力量就会出现，尤其在近10年，成熟市场被创新技术彻底颠覆的事情屡屡发生。当颠覆力量出现的时候，处在成熟期的企业很快发现自身市场地位不保，客户开始流失，营收不再增长，利润表现极差，资金流动性开始变差，之前扩张的产能、服务能力、团队规模在此刻都变成了沉甸甸的负担。

这个时候市场开始出现分层。一方面，大量企业在经历过高速发展和充分竞争的时期后，会进入低谷期，有的企业在这一过程中逐渐衰落，再也没有回天之力，从市场上彻底消失。另一方面，有少量企业做到了持续创新和自我迭代，在产业周期更迭、企业一不注意就会向下滑的关键时点，再次建立起全新的竞争能力，创造出企业的第二增长曲线，参与到下一轮的竞争中。

处于衰退期的企业往往采用集中、收缩、放弃等一系列策略，砍掉非核心业务，去除所有不能直接给企业带来收益的职能，把企业的能力和资源尽可能集中在其最具核心竞争优势的细分市场上，优先保证企业的生存和基本利润，以求度过危险期。在这一时期企业肯定需要削减成本，典型的方式包括裁员，削减营销、公关、研发、行政等费用。

对于公关职能来说，遇上企业衰退的周期无疑是最困难的。公关的价值本来就难以衡量，公关的作用也不是直接带来销售额，而是通过媒体等第三方，向所有利益相关方群体持续不断地以恰当的方式传递企业关键信息，从而获得越来越多的各方支持，逐渐提升企业声誉和品牌影响力，这是一个颇具战略意

义的企业软实力的长期建设。在企业艰难时期，首席财务官会问："这些工作是否产生了直接的效益?"的确，在企业最艰难的时刻，这些工作可能会被企业认为过于奢侈，公关人员和公关费用通常会被大幅削减，最后仅保留最基本的能力和必要的人员规模。例如，公关部作为沟通专家，基于其对企业实情的深入理解，对"声音市场"的长期洞察及对沟通渠道的全方位把控，可以有效地帮助企业最高管理层对内、对外以最恰当的方式沟通企业业务收缩、裁员、进行组织变革等一系列艰难的决定，帮助企业在艰难时刻获得内、外部各利益相关方的理解，缓解冲突与矛盾，疏导舆论，化解危机，避免因沟通不得法或不妥当让问题进一步放大，带来毁灭性的灾难。

在这一节中，我们将聚焦在：公关战略如何帮助处于艰难时期的企业重新获得市场信赖；在品牌老化或品牌影响力下滑的困难阶段，如何重塑品牌形象；在企业遭受信誉危机后，如何绝地重生，重塑企业声誉。每一个企业创始人、CEO都希望能够帮助企业尽快度过衰退期或低谷期，并能够带领企业重新加入滚滚向前的市场洪流中，继续以创新技术、产品、应用和服务为客户提供价值。有一些优秀的企业通过艰苦卓绝的努力，最终闯过了企业面临衰退的"鬼门关"，并东山再起，成为成功穿越周期的卓越企业。当总结这些卓越的企业是如何再创辉煌的时候，我们发现，在整个过程中，战略型公关可以与技术创新、组织变革、业务升级、模式更迭并肩同行，以战略合力助企业重塑市场和客户群体对企业的信心，重塑品牌形象和企业声誉。

战略型公关尤其可以在以下三个方面助力企业在衰退期、转型期、再造期重塑品牌形象和良好的企业声誉，帮助企业再一次获得市场的信赖。

1. 企业组织与文化变革中公关的战略作用

公关战略在帮助企业实施思维转型和文化变革上可以发挥重要的作用。从成熟期进入衰退期的企业，往往出现内部官僚主义盛行、团队思维意识固化、企业文化趋于保守落后等现象。中国有句古话叫"事在人为"，企业取得成功靠的是人，滑坡衰落究其根本还是"人"出了问题。一些企业在经历繁荣期时团队从上到下变得骄傲，对于新兴事物的敏感度下降，固守旧有思维，企业管理结构、创新机制等已无法跟上瞬息万变的市场节奏。

事实上，能够从江河日下到东山再起的企业无一不是进行了管理体系和组织文化的转型和变革，从组织下手，就是从"人"上找问题，这也是能够再次实现产品、技术、服务以及市场策略成功的先决条件。而战略型公关由于其本质是在洞察（对于整个"声音市场"中各个利益相关方核心诉求的洞察）中找出问题所在、再形成必赢的战略（制定针对性的、有效的企业转型再造关键信息），在帮助企业实施人的思维转型和企业文化的变革上可以起到非常关键的作用。在这一过程中，公关部门应紧密配合最高管理层制定与目标受众群体沟通的核心信息，并用合适的方式进行信息的传递，以赢得各利益相关方对于企业变革、转型、升级的深入理解，其中包括内部的管理者和员工。就这个需求而言，营销和广告的手段难以发挥作用，公关则应发挥关键的作用。

2. 品牌再造，帮助老化的品牌翻盘

品牌老化的风险是成熟期企业需要特别注意的问题，时代更迭对每一个品牌来说都是巨大的挑战。战略型公关在帮助老化的品牌重焕青春方面，亦可以发挥相当关键的作用。一些消费品牌在初创期依托青春、时尚、新潮等定位获得成功，但随着其主要消费群体年龄的增长，其在市场上的形象定位也趋于成熟，在新一代的年轻消费群体看来，这些过往成功的"流行"品牌在前沿思潮、流行文化、精神追求等方面已经显现出了代际上的差异。公众追求新鲜感，年轻人更喜欢追逐与他们的成长期直接吻合的新生代品牌，对于"老品牌"不再那么热衷。品牌力原本是企业、产品、服务的重要附加价值，品牌的知名度、美誉度、流行度一旦下降，销量、市场占有率也会随之降低。

好的公关战略可以助力老化的品牌重新焕发青春，通过对社会思潮的洞察，对新一代年轻消费群体精神内核的挖掘，对企业、产品、服务等自身核心竞争力的重新提炼，对品牌进行重新定位，推出契合当下最新市场潮流和消费者需求的品牌核心信息，并与年轻消费群体进行对话和有效沟通。这些工作可

以与广告和其他市场行动配合起来，主打目标就是占领新一代年轻受众群体的心智，帮助品牌价值回归。

3.重塑企业声誉，重获市场信赖

在商业历史中，我们看到有的企业不幸犯下严重错误，瞬间由巅峰跌落谷底，之前建立起来的公众信任尽失。凡是有这种遭遇的企业，大多是价值观出现了问题。前面说过，公关战略介入企业战略的第一步，就是审视企业的愿景、使命和价值观。而企业重塑价值观，重建公众信任，是一项非常艰巨的任务，公关战略是其中必不可少的专业力量。

这里要指出的是，产品生命周期与企业生命周期不同。产品的生命周期一般包括导入期、成长期、成熟期、衰退期，产品生命周期的最后一个阶段就是衰退期。一般来说，产品进入衰退期后，基本不会再一次创造出第二增长曲线，而是会有性能、设计等各方面有所提升的产品替代过去的产品。这跟企业的重生不同。例如索尼的 Walkman 是一个极为成功的创新产品和品类，它的出现创造了一个细分市场。在经历了导入期的挑战之后，进入了高速成长期，在推出的第 5 年就售出了 1000 万台，之后逐渐进入了市场高速发展期直到成熟期，引发了全行业的跟进，向市场推出大量的产品型号、花样繁多的设计，并围绕 Walkman 进行了大量的周边创新，充分满足了市场的期望和需求。作为一个科技产品其生命周期非常长，索尼 Walkman 在市场上存活了 31 年，在全球共销售了 2.2 亿部，直到 2010 年才正式停产，成为风靡和领导了一个时代的便携音乐流行产品。然而，许多当年红极一时、如日中天的创新产品，今天已荡然无存，Walkman 在手机等智能产品大行其道的今天，已经变成了格格不入的古董。类似的产品还有诺基亚功能手机。

然而，成功的企业却是可以穿越周期的。跨国企业例如微软、IBM 等，中国企业例如 TCL、李宁等，它们都曾经经历了初创期、成长期、成熟期乃至一度进入行将衰退的危险周期，这些卓越的企业通过顽强的自我革命，涅槃重生，重新焕发出青春的活力。

创立一个成功的品牌非常不易，但对于企业的发展进程而言，更大的考验还在后面。怎样才能不断地为品牌注入意义？如何从一个起点迈向万里征途，到达不可限量的远方？经营品牌，是一项接连不断的创造意义的工作；穿越周期，是每一个伟大品牌需要面对的挑战。

公关战略助力企业再造的案例解读

【案例 13　微软通过企业文化变革再创辉煌】

微软作为 PC 时代当之无愧的王者，曾经连续多年都是全球市值最高的科技公司。然而，后来的微软却几乎完美错过了移动互联网时代，在智能终端、搜索引擎、社交媒体、电子商务等领域全面落后于竞争对手。微软的颓势，从公司市值上体现得很明显：1999 年底，微软市值创下 6000 亿美元的历史峰值，之后就一路走低，到 2013 年时市值已经跌去了一大半，只剩2200 亿美元。

当时外界评论说，微软已经沦为一个专门给电脑打补丁的公司，在人们的日常生活中变得无足轻重。微软内部也弥漫着悲观情绪：员工们认为微软已经失掉了创新的灵魂，再也无法引领新时代的技术潮流。更要命的是，曾经以改变世界为己任的微软，蜕变成了一个官僚体系，大家忙于内斗内耗，根本没工夫理会外部世界的变化。有人画过一幅漫画，讽刺微软的组织文化是各个部门拉帮结派、相互敌对，都拿枪指着对方。

就是在这样的内外交困之下，微软新任 CEO 萨提亚·纳德拉，于 2014 年 2 月走马上任。纳德拉展现出了令人震撼的领导能力，他的改革带来了立竿见影的效果。短短 5 年的时间，微软就好像脱胎换骨了一般，在云计算、移动应用、智能硬件等领域全面发力，同时积极布局虚拟现实、人工智能、量子计算等前沿技术，从暮气沉沉的状态中走出，重新站在了技术浪潮之巅。微软的股价也一扫颓势，从 2014 年开始迅速拉升，仅用三年时间就市值翻番；到 2018 年 12 月，微软总市值更是突破 8500 亿美元，力压苹果成为全球市值最高的公司，2019 年更是超过了万亿美元。而纳德拉成功把微软这样一个负担日益沉重、方向几近迷失的"老运动员"从衰退的边缘拉回赛场，并神奇地将其再次转变成了一个能量满满、领跑在前的运动健将。究其根本，靠的是对微软进行的企业文化的变革，对固有思维的彻底革命。而这正是战略型公关最高境界的用武之地——转变人的思维。

微软是靠 Windows 起家的，在苹果重新崛起之前，Windows 操作系统在个人电脑中处于绝对垄断地位，Windows 曾是微软的核心引擎和"现金奶牛"，收取 Windows 授权使用费曾是微软最根本的盈利模式。全球 PC 市场在经历了几十年的迅猛增长后已经逼近销量的极限，开始进入下滑通道，这是客观商业规律，微软的 Windows 业务也随之衰退。在移动互联网时代，PC 不再是个人接入互联网的第一终端，其重要性不断降低，被以智能手机为代表的智能终端快速取代。在纳德拉上任的 2014 年，全球每季度 PC 出货量仅为 7000 万台，智能手机则达到了惊人的 3.5 亿部。在这个庞大的智能手机市场中，操作系统被安卓和苹果两家瓜分，微软连参与的机会都没有。

纳德拉意识到，微软想要走出这一重大危机，必须首先在观念上做出两个根本的转变：第一，直面现实，不再把 Windows 作为微软的核心增长模式。他给 Windows 的新定位是，作为一种服务工具，帮助微软触达更多的客户。这意味着，Windows 将改变一直以来的授权收费模式，逐渐走向免费。同时，与苹果、谷歌等老对手从全面死磕转变为深度合作。第二，在 Windows 之外找到新的增长引擎，宣布"云为先"的战略布局。微软的云服务 Azure 起步较晚，那时在技术上和规模上无法与亚马逊抗衡。亚马逊云服务 AWS 的主要客户是中小企业和创新企业，它们的 IT 架构相对简单，历史数据量不多，容易迁移。但对于已经有了几十年 IT 建设史的大型企业来说，想要把整个系统迁移到云上却非常麻烦。而且，对于一些涉密单位，如金融机构、政府机构等，也不可能把所有数据都放到云上。对这些企业和机构来说，最好的解决方案就是混合云模式：也就是把最核心、最机密的数据放在自有系统上，同时把其他数据放在公有云上处理，最大化提升效率。微软就是以此为切入口，专注于为大型企业提供混合云服务，与亚马逊展开了差异化竞争。纳德拉推进的战略转型正是从这两个方面入手。

很多人研究微软的业务转型，的确，看准业务转型的方向，集中资源全力压注在新的业务方向上，这些重要的决策非常关键。不过，纳德拉却明确表示，业务转型并不是他作为微软 CEO 的第一要务。实际上，他认为比业务转型更重要、更急迫的事情，是重塑微软的企业文化，这才是他作为 CEO 的首要任务，他甚至称自己为"微软首席文化官"。在纳德拉上任之时，微软已经蜕化成了一个庞大的官僚体系，各个部门之间、各条产品线之间彼此勾心斗角、各自为政，大家的精力主要用在了内耗上。

纳德拉从一开始就着手企业文化的革新，用各种方式打破部门之间的藩篱，让大家放下对着彼此的枪。纳德拉提出，要重新定义微软的企业使命和愿景，重新发现微软的灵魂。比尔·盖茨在创立微软时，给微软定下的企业愿景是"让每个家庭、每张办公桌上都有一台电脑"。今天，这个愿景早就成为现实。那么微软的新愿景是什么？纳德拉将它归纳为四个字：赋能他人。微软的灵魂、微软存在的价值，就是让每个人和每个组织都获得强大的技术力量，帮助他们成就自我。这就是赋能他人。纳德拉还特别强调，要做到这一点，必须首先具备"同理心"，也就是你先要学会设身处地地替别人着想，然后才谈得上赋能他人。纳德拉花了大量时间在公司内部争取最大共识，公关部门紧密配合 CEO 将全新的企业文化内核做好定位和包装，再一层一层地传递和渗透下去，确保针对各利益相关方将核心信息传递到位。最终，这种超越了狭隘自我的崇高愿景和使命获得了员工的高度认同，有力地唤起了员工的工作激情和自豪感，整个公司的氛围焕然一新。

纳德拉就任 CEO 三年多的时候，写了《刷新》一书，这本书引发了轰动，也可谓微软战略型公关的标志性产物和重要抓手。与业务转型相比，人的思维的转变更具挑战性。这本书详尽地阐述了微软的新一代领导人纳德拉为何要变革微软的企业文化，通过采取哪些创举一步一步推动了企业文化变革的发生。这本书就是纳德拉的"改革宣言"，身处新时代的微软，在反复思考之后，将其确定下来的最为核心、最为关键的企业宣言通过这本书清晰而完整地传递了出去，它是一种企业信念和精神感召，引领了十万微软员工、几百万客户和合作伙伴与其同行。按照商界惯例，一个做出杰出贡献的企业领导人，通常会在卸任以后才撰写回忆录，像 IBM 的郭士纳、通用电气的韦尔奇，都是这样做的。而纳德拉在写《刷新》时，才刚刚就任 CEO 三年多时间，任期还很长，微软的转型也还在进行当中。纳德拉说，写这本书就是为了表明自己推动企业文化变革的决心，要向微软员工、客户和合作伙伴清晰传达出微软文化变革的信号。这本书是助力微软及其最高领导人再造新微软的强大而有力的工具之一。

纳德拉通过把"赋能他人"确立为微软的核心使命和灵魂，在组织层面大力推动微软的文化变革，重新点燃了员工的工作激情和自豪感；然后对僵化的官僚体制开刀，通过改革会议制度、推出"黑客马拉松"等，重新激发微软的合作与创新能力。所有这些创举的推出，在《刷新》这本书中都有详尽的描述。比起做了哪些事情更值得人们思考的是，纳德拉阐述了作为微软新一代领导人的他为什么要做出这些改变，为什么要推行这些举措，以及过程中微软员工是如何突破自我的藩篱，从封闭到开放，从傲娇的自我前行到打开心胸，以同理心去赋能他人，为了赋能更多的人而与同事携手合作。微软自此转变成为新微软。

在微软的大型发布活动上，我们也可以看到战略公关如何有效地助力企业的转型与声誉的重塑。纳德拉回忆说，在一次公众会议上，当他从上衣口袋里掏出一部 iPhone 手机时，现场观众先是一愣，然后发出了哄堂大笑。大家完全想不到，微软的在任 CEO 竟然会当众展示老对手苹果的产品。更令他们没想到的是，当纳德拉打开这部手机，屏幕上出现了很多大家熟悉的微软产品图标——Outlook、Word、Skype 等，以及一系列微软最新的移动应用软件。这是微软为苹果的 iOS 平台专门开发的软件版本，不是简单拷贝和移植，而是经过了精心优化。看到这里，现场爆发出热烈掌声，观众明白了纳德拉想要传达的意思：微软不再画地为牢，而是以合作共赢的心态，将旗下软件向竞争对手平台开放。在纳德拉的推动下，微软将自身定位为苹果、安卓系统的顶级应用开发者，与曾经的竞争对手展开了深度合作。微软以一种惊艳的发布形式，将突破想象的自身转变与所有的利益相关方进行了完美的沟通，获得了各方的认同、理解和赞许。微软通过在低谷中进行自我革新，走上了第二增长曲线。

【案例 14 李宁：老品牌再次焕发青春】

对于运动品牌来说，品牌老化是这个行业的典型问题。李宁曾经是红极一时的中国本土第一运动品牌，随着其顾客群体年龄的增长，其品牌形象也自然而然地趋向老化。

1990 年，已经退役的"体操王子"李宁在广东三水创办了同名体育用品公司——李宁公司。在发展的最初阶段，凭借创始人在体坛的名声，李宁公司快速崛起。同年 8 月，李宁运动服被选为十一届亚运会圣火传递指定服装、国家代表队参加亚运会领奖服及中外记者指定服装。从品牌创立到 2008 年奥运会，是李宁公司的"黄金二十年"，其在 2010 年发展到一个新高峰。之后，行业增速放缓，李宁公司的业绩下滑严重，2011—2014 年，李宁公司进入长达 4 年的下滑期，没有清晰的品牌定位，加之战略上的冒进，直接导致李宁公司进入历史上最低迷的时期。

2014 年底，创始人李宁重新回归管理层，TPG 公司入局，重新调整发展战略，确立了新的品牌定位，从原来的"体育装备供应商"改为"互联网 + 运动生活体验"品牌，宣传口号从"让改变发生"改回"一切皆有可能"。李宁公司明确以专业运动 + 运动时尚为方向，积极参加海外时装周，对在海外时装周爆红的设计进行大力推广。在纽约时装节后，李宁公司推出了 Wow9、驭帅 13 系列，贴近消费者的需求，逐渐走上了潮流的 T 台，常常出现爆款设计，再一次占领了年轻消费群体的心智。

李宁公司于 2018 年推出运动时尚系列"中国李宁"。对于"00 后"的年轻人来说，李宁也许是父辈的品牌，但是"中国李宁"却是一个令人激动、充满青春活力、受到年轻人追捧的运动时尚品牌。国潮，恰恰在国学热、汉服热及民族自豪感的支撑下兴旺，"中国李宁"刚刚好押中了上述热点，成就了世代情怀。

潮牌需要有快速应对趋势的能力，李宁公司的管理团队表示，"中国李宁是时尚为主，时尚的东西经常变，所以要推出很多新品"。为了吸引年轻人，李宁公司还与 EDG 电子竞技俱乐部达成合作，成为 EDG《英雄联盟》

官方合作伙伴；而后更是收购了电子竞技俱乐部 Snake，还成为电子竞技俱乐部 Newbee 等的官方赞助商，因为电竞中的竞技精神 90% 与体育精神重叠。快速迭代和出人意料，成了"李宁"重新定义"国潮"的标配。

2012—2014 年，李宁公司连续亏损 3 年，总亏损达 30 亿元；2015—2018 年则实现了收入和净利润的正增长，产品的创新和对品牌形象的持续提升，加上开辟"国潮"产品新赛道，李宁公司实现了涅槃重生。例如，2018 年，在潮牌服饰的推动下，李宁公司达成百亿突破。"中国李宁"服装系列总销量超过 550 万件，鞋系列销量超过 5 万件，新品售罄率均超过70%，在"中国李宁"系列的带动下，李宁公司 2018 年运动时尚品类的零售流水也同比上升 42%，领跑"李宁"旗下所有品类（篮球品类增速 29%，训练品类增速 20%）。2020 年，李宁公司营业收入 144.57 亿元，同比增长4.2%；净利润 16.98 亿元，同比增长 13.3%。2021 年 6 月 28 日，李宁市值创历史新高，达 2618 亿港元。

纵观李宁品牌（1989 年创立）的发展过程，可以分为开端、鼎盛、转型和重振四个阶段。在其品牌重振的阶段，品牌公关战略发挥了极为关键的作用，通过对消费市场新生代消费群体、声音市场舆情环境等的深入研究与分析洞察，重新制定品牌战略，确定全新的品牌传播信息，聚焦穿透目标市场，终于成功重塑李宁品牌。

【案例 15 瑞幸咖啡：重塑企业声誉】

北京时间 2020 年 4 月 2 日晚间（美国当地时间 4 月 2 日盘前），曾经一度红遍大江南北的新晋美股上市公司、明星独角兽企业瑞幸咖啡发布了一份公告。这份公告犹如把一颗炸弹直接投进平静的湖水中，立即引起了轩然大波。

瑞幸咖啡提交的监管文件显示，在审计截至 2019 年 12 月 31 日的年报发现问题后，董事会成立了一个特别调查委员会。该调查委员会今日向董事会说明，发现 COO（首席运营官）刘剑以及多名下属于 2019 年二季度至四季度期间虚增了 22 亿元人民币交易额，并虚增了相关的费用和支出。经特别委员会提议和董事会批准，公司中止了相关员工和涉及虚增营收合作方的合同，并将采取进一步的法律措施，追究相关人员的责任。瑞幸咖啡称，公司正在评估不当行为对其财务报表的整体财务影响。

这份公告导致瑞幸咖啡美股盘前大幅跳水，跌逾 80%。开盘不久，瑞幸咖啡便触发熔断，熔断前跌 78.55%。美国多家律师事务所发布声明，提醒投资者，有关瑞幸咖啡的集体诉讼即将到最后提交期限。加州的 GPM 律所、Schall 律所，纽约州的 Gross 律所、Faruqi 律所、Rosen 律所和 Pomerantz 律所等均表示，在 2019 年 11 月 13 日至 2020 年 1 月 31 日期间购买过瑞幸咖啡股票的投资者如果试图追回损失，可以与律所联系，2020 年 4 月 13 日是首席原告截止日期。

瑞幸咖啡成立于 2018 年 3 月 28 日，2019 年 5 月 17 日，瑞幸咖啡登陆纳斯达克，融资 6.95 亿美元，成为世界范围内从成立到 IPO 最快的公司。

从 21 世纪 10 年代初期开始，中国本土的创新商业模式如雨后春笋，争先恐后地在广袤的中国大地上冒了出来，它们的出现让中国进入一个新的发展时代，许多创业公司在资本的助推下快速地成长。然而，浪潮之巅和泥沙俱下永远都是同时存在的，一些拥有创新商业模式的创业公司，由于忽视了企业立命之本的价值观、道德底线和正向企业文化的塑造，创业者和管理层在企业发展的关键时刻做出了错误的选择，导致企业信任度的彻底坍塌，瞬间被市场、公众所唾弃。瑞幸咖啡正是倒在了这个地方。在这一崩盘事件发生之后，瑞幸咖啡经历了汹涌的负面报道，大量投资人的诉讼，监管部门的审查，美国证券交易所纳斯达克正式发函要求其退市，原瑞幸咖啡创始团队大部分成员被赶出公司，公司运营一度混乱不堪等一系列惨烈的震荡。

这一灾难性事件导致旧的瑞幸咖啡死掉，幸运的是，3 年后，新的瑞幸咖啡涅槃重生、破茧而出。

时间来到 2023 年 6 月 5 日，瑞幸咖啡第 1 万家门店正式落地厦门中山路，这标志着其成为中国首家门店数量破万的连锁咖啡品牌。

据瑞幸咖啡 2022 年财报显示，2022 财年其收入规模首次突破百亿元，全年整体营业利润首次扭亏为盈。2022 财年总净收入为 132.93 亿元人民币，同比增长 66.9%。2022 财年瑞幸咖啡在美国会计准则（GAAP）下营业利润为 11.562 亿元人民币，营业利润率为 8.7%。2023 年一季度财报显示，公司当季总净收入创历史新高，达 44 亿元人民币，同比增长 84.5%；美国会计准则下一季度营业利润为 6.78 亿元人民币；季度末，累计消费客户数达 1.5 亿，3 月消费客户数突破 3000 万，创历史新高。3 月 31 日，瑞幸咖啡新加坡两家门店开启试营业，也标志着其迈出国际化的第一步。

从财务暴雷的生死边缘到出海新加坡、第 1 万家门店落地，新瑞幸咖啡用 3 年的时间打了一场漂亮的翻身仗。这 3 年里，瑞幸咖啡新一任管理层带领公司脱胎换骨、涅槃重生。新一任管理团队主要做好了四件事：还原真相、清理造假团队，积极承担责任，留住核心人才，调整发展策略。瑞幸咖啡董事长、CEO 郭谨一博士坦言，过去 3 年瑞幸发生了翻天覆地的变化，在经历了企业价值文化、治理体系、公司战略的全面革新后，如今的瑞幸咖啡和 3 年前相比，除了还保留着最初的名字，其实已是一家全新的企业。

郭谨一在出任公司董事长及 CEO 后，致力于不断加强公司治理和内部控制建设，推动瑞幸从战略、运营、治理机制、管理架构和组织文化等方面全面提升。

首先，公司回归到正向的企业价值观，将参与造假的团队清理出公司，永不录用，且每个季度都会回顾永不录用的名单，确保公司真正做到了对造假势力的彻底清理。"价值观文化的重塑是根本，价值观正确是万物之源。"瑞幸咖啡不断反思，从惨痛的经历中吸取教训，把"求真务实"放在了企业价值观的首位。我们多次说过，审视企业的"愿景、使命、价值观"是制定公关战略的第一步。企业公关团队与最高管理层紧密配合，将全新制定的企业价值观有效传播到瑞幸咖啡内部的每一个层级，将全新的企业价值观深深植入每个团队成员的头脑中，渗透到整个公司的骨髓和血液中。

其次，公司以专业的沟通方式尽量及时快速地回应监管机构和投资人的诉求，尽最大努力积极促成和解，承担责任。这也是专业公关人员重中之重的任务。

最后，瑞幸咖啡时刻都在反思能给客户带来什么价值，认为客户价值是企业生存的根本，在运营方面摈弃"烧钱"和"闪电战"的方式，推进落实精细化运营，包括优化门店结构、提升门店运营效率等。

在这 3 年中，瑞幸咖啡依托数字化赋能，打造了以"人、货、场"为三大支柱的商业模式。其中，"人"方面，通过精细化的运营和"专业、年轻、时尚、健康"的品牌调性成功吸引了更多新用户，品牌公关战略为企业重塑品牌形象和市场影响力发挥了关键作用。2023 年 3 月，瑞幸咖啡消费用户数突破 3000 万，创历史新高。2023 年第一季度，月均交易客户数同比翻倍增长。2023 年 6 月 5 日，瑞幸咖啡第 1 万家门店在厦门中山路正式营业，成为中国首个门店数量破万的连锁咖啡品牌。这也标志着瑞幸咖啡正式走出阴霾。通过梳理和坚决贯彻全新的企业价值观（解决企业自身发展的根本性问题）、与各利益相关方开展专业到位的沟通工作重新获取各方的理解和信任（解决各利益相关方对瑞幸咖啡的信任坍塌的问题）、紧跟市场潮流重新定位品牌和企业形象（解决企业声誉损毁和品牌形象坍塌问题）、加大产品创新力度和专业化运营（解决"烧钱"和"闪电战"等冒进式发展问题）等全方位措施，瑞幸咖啡正在重新获得市场、消费者及各利益相关方的认可和信赖。瑞幸咖啡董事长、CEO郭谨一博士说："瑞幸咖啡将持续关注品牌的长期价值，全力以赴把瑞幸打造为一个基业长青的百年品牌，一个世界级的咖啡品牌。"而在这一发展进程中，企业的公关战略将起到极其关键的作用。

公关战略助力企业走出衰退期时应注意的问题

企业从成熟期进入危险的衰退期，在低谷中寻找突破的方向，从巨大的失败中进行自我变革，直至再次回归企业和品牌的价值成长之路，重获市场和消费者的信赖，整个的过程都是非常痛苦和极为不易的。"绝境重生"是这一阶段企业的第一使命，公关部门作为企业的战略部门之一，也肩负着重要的使命和任务。

1. 紧密配合创始人、CEO，将其战略革新的思想推广传播到位

公关部门的负责人在这一企业发展特殊时期要具备超级的责任感和强烈的使命感。与企业同呼吸、共命运，与创始人、CEO紧密配合，将企业最高责任人的变革思想进行有效传递和贯彻。

2. 内部员工是企业公关沟通的重要对象

企业从繁荣昌盛的阶段进入衰退下滑的危险边缘，究其根本是"人"出了问题。因此，企业变革关键信息的沟通对象首先是企业内部的员工。并且针对管理层级和执行团队，沟通策略要有所差异，要选择适合不同对象群体的沟通方式。

举例来说，我原来在索尼（中国）负责公关的时候，曾经帮助索尼公司全球 CEO 在访问中国时与一些员工代表开展 Town Hall Meeting[2]。企业 CEO 面向参会的员工代表表达其核心主旨信息，包括企业发展的方向，一系列关键决策背后的原因，说服并鼓励员工与企业同心前行。参会的员工代表通过提问互动与企业 CEO 进行直接的非正式交流，可以把大家关心的重要问题提出来，CEO 本人直接回答，对于员工来说，与 CEO 本人亲自沟通，相比起一纸公告有了更多的真诚、说服力和亲近感。而对于 CEO 来说，通过这样的 Town Hall Meeting，也能亲自接收到来自员工的重点信息。

我们还常常帮助索尼（中国）公司的总裁通过面向全员发一封"CEO 的信"来传递管理层的关键信息。当然，CEO 在公司内部的管理层大会、员工大会及对外的大型发布活动上的发言稿，往往也都是公关部门协助撰写。而通过具有极高影响力的媒体高层专访，则可以达到同时面向内部、外部利益相关方有力传递企业关键信息的效果。当然，在邀请有影响力的媒体在企业这一关键时期进行采访报道，需要在内容规划和媒体资源的甄选方面做好充分的准备，防止刊发的内容与预设的关键信息传递目标偏离。这也是考验公关人员战略思维和专业能力的时候。

3. 公关要深刻理解业务变革的实质和意义

企业再造的过程极为艰辛。作为公关部门，需要深刻理解业务变革的实质，掌握企业重新定位的差异化竞争战略，抓准企业的独特资源优势，掌握行业发展的宏观趋势和微观动态，再通过对"声音市场"的深入洞察，找到精准的核心信息传播定位和切入点，力争做到每一个发声都选择好时机，有质量、有力量、可持续。必须要避免的是发声前后矛盾、发出的信息质量不高、力量

---

② 其原本的意思是美国竞选者与当地选民保持接触和交流意见的形式之一，也叫市政厅会议，这里指企业领导者与员工之间的一种非正式交流会议。

不足、不具备足够的说服力，因为出现这些情况反而会有损企业在公众、利益相关方中间的信赖感。与其乱出拳，不如等待合适的时机，一招制胜，使命必达。

战略型公关有效地助力企业重新塑造公众信赖，其关键有两点：一是站位要高，不仅要考虑企业的利益，还要考虑所有利益相关方乃至整个社会的利益；二是可持续性，切不可出现信息传递的前后矛盾。

企业在艰难时刻更需要保持理性，谨慎思考，切忌乱出招。根据我的观察，许多中国企业在对外发声时往往缺乏整体的规划，打一枪换一个地方，消耗了不少弹药却没能击中目标，或者根本不知道真正的目标在哪儿，始终纠缠于一个个阵地战。有时，未经仔细规划的信息就像一只只断线的风筝，谁也不知道最终会飘向哪里。这些都是没有公关战略的表现。

很多企业缺乏体系化的公关策略制定，缺乏对企业公关行为的定期复盘，误以为公关就是处理突发事件，有时甚至对外发声出现前后矛盾。如果公众接收到的信息没有一个清晰的脉络甚至前后不一，公众不仅很难形成对企业的正确印象，而且无从建立对企业的信赖，这些问题在企业再造期尤其容易出现。

第3章 企业公关战略体系搭建

第1节 准备工作

为企业制定公关战略需要先做好充分的准备工作，全面了解企业的愿景、发展的脉络以及外部的发展环境，了解环绕企业周围的各利益相关方的情况以及他们对于企业发展的诉求。在这些基础之上，再规划适合企业当下发展阶段和未来发展目标的组织与团队，并带领团队做好为企业制定公关战略的专业准备。这些准备工作主要包括以下几个方面。

1.分析外部环境

首先要对企业发展的时代背景、产业环境、市场地位有一个准确的分析与理解，同时对企业所在行业、市场开展整个"声音市场"的监测、分析、洞察与发现的工作。通过宏观舆论环境（包括社会、经济、产业）分析、企业所在的市场竞争比对分析、企业自身表现分析、消费群体反馈分析等，可以清晰地看出市场的主流观念都有哪些，市场上的玩家们各自都是如何定位的，它们的核心信息与发声策略又都是怎样的。在横向和纵向的比对中，我们将获得一个比较清晰的自我认知，包括企业自身在"声音市场"的定位、发声状况（质量、数量、调性等）、公众反馈，以及与竞争品牌在"声音市场"上的关系。

2. 确认业务目标

对于企业的发展愿景、商业目标（长期、中期、短期）、具体的经营和发展里程碑计划进行再次确认和深入理解。企业公关战略从来都不是独立于企业业务目标之外的，而是必须依照业务的长远、中期、短期目标，制定与业务发展节奏相匹配的路径和具体行动计划。

3. 确定利益相关方

企业的发展离不开各利益相关方，需要关注各利益相关方对于企业发展的诉求，并与之在恰当的时候进行恰当的对话。利益相关方一般包括员工、客户、合作伙伴、行业主管部门、专家、媒体、其他各级政府主管部门、NGO（非政府组织）、社区、意见领袖等，如图 3-1 所示。当企业变大、更加知名或获得了市场、消费群体的广泛认可时，也就开始承担更大的社会责任。

图 3-1　主要利益相关方示例（外部）

4. 审视组织发展

审视当下的公关部门组织是否能够满足企业整体业务发展目标的需求。第一，公关负责人需要根据业务发展里程碑计划和重要时间节点，规划公关部门组织的发展计划。第二，公关部门需要继续通过巩固和完善诸多能力模块，包括舆情监测与分析洞察能力、内容创意创新机制、媒体关系管理平台、危机管理机制、人才梯队养成机制等，来支撑更大规模、更专业化的企业公关服务职能或平台。第三，公关部门需要根据业务的横向拓展，如国内市场上更多城市的覆盖与下沉、国际市场的拓展等，从公关业务的维度在地区业务覆盖方面进行合理的组织规划。

与此同时，还必须考虑企业内部公关团队与提供服务的外部公关公司之间的合作原则和合作机制。我认为，大型企业应基于长远发展视角，建立具备拥有强大竞争力的内部公关组织，掌握公关核心资源与能力（如内容创意、媒体关系、危机管理等），而外部公关公司可以提供专业的监测服务、公关创意、传播执行、报道收集、活动搭建等偏重执行层面的服务。当企业发展到很大的规模，且成为行业头部企业的时候，一个具备强竞争力的内部公关组织能够为企业提供重要的战略引领和有效的危机防控。

企业的公关部门在内部尤其需要注意与创始人／CEO、各个业务部门的负责人及其公关代表、市场部、客户服务部、法律部、政府事务部、人力资源部、合规部等相关负责人和部门保持非常密切的沟通与合作，包括建立一些定期的沟通机制，从而能够在制定和出台公关战略的时候，确保注入了多方的考量；在处理突发事件和危机的时候，能够及时对外界的关切做出满足多方期待的表态。

企业内部各相关部门（如图 3-2 所示）需通力合作，确保对外一致发声（Unified Voice）。

5. 预算的考量

企业的公关费用通常归属在企业的市场营销费中，在消费行业、互联网行业，市场营销费占销售额的比重在 2%~5%，公关预算所需覆盖的主要项目应该包括人员招聘、媒体监测、内容创意、传播渠道合作、社交媒体运营、媒体关系管理、公关活动、专业培训等方面。其中有一些是由外部专业机构、公关公司提供服务。

相比之下，广告投放、市场营销活动的费用通常会远远高于公关费用。企

图 3-2　企业对外一致发声涉及的内部各相关部门

业公关的效果很大程度上要依靠具备战略思维、拥有行业资源和丰富经验的专业公关人，而非巨额的硬性广告投放花费。很多时候，我们将公关比喻为一门"手艺"，没有高超的"手艺"，即便是有更多的预算，也未必能收到最佳的传播效果。

公关预算的制定也应与其在企业中的定位相匹配。公关不应缺位，但我也不建议过度公关。舆情市场不同于消费市场，前者的精彩常常体现在的新观点的引领，后者的亮点则往往依赖于新创意的流行。公关缺位会让企业失声，导致市场认知与企业实际的价值不相匹配。而过度公关却也有被反噬的风险，因为突破性的观点有可能引发大规模的辩论。新观点的推出应该是企业整体发展战略深思熟虑的结果。企业公关人应避免本末倒置，只沉溺于其惊艳而忘记了企业的商业目标。

6.公关价值衡量

尽管公关更多是靠人和认知去驱动，其花费远远不能与广告和市场营销的花费相提并论，但是相比销售，公关依然是需要花钱的职能，因此必须衡量它能够给企业带来的价值。价值衡量是公关行业的千古难题，换句话说，好的公关带来的企业声誉提升和品牌形象提升是无价的，很多公关效果反映在受众的感性认识、情感接纳、心智占领上，而这些恰恰是最难衡量的东西。

公关价值的衡量每一家企业都各有不同，需要根据企业的具体要求，创造出一些适合本企业的价值衡量方法，比如将一部分公关工作的价值数值化，让企业的管理层和各个业务部门的负责人更易于理解公关的必要性，展现出公关工作更高的投入产出比。

以上这些都是在制定公关战略之前首先需要思考的大的方面。当我们制定具体的公关战略和计划的时候，一般要做如下具体事项，在这里我们先进行概括性的说明，本书针对企业公关的实务所涉及的方方面面都会通过不同的章节，分主题进行更加深入的阐述。

1. 市场定位

通过对外部竞争环境与声音市场的分析，清晰地识别企业自身品牌的独特特征、与其他竞争品牌相较之下的差异化竞争优势，为企业品牌传播或业务传播进行市场定位。

2. 定义传播对象群体

针对企业品牌和业务传播的项目诉求，确定每一次传播战役的主打战场，即定义好传播的对象群体，可以分为重点传播对象和次重点传播对象。重点传播对象是品牌或业务传播尤其要争取和影响到的传播对象群体，有较大的可能性在品牌提升和业务增长等方面带来较为直接的收益。而对于次重点传播对象的传播则主要是为了进一步扩大影响力，将品牌和业务的信息逐步渗透到更多的、扩展的群体。这些传播对象群体可能会根据项目的不同、传播诉求与目标的不同而有所不同，但是都应该被涵盖在企业利益相关方的完整图景中。

3. 确定公关核心信息——内容创意

在市场定位和传播对象群体确定之后，就可以针对企业品牌或业务的传播诉求来确定公关传播的核心信息了。核心信息的确定以及内容的创意需要在企业愿景、使命、价值观的大框架之内，以品牌或业务的实际目标作为传播项目的目标，针对性地制定核心传播信息和核心内容创意。

4.规划传播渠道

随着互联网科技的影响越来越深入，媒体呈现出全新的格局，规划传播渠道这项工作变得日益重要。

从传统概念上的媒体视角来看，我们需要根据传播的目标和诉求，选择政府媒体、行业媒体、大众媒体以及网络媒体等传播渠道。与此同时，随着互联网科技的发展和普及，传播内容与交互形式一直在变化，变得多样化。

图3-3选自QuestMobile研究院在2020年制作的"移动互联网全景流量图谱及主要特点"，从中可以看到，自数年前开始，去中心化的信息分发机制已经催生出了多种媒体商业模式，流量成为非常重要的关键词，流量的运营也早已成为市场营销重要的组成部分，不同的流量承载平台具有不同特征。

"新闻资讯"的板块中，除了传统媒体在各新媒体平台的账号外，还涌现出了大量的企业和个人的自媒体账号。因此，联合关键意见领袖、关键意见顾客帮助企业向传播对象群体发出声音，已经成为企业公关传播渠道规划工作中必不可少的组成部分。此外，品牌自身的直播，由于直接面向终端消费者群体，减少了信息传递的中间环节，也成为企业越来越重视的传播渠道。

注：运营主体不代表目前全部主体，上图仅选取了目前布局较多的行业

来源：QuestMobile研究院 2020年5月

图3-3　移动互联网全景流量图谱及主要特点

5. 公关行动计划

公关不能停留在战略，必须要付诸行动。公关行动计划通常包括公关活动和／或公关发布具体的时间、地点、流程、媒体邀请名单、自媒体合作规划、稿件撰写计划、稿件发布计划、备用方案、媒体报道及舆情跟踪，以及上述所有行动的完成时间节点。只有落实到每一个具体的环节，才能确保一个公关项目的实施始终是在专业严谨的把控之下走在通往最终目标的路上。

6. 预期的公关效果评估

公关效果的评估是企业公关运营中非常重要的部分，我的建议是，在做公关计划的时候，就要做预期的公关效果评估。通过审视公关传播计划，包括采用一些具体的审视和计算方法，来预先评判这些公关计划将会给企业品牌和业务带来什么具体的价值，这些价值是否吻合企业和业务对于公关部门的期待。如果在这里发现了问题，那正是我们回过头对整个计划进行调整的契机。

我们可以看到，随着企业的发展壮大，公关部门的运营管理也会逐步进入精细化管理的阶段。这将确保为企业提供更加专业化的公关运作，其成本效率也能够保持在一个合理的水平。

第2节　如何制定企业公关战略

提升品牌的影响力和企业的声誉是一项系统工程，制定公关战略对于整个工作的推进有着战略指导意义，是极为关键的一步，这项工作需要从确立企业的"愿景、使命、价值观"开始。

企业的愿景体现了企业创始人的立场和信仰，是企业最高管理者头脑中的一种概念，是对企业未来的设想，是对"我们代表什么""我们希望成为怎样的企业"的持久性回答和承诺，是企业发展方向及战略定位的体现。

企业使命是企业在社会进步和社会经济发展中所应担当的角色和责任，是企业赋予自身要去完成的任务，是企业的根本性质和存在的理由，是企业生存的目的定位。明确企业的使命，就是确定企业实现愿景（远景目标）必须承担的责任或义务。它不仅回答了企业是做什么事业，还回答了为什么做、为顾客／客户带来哪些价值，企业使命让每一位成员明确工作的真正意义。就像人会思考"我为什么活着"一样，企业经营者也要对自己经营的企业的使命了然于胸。彼得·德鲁克基金会主席、著名领导力大师弗兰西斯女士认为：一个强有力的组织必须要靠使命驱动。

企业价值观是一家企业及其员工的价值取向，是企业追求经营成功过程中所推崇的基本信念和奉行的宗旨，也是企业日常经营与管理行为的内在依据。企业价值观是企业全体或多数员工一致赞同的企业价值取向。

企业在制定公关战略之前，必须先确定企业的愿景、使命、价值观。有了明确的企业愿景、使命、价值观，就如同一棵树扎下了根，而所有的战略规划就像最主要的枝干，企业对外传递的信息，无论多么枝繁叶茂，都离不开树的根，这是企业的立命之本。企业公关传播要向所有的利益相关方展示这家企业存在的价值，同时通过对企业各种公司事件、品牌活动、商业信息、市场行为、公益行动的专业公关传播，从多个维度告知所有利益相关方：企业在如何纵情实现它的愿景，努力完成它的使命，并彰显它所秉持的价值观念。这些公关传播活动用精炼准确的语言和／或视觉呈现，将企业的行为提炼升华为观念，强化了企业的内涵，同时塑造出了企业的个性，形成了品牌的形象，并将企业与其所赖以生存的社会环境之间形成了符合企业发展远景目标的、深具意义的互动。长期而言，公关战略与行动在帮助企业在发展过程中获得所有利益相关方的理解、支持乃至追随方面有着极为关键的作用。

企业在不同的发展阶段，通常会有"增长战略"和"竞争战略"两大类型的战略选择。处于初创期和快速成长期的企业，以超越一众对手、快速脱颖而出、大举攻城略地为主要诉求，这时候增长战略成为企业的主要战略。处于发展成熟期的企业，由于市场日趋饱和，企业身处红海战场，市场份额提升和营收增长都变得越来越艰难，此时竞争战略成为无可回避的重点战略；直到企业成功冲出重围并迎来了自己的第二增长曲线，才会再一次将增长战略作为企业发展的主要战略。

两种战略常常会有交叉，即在增长战略为主的阶段，避免不了在局部战场实施竞争战略；在竞争战略为主的阶段，也需要兼顾企业增长战略的延续。无论是增长战略还是竞争战略，为消费者、客户和社会不停创造价值的企业才能一直存活下去，创造价值也是始终贯穿企业发展的要义。因此，我们需要确保为企业建立一个公共关系、品牌传播的价值体系（图3-4），从而在任何企业战略背景下，都能够系统化、高效率地拿出最适合企业发展阶段的公关品牌传播解决方案，助力达成企业的业务目标，提升品牌形象和企业声誉。

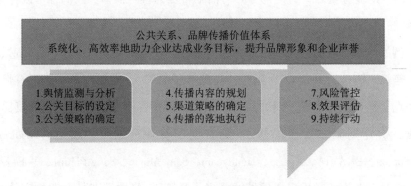

图3-4　企业公关、品牌传播的价值体系

在确立了愿景、使命、价值观之后，企业在不同的发展阶段都会确定具体的商业目标，形成企业战略。作为公关职能部门，我们需要对"声音市场"进行专业分析和深入洞察，通过和市场上的同业进行比对，结合自身的独特资源、差异化竞争优势找到最适合自身的市场定位，确立公关和品牌传播的目标。

有了明确的目标，我们就可以开始制定为了达成这些目标而需要采取的公关策略，即从当下的位置要想到达设定的目标，要采取什么方法。在多品牌竞争的市场中，清晰识别自身的差异化竞争优势，确定自己在市场上的位置，是制定企业公关策略非常重要的依据。而我们在为一个企业/机构/组织制定公关战略的时候，还必须考虑适合其发展阶段和资源能力（如预算）。可以这样说，没有通用战略，只有专属战略。所谓的通用战略只存在于学术层面，如果不考虑商业实用性，也只会被束之高阁。

常见的企业公关战略

1. 自建品牌生态系统的公关传播战略

这一战略通常被一些行业头部企业所采用，这些企业愿景远大，由于技术分支、产品群落非常丰富，或者通过收购获得了风格类型各不相同的品牌，它们选择采用为每一个主要的新技术或新产品打造其在市场上的专属定位，每一个子品牌的业务重点针对一部分具有清晰特征的客户群体。我们也可以称之为"品牌群星战略"。

例如汽车行业的大众（旗下有甲壳虫、大众高尔夫、EOS 跑车、朗逸、宝来、速腾、捷达、大众 CC、迈腾、尚酷等子品牌），通用汽车（旗下有悍马、旁蒂克、别克、雪佛兰、凯迪拉克、欧宝、萨博、土星、大宇、奥兹莫比尔、霍顿、沃克斯豪尔等子品牌），消费电子行业的索尼（旗下有 Walkman、PlayStation、BRAVIA、Xperia、Handycam、Sony Music、Sony Pictures 等横跨电子、游戏、电影、音乐多个领域的众多子品牌），日用消费品行业的宝洁（旗下有 SK-Ⅱ、OLAY、飘柔、海飞丝、潘婷、沙宣、佳洁士、舒肤佳、帮宝适、碧浪、汰渍等众多子品牌）、联合利华（旗下有夏士莲、中华、力士、清扬、多芬、旁氏、凡士林、奥妙、和路雪、立顿等众多子品牌），运动品牌安踏（旗下有安踏、安踏儿童、FILA、始祖鸟、安踏—NBA 联名、斯潘迪、萨洛蒙、威尔胜等多个子品牌）等，它们形成了自身的品牌生态系统。其母品牌就像太阳一样处于品牌生态系统的中心地位，多个子品牌如同太阳系中的行星，子品牌与母品牌在一个系统中，相互之间形成良性互动。

具有自己的品牌生态系统的企业拥有大量的内容题材，公关部需要将母品牌以及各个子品牌的重点核心信息分别梳理出来，既各有不同，又能在母品牌的核心信息基本面上相互协同。传播方式也非常立体多元，母品牌的公关传播活动通常都会对企业领袖、企业整体战略发布、跨品牌/品类营销活动以及对社会产生贡献的公益举措等话题进行策划和重点传播，而子品牌则以发布各自的新技术、新产业、新服务、新应用以及经营过程中配合销售的促销推广为传播重点。

【案例 1　索尼有你（Sony United）品牌联合传播】

进入 21 世纪，已拥有电子、游戏、音乐、影视等多元业务的索尼，曾经在整个集团推出"索尼有你（Sony United）"融合战略，意在整合索尼所有资源，将索尼旗下多个强大的品牌进行强强联合，并创造出 1+1>2 的协同效应，为全球消费者带来真正具有索尼独特魅力的娱乐享受。

在这一战略指引下，索尼在中国曾积极开展"索尼有你"品牌联合推广活动。在《蜘蛛侠》《佐罗》等索尼电影首映礼上，来宾和媒体亦可以看到最新款式的索尼液晶电视和数码影像产品；在上海八万人体育场，索尼电子业务部门提供赞助，索尼音乐旗下大牌歌手悉数到场支持，与其他演艺界人士一起为数万名观众呈现了一场精彩的"Sony 亚洲巨星反盗版激情演唱会"，莫文蔚、王菲、蔡依林、周杰伦、庾澄庆、朱孝天、吴建豪、阿杜、韩红、陆毅、大地乐团、可米小子、申升勋、中岛美嘉、化学超男子等明星歌手激情参与，为广大中国内地观众带来最 IN（入时）的音乐享受，同时掀起一股强大的"反盗版"旋风。这些"索尼有你"——索尼自有品牌生态联合营销与公关传播推广，获得了包括大量大众、科技、IT、时尚、娱乐媒体等在内的全媒体广泛报道，从而让索尼品牌的认知在中国获得了一次全面的更新，进一步阐释和深化了索尼品牌的内涵，在许多中国消费者的心智中留下了深深的烙印。

以"索尼有你"为主题的品牌传播，不仅在外部打造了全新的索尼形象，在索尼帝国这一庞大的跨国公司内部，通过 CEO 内部讲话和与员工开展 Town Hall Meeting 座谈等多种企业内部公关传播的方式，助力索尼的电子业务部门与索尼的娱乐业务部门之间建立了更深入的理解和更加紧密的合作。在业务领域，索尼电子产品在索尼影视作品中出现，电子产品广告中的明星代言人也更多地来自索尼影视与音乐公司的签约艺人。索尼内部原本有些格格不入的"工程师文化"和"内容娱乐文化"开始相互接纳并展开了实质性的合作。在推广"索尼有你"的几年间，索尼的电子业务呈现出稳定复苏的态势，BRAVIA 液晶电视又重夺全球市场头名；索尼发布的第一款数码单反相机 Alpha-100 展现了其在数码影像方面的实力，全球市场份额迅速增长。

2. 通过借势、借助社会热点、合纵连横等方式扩大公关、品牌传播效果

中国企业非常擅长通过借势、借助社会热点以及合纵连横等方式来吸引公众的关注，放大自身的公关品牌传播活动的效果，扩大品牌影响力。

企业及时抓住广受关注的社会新闻、事件、人物的明星效应，结合企业或产品在传播上欲达到的目的展开一系列的话题传播，通过借助社会热点快速吸引人们对品牌的关注。

一个新品牌、新产品、新服务要想获得市场的认知，通常需要经历一个教育市场的过程，走过这个过程的成本很高，也许时间漫长。但当出现了广受关注的社会热点时，用一句比较接地气的话说，就是要"热点不蹭白不蹭"，因为这样可以省去大量的教育市场的成本和时间，何乐而不为？这就是借势。

借势也有两面性，如果能够做得机智又得体，赢得公众广泛认同甚至叫好，那就是双赢的结果。如果做得又牵强又低俗，招来一片争议甚至骂声，则会给品牌带来负面效应，毋庸赘言，这样的热点不应该蹭。

【案例 2　喜茶的品牌跨界传播】

2023 年 6 月，酷暑当头，原本就在年轻人中间很火爆的喜茶，突然推出与大牌奢侈品 FENDI 的联名特调茶"FENDI 喜悦黄"。原来是 FENDI 借助与喜茶的联合营销扩大其在华"hand in hand"匠心艺术展的影响力，吸引更多人对品牌内涵的关注。这款喜茶特饮是由三种黄色系水果调制而成，纸杯和纸袋均采用 FENDI 的专属黄色系，显著的 FENDI 标识也足够吸睛。喜茶在这杯特饮中加入了时令柠果、当季鲜橙，融合绿妍茶汤和香橙风味冰沙，口味非常清爽宜人，顾客仅需 19 元就可以拿走一杯带有奢侈品品牌标识的、漂亮的饮料杯和包装袋，当然还有创新调制的好喝的茶饮。

这款联名茶饮一经推出立即卖爆，无数顾客在社交媒体上分享了买这款茶的火爆场面，并骄傲地晒出他们手中带有 FENDI 标识的小黄杯。大量媒体和自媒体也纷纷跟进报道这一热门事件。通过相互借势，喜茶不仅赚足了口碑，还进一步带火了销量；而 FENDI 也达到了推广其在华"hand in hand"匠心艺术展的目的，且 FENDI 品牌在市场上的热度瞬间蹿升到了前所未有的高点，两个品牌的认知在更广泛的消费群体中得到了极大的强化。

【案例 3　社会热点"牵手门"】

就在我写这本书的过程中，同样是 2023 年 6 月，发生了一个全民广泛关注的热点事件——"牵手门"。一位在知名国企任职的领导身着颇为惹眼的粉色 T 恤，牵手一位穿着粉色系吊带裙装、身材姣好、年轻美丽的女性在繁华的成都太古里步行街被街拍摄影师拍到，并分享到网上。二人牵手的街拍美图和视频很快成为街谈巷议的热搜话题。

只是现今热点话题的自传播速度实在太快，当事人联系摄影师删掉图片和视频时为时已晚。有人立刻进行了调查。人们得知，那位年轻漂亮的女性是该国企领导的下属，显然，这样的做法违反了有关规定，二人不得不面对被单位处理、免职的结局。

然而，热点并没有过去，网络上迅速出现了这一对男女穿搭服装的营销推广，并配上"和我在成都的街头走一走"的歌词，这句歌词源自歌手赵雷曾经风靡大街小巷的《成都》一曲，商家借势这一社会热点事件做了一波营销推广，据说原本是一两年前的吊带裙装款式瞬间卖爆了。虽然借势的是不太好的事件，但由于商家并没有推广这两款服装的品牌，也没有任何人强调销售渠道，大家的关注点在服饰的穿搭效果和热点人物同款，因此喜欢同款穿搭的人纷纷出手。但是，在某个相当知名的电器品牌的直播间里，主播竟然穿上了这款热点事件中的女子穿过的裙装款式，介绍原本非常知名的品牌电器产品。由于这款吊带裙非常休闲且偏性感，还链接了对于不雅事件的联想，与这家知名电器品牌一向的市场形象大相径庭，当即就被大量网友给予了负面评价。不得不说，这个热点蹭得很失败。而因"蹭热点"蹭出负面效应的例子，在现实中不胜枚举。

3. 行业第二挑战行业第一

不少行业第二的企业采取过"挑战第一"的品牌公关传播战略。处于行业老二的企业，都有一颗超越第一的心。行业第二与行业第一的竞争，每时每刻都在发生，用刀光剑影来形容绝不为过。近身缠斗多了难免擦枪走火，打急了甚至会刺刀见红。当然这是用战争的词汇来比喻商业竞争的激烈程度，实际上商战就是听不见枪炮声的战争。与战争相似，需要运用谋略和行动去战胜对手，赢取胜利。

那么行业第一通常采取的策略又是什么呢？作为行业第一，其品牌公关传播战略必须永远走在全行业的前沿，通过不断创新的议题设置，高屋建瓴的观点输出，顶配的传播资源组合，来树立和巩固其行业领导地位，持续提升其品牌价值和企业声誉。行业第一所设置的议题和传播的核心信息，必须要起到引领全行业方向的示范作用，具有前瞻性并能够带动整个行业的健康可持续发展。对于行业第二的挑战，其基本的品牌公关策略就是不予理睬，眼光始终保持向前看而不是向后看，核心信息传播的定位要始终高于行业第二。当然，在实际的商业竞争中，与行业第二的"局部巷战"还是不能忽视，确保一城一池都不能失守，是整体品牌战略推进和实施的基础。

而作为行业第二来说，非常有效的公关战略之一就是挑战行业第一。这样做可以让所有利益相关方都渐渐建立起一种认知，就是行业中的第二名与第一名其实在很多事情上已经平起平坐、不分伯仲了。而这种认知对于行业第二名来说就是一种正向的势能。商战历史上，也出现过不少行业第二不停地挑战行业第一，并最终超越了原来的行业第一的案例，这些企业一定既有勇又有谋，它们拥有非常远大的愿景，强烈的使命感，正向的价值观，创新的商业模式，强悍的业务能力，与此同时，品牌树立与公关传播的卓越战略与到位执行为企业带来了巨大势能，所有因素结合起来，最终成就了原本位于第二的企业超越强大的竞争对手，跃居市场第一。

【案例4　百事可乐挑战可口可乐】

世界商业史上最经典的行业老二挑战行业第一的案例就是百事可乐与可口可乐的商战。可乐的鼻祖是可口可乐，可是百事可乐成功地与可口可乐缠斗了百年之久。在人们的印象中，可口可乐的销量应该是第一名，百事可乐排名第二。实际上，百事可乐现如今已经实现了对可口可乐销量的反超。截止到 2022 年第三季度，可口可乐的营收是 329 亿美元，净利润是 75 亿美元。百事可乐的营收是 584 亿美元，比可口可乐多了 77.5%，净利润是 84.4 亿美元，同样也比可口可乐多出将近 10 亿美元。

百事可乐的成功秘诀就是和第一名对着干。可口可乐原来给消费者最大的印象是经典小瓶装，百事可乐就直接用大瓶装。量多了很多，价格相对便宜，赢得了家庭主妇和普通蓝领阶层的喜爱，于是从杂牌可乐一跃成为唯一能跟可口可乐竞争的品牌，市场占有率达到了 30% 左右。

可口可乐强调正宗，品牌营销和公关传播所传递的核心信息始终围绕着这一点，消费者世世代代都会选择正宗的可口可乐。百事可乐反其道而行之，主打"年轻一代的选择"，品牌营销和公关传播所传递的信息也都更加符合年轻人叛逆的个性。在这个案例中，百事可乐本身有自己的远大目标、市场定位和发展战略，而在其市场竞争战略中，采取了抓住竞争对手的弱点和漏洞贴身猛打，同时制造了大量的公关话题和社会热度，最终成功破局。

【案例 5　电商行业的"猫狗大战"】

在国内电商竞争异常激烈的 2013—2016 年，电商企业京东就常常采用挑战行业第一阿里巴巴的公关策略。由于京东的吉祥物是一只小狗，其挑战阿里巴巴的主要业务战场是它旗下以品牌商家为主的天猫平台，两个吉祥物为市场厮杀事件增添了戏剧性，被业界戏称为"猫狗大战"。

"猫狗大战"在电商行业竞争中持续了数年。彼时，京东的体量远远小于阿里巴巴，平台业务也刚刚起步。但京东志向远大，价值观极为正向。在早期的发展阶段，公关传播策略也非常直截了当，强调核心价值观"正道成功"，以其差异化竞争优势"商品品质保障"和"快速物流配送"为核心信息，在消费市场建立品牌形象和消费者信赖，并不断强化这一认知，这几点也恰恰是阿里巴巴平台比较弱势的地方，阿里巴巴平台货品极大丰富，但常被诟病"平台充斥假货"以及"送货体验不佳"。京东正是抓住这些竞争对手的弱点不断挑战，通过对比，更加清晰地树立自身"品质保障＋送货快"的品牌认知。

阿里巴巴作为行业第一，并不直接回应京东的挑战，对这个直指其弱势的话题也一直较为回避，运用其已建立的强势地位、强大的商户资源和媒体资源凸显其行业优势。

日常公关交锋之外，比较突出的挑战事件是，京东曾多次公开指责天猫涉嫌不正当竞争，尤其是在服饰品类，许多服饰商家被要求"二选一"。

天猫是从卖服装起家，京东是从卖3C起家，在京东实施全品类战略之后，其服饰业务起步相当困难，常常受制于天猫对商家的"二选一"政策，此类冲突在"6·18""双11"这样的电商大促期间曾多次爆发，2015年"双11"前夕再次出现了非常明显的"二选一"现象。于是，长期受"二选一"困扰的京东秉持其"正道成功"的价值观，为了捍卫自身的权利和消费者利益，向国家主管部门举报了对方涉嫌不正当竞争。该事件引发了全媒体广泛而深入的报道。这一"挑战第一"的公关事件也为当时战火纷飞的"双11"促宣传添了把火，让大促的热度进一步蹿升。

几年后，市场监管部门对阿里巴巴涉嫌垄断行为进行了立案调查。据央视等官方权威媒体报道，由于阿里巴巴滥用网络零售市场支配地位，对平台内商家提出"二选一"要求，禁止平台内商家在其他竞争性平台开店或参加促销活动，并借助其市场力量、平台规则和数据、算法等技术手段，采取多种奖惩措施保障"二选一"要求执行，维持、增强自身市场力量，获取不正当竞争优势，被国家有关主管部门施以182.28亿元的罚款。国家有关主管部门公告称，当事人有关行为限制了消费者自由选择权和公平交易权，损害了消费者利益。

商业竞争永远存在，但不正当竞争是每一个商业机构都需要避免和防范的。

4. 企业声誉传播塑造行业领袖地位和赢得消费者信赖

企业声誉是一个企业获得持续稳定发展乃至生存的重要保障。虽然企业声誉并不与销售业绩直接挂钩，但良好的声誉是一个企业所能够拥有的极为重要的资产。企业为了在市场上生存，会经历价格竞争、质量竞争、服务竞争，企业声誉竞争既是在这些竞争之上更高层次的竞争，也是企业核心本质的、基本面的竞争。

企业声誉传播究其核心是企业愿景、使命、价值观的传播，更准确地说，企业的公关部门需要通过系统性的评估、规划和战略制定，帮助企业进行声誉管理，在分析、评估各利益相关方的需求与期待的基础上，做出合理有效的品牌公关传播解决方案，并通过长期的品牌公关传播行动达成声誉管理的目标。

在策划企业声誉传播时，首先需要确定企业在市场上传播的核心主旨信息，该信息必须吻合其发展方向和战略。我们看到行业领军企业的声誉传播核心内容会较多围绕创新、品质、信赖、社会责任等企业核心竞争优势展开。行业领军企业会通过特征鲜明的企业声誉传播信息引领行业观点，树立行业领袖地位。企业声誉传播信息还必须基于真实的企业信仰和企业实力，绝不是凭空造势。水能载舟亦能覆舟，只有基于真实的企业愿景、使命和价值观，真实的企业核心竞争优势的企业声誉传播信息才是经得起考验并具有可持续性的。这一信息的制定还需要具备较深入的内涵和较宽广的外延，能够在长期传播的过程中保持定力的同时兼具延展性和包容性。

　　知名跨国公司进入某个新兴市场时，都会非常重视企业声誉的建立与维护，只有一国的消费者从思想意识上认可了某个国际品牌，才会接受其产品和服务。先有声誉，后有生意，是经过很多全球优秀企业论证的成功路径。但是，对于我国的部分企业来说，声誉管理还有些许陌生。有调查发现，中国企业中仅有40%认识到企业声誉管理的重要性，整体的意识还需要大大提升；而其中仅20%的企业开始行动，未启动的主要原因是多数中国企业在声誉管理的建设上缺少系统性的方法，声誉管理的站位、意识和能力均显著落后于知名跨国企业。这与经济发展的大背景有关，毕竟中国改革开放只有40多年，而西方市场经济已经有了逾百年的发展历程。相信随着时间的推移，中国企业的声誉管理意识和水平也会逐渐得到提升。

【案例6　宝马汽车中国文化之旅】

　　宝马汽车（BMW）在中国常年开展"BMW中国文化之旅"，已经在超过20个省和直辖市探访了300多项非物质文化遗产，并通过捐赠支持了其中大量的非物质文化遗产的保护和传承。毫不夸张地说，"BMW中国文化之旅"公益行的足迹走过了大半个中国的传统文化发源地，不仅探访和发现了大量中华民族宝贵的非物质文化遗产，还用丰富的手段和创新的方式支持非物质文化遗产的保护和传承，赋能非物质文化遗产传承人，为非物质文化遗产保护和传承事业不断注入新的生命力。宝马汽车已经将这项活动做成了一个响亮的品牌和倡导可持续发展的公益平台，这项活动同时也让宝马汽车更深入地了解了中国，也极好地提升了宝马汽车在中国的品牌声誉。

　　总部位于德国慕尼黑的宝马集团是一家历史悠久的百年跨国公司。在宝马集团的国际化战略中，中国市场占据非常重要的位置。如今，中国市场已经成为宝马汽车这家德国汽车公司全球最大的市场。那么要想在这个市场获得商业成功，就必须深入理解中国。宝马汽车高层被中国传统文化的博大精深所深深触动，他们意识到，只有更深入地了解这个国家的历史与文化，才能更深入地理解这个国家和它的人民。"BMW 中国文化之旅"正是在这样的背景下创建的，十几年如一日不断精进，发展成为宝马汽车全球企业社会责任项目的标杆。宝马汽车是世界汽车企业可持续发展的领导者，将重要的理念和战略贯穿全球，是国际化企业成功的重要标志。"BMW 中国文化之旅"就是宝马汽车全球"可持续发展"战略的一部分。

【案例7 京东20年企业声誉传播】

2023 年 6 月 18 日是京东 20 周年纪念日，京东从 5 月到 6 月，以"京东 20 年、一路相伴"为传播主题，开展了一系列的企业声誉公关传播活动。一部部制作精良、生动感人的纪录片，总结了京东 20 年间通过自身创建的独特商业模式，历尽艰辛，跨越山海，将点滴幸福送至千门万户的不懈努力；记录了京东埋头苦干扩展物流体系，终有能力将人们的日常生活所需以最快捷专业的方式送至大江南北，惠及边远山区，遍及每个角落；回顾了京东从创业早期直至今日一直积极投身社会公益的所作所为，从山西静乐、云南蒙自的助学行动，到汶川地震、河南水灾的救灾抢险，再到新冠疫情期间支援武汉、上海、北京等地的抗疫战斗，京东人始终冲在第一线。

创始人刘强东曾对全体京东员工说："当我们的国家、社会发生灾难的时候，我们当地的仓储经理有权力而且必须把库房里面的所有货物全部捐给灾区。""只要有需要，京东人一定在。"传达了京东投身社会福祉的承诺。

在 2023 年 6 月 18 日当天，京东宣布了面向未来发展 20 年的宏大目标——"35711 梦想"，雄心勃勃的商业目标与郑重承诺的社会目标相结合，极致展现了京东的正向价值观和远大抱负。随后几天，恰逢《时代周刊》发布 2023 全球 100 大最具影响力企业，京东凭借在抗疫保供中的突出举措以及在物流技术、供应链等领域的能力首次入选该榜单，成为行业内唯一入选的中国企业。

一系列主题鲜明的企业声誉传播再一次强调了京东这家企业的愿景、使命和价值观等底层信仰，向社会、公众、所有利益相关方宣告了京东作为一家企业对社会、对消费者的承诺，再次传播了其正道成功的信念，夯实了京东始终为社会创造价值、主动承担社会责任的企业形象，举起了一面创造价值、贡献社会、承担责任的旗帜，成为许多创业企业的标杆与典范。

传播内容的规划

有了明确的传播目标、精准的市场定位、专属的传播战略后，下一步要做的是传播内容的规划。

企业公关负责人需要结合企业的具体商业目标和行动，围绕自身的差异化竞争优势、专属特征，面向目标受众提炼出所要传播的核心信息。核心信息是公关传播工作最关键的内核，一家企业公关工作质量的优劣，很大程度上倚赖其所传播的内容质量，而内容的打造应当围绕公关战略下核心信息的确定，因而核心信息必须永远追求精准、独特，语言讲究，又要与众不同，达到让人印象深刻、广为流传的目的。核心信息需要一条条真实的事实、证据、证言的支撑才更具说服力，如同一根根柱子支撑起屋顶，共同搭建出一个企业公关传播的坚固的"信息屋"。

公关传播的渠道策略

紧随其后是公关传播的渠道策略。公关部门需要根据确定的传播对象群体，找到所有适合的媒体传播渠道。

首先要搞清楚业务的目标客户，即公司向哪些客户群体提供产品与服务。此外，公关传播的对象范围实际上大于目标客户群，需考虑全面覆盖各利益相关方。通常来讲，消费品牌的公关传播需要覆盖的面最为广泛，在媒体类型方面，我们需要考虑垂直领域的媒体传播渠道、大众传播渠道和处于媒体生态顶层的财经媒体传播渠道。在覆盖范围方面，我们需要考虑在一线城市，二、三线城市，乃至四、五、六线城市，分别需要添加哪些地方属性的媒体进行大范围的覆盖。在渠道策略制定的过程中很重要的一个考量就是预算。原则上，公关部需要做出对业务的支持转化最有效的、投资回报率最高的传播渠道组合。随着新媒体时代的到来，传播形式也变得越来越重要，即同样的内容创意，现在都要包装成花样繁多的传播形式，以适合不同传播渠道的特征。

公关行动及风险管控

以上工作完成之后，我们开始进行公关传播的落地执行，明确规划出每一个具体的公关行动的展开方式和节奏（时间节点）。这也是考验公关团队执行力的时候。一直以来的对外传播是否建立了较好的认知基础，日常的媒体资源积累与沟通维护是否做得扎实到位，在这个时候都会显现出来。如果公关传播的执行不到位，效果大打折扣，我们需要从这两个方面去反思问题和做针对性改进。

风险管控意识要贯穿整个过程，要对整个公关传播的策划和实施做全盘的考量，找出潜在的风险点，并提前对问题做好清理、对潜在突发情况做好预案。

公关计划的复盘

当完成一整套公关传播方案的策划和实施之后，需要进行复盘，通过一些专业方法对整个公关传播项目的效果进行评估，审视整个公关计划给业务需求（增长或竞争）、品牌形象、企业声誉带来了哪些价值，投资回报率如何，与过往的项目相比是否进一步提高了效果和效率，又为未来的公关传播工作打下了哪些新的基础等。做得好的方面在内部推而广之，不扎实的地方下力气巩固，做得不足的地方制订改善计划。

如果我们能够持续地以系统化运作的方式进行公关传播规划，带着战略思维的意识认真思考、实践和复盘，以理性求实的态度不断改进和完善，假以时日，我们的公关能力、品牌形象、企业声誉都可以实现螺旋上升。不断的打磨令公关综合能力在实践中提升，经常的反思让团队有更多的机会战略升维。

公关战略在企业发展不同阶段的优先任务

在企业发展的不同阶段，公关战略的优先任务也有所不同。

在企业初创和快速成长期，品牌公关传播职能尤其要积极帮助企业拓展业务，比如通过扩大与客户、合作伙伴、媒体、意见领袖等各关键利益相关方的沟通，包括媒体类型的扩展和传播范围的扩展，将企业的核心价值信息有效传递给更大范围的目标受众群体，提升各利益相关方对企业发展理念的认知和认同，获取越来越多的各方支持，帮助企业创造市场势能。

在企业成熟、市场竞争胶着期，则必须在原有基础上重点加强各项公关专业能力的建设与公关组织和体系的完善，包括对"声音市场"更深入精准的分析洞察和保持敏捷的反应速度，大力提升传播内容的创意创新能力，对各传播渠道的细微变化要及时掌握、深度维护和精耕细作，确保企业危机公关机制的无差错运行，实行对传播效果的专业评估，以及挖掘公关团队人才的多样化才能、优化组织的能力和效率，成就卓越的企业公关团队。

基于企业不同的发展阶段和不同的战略部署，企业公关职能的组织进阶和团队管理成为相当必要和专业的课题。

第3节　建立企业内部的公关体系

如何为一家企业建立公关体系？从根本上来说，企业公关体系的规模、架构、能力搭建、组织进阶的依据仍然离不开企业整体的发展愿景、业务目标和前进节奏，品牌公关传播职能是在深刻理解公司业务的基础上进行组织的设计、搭建和进阶的。

我在索尼中国工作了18年，经历了索尼公司在中国市场的业务从起步到快速发展、成熟壮大的过程。在索尼中国刚刚成立的时候，我们就设立了传媒·公共关系部，部门的运作是从1998年正式开始的，加上部门负责人一共有三人，外加一个助理。我们当时花了不少时间向公司的高层、各个业务部门的领导介绍我们部门是干什么的。从业务上来说，我们最开始两年的工作大概有以下几项。

1. 舆情分析

每天要看各类报纸、挑选有价值的报道做剪报、写英文标题和内容摘要；复印数十册剪报摘要分发给各个业务部门的负责人。那个年代互联网新闻还没有那么流行，我们当时就用这种方法让各个业务部门对中国市场的宏观经济、产业动态、市场竞争等情况有一个比较完整的认知。

2. 内部公关

协助公司最高管理层撰写关于索尼在中国市场发展方向和策略的讲话；收集索尼总部及全球重大新闻；采访索尼在中国各业务部门的重要业务活动；将以上这些反映公司核心传播信息的内容做成公司内刊，定期印刷出来发放到每一位索尼员工手中，帮助所有员工就公司的发展方向和目标建立并达成共识。

3. 对外公关

做公司官方介绍资料、企业形象宣传片、公司官网；与中央电视台等权威媒体合作制作报道索尼在华业务发展的节目；接受权威媒体采访介绍索尼品牌、索尼企业历史、企业价值观、在华发展目标、新技术、新产品、为中国社会做出的贡献等；帮助各主要产品线做新品发布会，包括撰写新闻发布稿、媒体问答方案（Q&A），邀请媒体，准备发布会活动，安排业务负责人的采访，跟进媒体报道等。总之，公关部这一部分的工作就是帮助企业和各业务部门，面向外部受众，传递最核心的企业信息。

4. 媒体关系的建立与维护

有意识地接触与消费电子业务相关的行业媒体，并逐步扩展至主流媒体，包括大众媒体和财经媒体中负责报道消费电子、科技、IT 等选题的媒体人。那个年代还没有社交媒体和自媒体，媒体的传播方式主要是从权威媒体影响到普罗大众，从中央辐射到地方的中心化传播方式。由于索尼在华业务是在北京、上海、广州这样的超级大城市起步，那时还没有将媒体关系扩展到全国众多城市。

这也是许多初创企业品牌公关职能的大体样貌，在这样的起步阶段，公关部的业务比较简单，团队人员也比较少，部门负责人负责制定策略、规划工作、分派任务、与公司各层级的负责人保持良好的沟通，以及定期向领导汇报工作。团队成员中有一个偏内容创作方向，有一个偏媒体沟通方向，但职责也不会分得很清晰，各种类型的工作都会混在一起做。正是在这样的阶段，公关从业人员有机会实践公关工作中的各个细分领域，为未来的职业发展打下基础。

随着公司不断发展壮大，业务条线越来越丰富，电视、音响、笔记本电脑、数码相机、关键部件、广电设备等陆续全面导入中国，每条业务线的产品型号也越来越丰富，且在每个细分领域索尼及其子品牌几乎都是该领域的头部品牌，索尼消费电子的业务迅速开疆拓土，很快扩展到几十个大中城市。与此同时，在中国投资的独资工厂和合资工厂也日渐扩大生产规模，索尼中国成立后的两三年销售年增长率都超过了 100%，整个业务的样貌显现了出来。

根据公司的规划，我们预计后续数年将有可能保持年均两位数的增长。当时我的前老板已调回总部，公司决定由我来担任公关部的经理。我意识到公司在华业务发展已经上了一个台阶，得知公司面向未来的业务拓展计划后，我思考良久，认真参考了索尼在日本总部和在美国公司的公关部组织架构，同时考虑中国本地的需求和特色，设计了全新的公关部的组织，我称之为"矩阵式（Matrix）组织"，如图3-5所示。

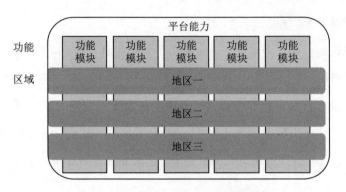

图3-5　矩阵式（Matrix）组织的构建

现在来看，我是以一种做创业公司的思维来设立的公关部组织，并逐步培育了公关部的各项专业能力。在这个全新的"矩阵式（Matrix）组织"中，垂直方向代表部门的功能和专业能力，包括舆情监测与分析洞察能力、内容创意能力、媒体资源调动能力、危机管理能力等；横向则是区域管理能力，我们当时划分成华北区、华东区、华南区、华西区，并将每个地区所覆盖的城市与业务方面的区域划分保持一致。其中，垂直能力中的媒体关系管理部门就是中国独有的职能，因为日本总部和美国公司的公关部都没有这个单独的职能，然而在中国，我意识到媒体关系的建立和维护是特别重要且花费精力和人力的，坚持建立了这个子部门，在数年后我离开公司的时候，为公司留下了一个庞大的媒体沟通资源和网络。

这样，在公司的业务日益增长、组织架构变得日益复杂的背景下，我们就做到了两个清晰。一是内部分工和组织发展责任非常清晰。谁负责哪块专业能力的持续建设，谁负责哪个区域的公关业务支持都责任明确；在交叉地带则需要专业能力责任人与地区业务责任人通力合作。二是对索尼中国内部的服务机制非常清晰。我们将索尼中国的管理层和各个业务条线的负责人乃至索尼在华各投资工厂当作我们的客户，为其提供专业的公关"咨询"和"服务"。

当我们需要给"内部客户"提供公关方案的时候，我们会针对实际的业务需求，把最适合的能力模块责任人与相关的地区业务责任人进行搭配组合，再配以执行团队，组成一个专门的公关服务小组为具体的业务负责人和项目提供专业的公关服务。这其实很像公关公司的服务模式。我当时做这个组织架构的时候，并不知道公关公司如何做，更多的是根据公司业务发展的目标、节奏和具体的需求制定出适合的组织框架。

在搭建升级的组织架构时，我认为特别需要注意的一点是要有长期主义思维，因为一个新组织的构建牵扯到团队的匹配和每个团队成员的工作安排，这需要一个过程，要给团队甚至每个人一定的时间来调整和适应，直到大家都各就其位并全情投入时，这个组织才能迸发出最强的竞争力，它的状态和效率才是最好的。这就要求一个新的组织的设计最好具有足够的可持续性、包容性和延展性，这样将有利于团队成员将其个人发展与整个组织的发展更恰当地匹配起来，达到个人和组织发展的双赢。

规模较大的企业在设立公关职能、搭建体系时，有一个非常重要的原则，即它必须能够负责企业对内对外发出"统一的声音"。这首先需要企业的 CEO、市场负责人与公关负责人达成共识。看似简单的道理，在实践中却有不少大企业由于种种原因导致内部的企业公关职能无法拥有这样的权力、无法履行这一职责，使得企业对外发声缺乏统一管控，造成市场上信息接收的混乱，这也必然会出现各种问题。

在设立"矩阵式（Matrix）组织"的同时，我也与索尼中国彼时的董事长、总裁达成共识，索尼在中国对外发声必须是"统一的声音"。索尼中国的传媒·公共关系部负责制定和发布面向索尼在华所有机构、组织和员工的公关指导原则与危机管理机制。上面提及的"矩阵式组织"的权力和服务范围也只是覆盖索尼中国自身的所有业务需求，而索尼在华还有多个投资工厂以及工厂里的数万名员工。于是，在时任董事长的支持下，我们又设立了一个虚拟管理组织，即由索尼中国传媒·公共关系部牵头，与所有索尼在华工厂（它们都是独立于索尼中国之外的公司实体）的相关负责人组成一个"索尼在华公关人员网络"，定期进行交流分享，把索尼中国制定的指导原则、一些重大事项的沟通，通过这个网络覆盖索尼在华投资的工厂。

我相信，很多大型企业有着相似的业务架构，那么搭建一个怎样的公关职能体系才能确保企业对内对外发出"统一的声音"？从上面的例子中大家也许能够获得一些参考。

我在索尼工作到第 18 年时，决定尝试另一种生活，把我在跨国公司学习到的知识和技能、积攒的探索和经验运用于快速成长的中国创业企业中，于是，我在 2013 年 1 月正式加入了京东。

虽然那时的京东电商业务已经起步，到 2012 年已经有了近 10 年的发展历史，年销售额达到了 700 亿元左右的规模，但是用今天（2022 年京东净营收超过 1 万亿元人民币）的眼光回过头去看，那时的京东就是百废待兴的状态。除了起家的 IT 业务以外，家电、手机、日用百货、服饰、家居、第三方开放平台等业务条线，以及物流、金融等业务板块，都还远远没有达到理想的状态。由于商品品质有保障，物流配送体验好，京东获得了不少用户的好评，业务成长速度飞快，然而整个公司的核心管理职能却相当弱小。

在 2012 年 "8·15" 大战后，国家有关部门批评了苏宁、国美、京东三家的市场大混战，没能像最初承诺的那样满足消费者的需求。此外，很多媒体报道说京东的资金链快要断了。整体来说，京东在"声音市场"上的情况非常不好，有一半以上的媒体报道都是敏感或负面。因此，京东决定在 2013 年大力加强公关职能。

怎样才能建立一个适合京东业务发展的公关体系呢？前面说到，一个新的组织的设计最好具有足够的可持续性、包容性和延展性，这样将有利于团队成员将其个人发展与整个组织的发展更恰当地匹配起来，达到个人和组织发展的双赢。其实，不仅如此，这样的组织也有利于团队的迅速扩张，因为京东的业务发展可以用"跑都追不上"来形容，那么迅速的体系建立和团队扩张就成为一个必然的需求。

2013年的电商市场仍处于群雄逐鹿的状态，各路诸侯跑马圈地，争斗不断，战火纷飞。我从2013年1月一到岗，就和团队一起开始了一边打仗一边建团队的战斗生活。

我仔细分析了京东的业务架构，为京东规划了公关体系的建设思路（图3-6）。

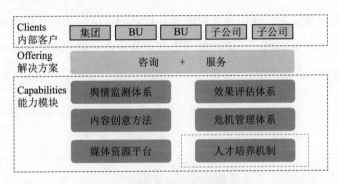

图3-6 京东平台职能的体系化构建

如图3-6所示，公关部门致力于成为整个京东商城（那时的公司名称）的内部服务平台，有点像服务于各业务条线的内部公关公司，其目标就是有能力为集团和各个业务单元（BU）提供专业到位的公关咨询和服务解决方案，除此之外还能够策划吸引公众眼球的大型公关事件，以配合公司快速发展、迅速扩大品牌影响力的目标。当然，在所有管理者——也可以称他们为京东平台上的创业者——的头脑中，还必须考虑京东的长远发展愿景，即终有一天成为全球最顶尖的零售公司之一，尽管当时的京东还只是一个非常草根的中国本土创业企业。

为了能够达到这些目标，我们必须在内部建设专业而又完整的公关能力模块，包括舆情监测体系、内容创意机制、媒体资源平台、效果评估体系、危机管理体系、人才培养机制等。随着京东在随后几年迅速成长为一个巨大的平台型公司，其内部的品牌公关传播职能也需要非常综合和完善，其本身也具备了平台化的服务功能。

虽然我是按照图3-6构建的企业内部的品牌公关传播体系，但我几乎没有给任何人看过这张图。因为我们的内部客户并不需要知道这些。在我们能够提供的解决方案的背后是我们需要做的内功。

我们给内部客户看的是类似图3-7的客户服务小组。也就是说，虽然我们在公司内部做公关，但是用客户视角、市场化经营的方式来搭建和运营公关体系。而且我一直认为，任何企业职能只有真正创造价值才有存在的必要，即便是企业内部的公关职能，也应将其当作创业的事业去做，意味着其必须具备独特的价值才可以存活。

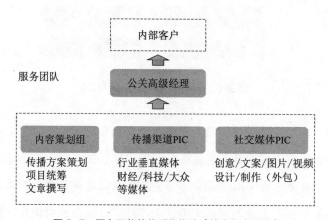

图3-7 平台职能的体系化构建（给内部客户看）

为了构建具有综合专业能力的公关体系，我们用相当快的速度招聘了来自媒体、企业公关和公关公司的各路人才加盟京东公关部。在京东电商发展历程的第20个年头——2023年，京东已经成为中国第一大民营企业（按年销售额），那么这个公关体系架构对于各类平台型企业来说，也可以有一定的参考价值。

当京东成长为一家巨型企业后，为了让组织继续保持创新活力，避免人浮于事的大企业病，京东的首席战略官提出了公司将变革为积木式组织。我们都知道乐高（LEGO）积木，这种塑胶积木一头有凸粒，另一头有可嵌入凸粒的孔。形状有1300多种，每一种形状都有12种不同的颜色，可以拼插出变化无穷的造型。小到一辆玩具小汽车，大到整个奥运会的场景重现。积木式组织采用了有统一接口、可以随意组合、灵活创新、千变万化的乐高积木的精髓，将京东成功创建电商平台所积累的经验变成丰富多样的解决方案，不仅灵活地应用于自身业务的发展，还可以赋能大量的品牌和商家，并由此发展出了面向企业客户的赋能业务。

品牌公关传播体系同样可以借鉴积木式组织的理念，例如在体系中有公共积木、专业积木，它们在整个组织中都不可或缺，分别起到不同的作用。媒体资源平台就可以被认为是公关传播体系里的公共积木，服务于整个体系，而写手、摄影、设计等在某个专业领域特别擅长的人才可以被认为是专业积木，可以在某些项目中带来特别出彩的创意。积木式组织由于更加灵活、敏捷，可以在充分发挥组织潜能的前提下，给予组织灵动的空间，不仅可以在完成自身使命时进一步提升工作效率，还能通过各种灵活的组合赋能他人。

无论是矩阵式组织、平台式组织，还是积木式组织，抑或其他形态的组织，品牌公关传播体系或组织的建立和进阶始终需要与企业的发展节奏相配合，既要确保其不能滞后于企业发展的需要，也不要过于超前地打造庞大的品牌公关传播体系。如果在缺乏实质内容的情况下整天夸夸其谈，不仅会造成内外部对于企业认知的错位和资源的浪费，更大的问题则是在未来的某一时刻企业会遭到过度公关的反噬，就像那句话说的，"出来混总是要还的"。

打造拥有强大战斗力的公关团队

公关是典型的知识驱动＋资源驱动型职业，对于企业公关工作来说，最重要的资产就是人，与其说是打造公关部的核心竞争优势，不如说是打造一支拥有强大战斗力的公关团队。经常在建立组织的同时，就已经开始了团队的培育。

我眼中的完美团队就好像一幅完整的拼图，每个团队成员都是一张拼图片，他们之间能力互为补充，通过相互之间严丝合缝的完美搭配共同拼成一幅美丽的画卷。然而，在实践中，把一堆散乱的拼图片拼成一幅完整的画卷，是要花费很多的心力和时间的，极其不易。作为部门的负责人，需要学会人才管理的艺术，把每一个拼图片用到最适合它的地方，让它成为最有价值的那一片。或者说，部门负责人好比一个球队的教练，好的教练会用人、用好人，能激发出每一个队员自身的最大潜能，通过巧妙的排兵布阵让大家相互打好配合，去赢下每一场比赛。

在我十多年的团队育成和管理的探索中，最好的体验就是建立一个小伙伴们之间能力互补的团队，然后尽量用好每一个人的长处并尽可能地拉长它，短板的部分由其他团队成员通过发挥他／她的长处来补上。这样的团队特别有成就感、特别快乐，因为每一个团队成员都能被他人完全信赖，每一个成员都能够充分发挥自己的优势和潜能，在自己擅长的领域不断上台阶，特别有获得感；同时，每一个团队成员都由衷地尊重、赞叹其他团队成员的智慧、才能和成就。大家永远处在既能自我实现又能相互激发的状态，整个团队始终保持积极向上、不断进步的氛围，这样的团队状态自有一种气势，打起仗来必赢，且每一仗都打得漂亮，甚至超越每一个个体成员的想象。而胜利又会再次激发团队的创造力和干劲，大家信心满满继续前行。这样的团队组合从根本上避免了"内卷"的现象，为每个团队伙伴都创造了个人职业发展与提升的空间。

团队作战有几个关键要点：关键判断、战略思维、缜密计划、排兵布阵、快速行动、备用方案。就像打一场大仗，团队管理者首先对战事需要有非常准确的判断，通过战略思考规划行动方向，具体行动计划要极为缜密，确保每一处都思考到位、计划到位，然后根据自身资源做好资源分配、排兵布阵，行动起来则速度要快，最好能速战速决。

作为团队管理者，还应注意的就是准备备用方案，在这一点上我深有体会。

在京东赴美上市的全盘计划做好之后，我们又做了一个备用方案，以防有什么突发事件，早晨开市的时候敲钟不成，那么我们还可以敲闭市钟，从而完成这个仪式。当然这个备用方案最后没有用上，也没有人知道我们做的这些努力。但备用方案仍然需要受到重视。记得有一年的"双11"大促战火纷飞，我们紧盯行业第一，却没想到后边的一路兵马举着"平京战役"的大旗屡屡发起攻击，干扰我们的进攻计划。在战后的总结中，尽管那一场战役取得了辉煌的战果，但我们还是会非常理性地反思在这个地方的备用方案做得不够，对团队的要求依然是一丝不苟地追求完美。我认为，在团队管理的进阶阶段，有没有备用方案可以检验出一个团队管理者的城府和经验的丰富程度。作为管理者需要做到，当团队成员无论如何都找不到办法时，管理者还有办法。

无论是在索尼还是在京东，我曾经建成的公关体系都具有一定的规模。

索尼中国的传媒及 CI（企业形象识别）管理本部的职责包括了公共关系（涵盖企业公关、产品公关、员工沟通等）、品牌标识管理、品牌调研、公司官网和品牌项目索尼探梦科技馆等。索尼在华业务涵盖研发、生产、销售、售后服务等全运营链条，产品跨越家电、数码、IT、专业、部件等品类，拥有多个子品牌，我们除了拥有索尼中国旗下的矩阵式组织外，还有涵盖了投资工厂有关负责人在内的虚拟组织。

京东的公关体系比较纯粹，聚焦在集团和各事业部的对外公关，但由于其在极短的时间内成长为一个巨型零售平台，年收入从千亿元增长到万亿元人民币。我在建立体系的时候，依照京东的特点，设计了平台型的内部公关咨询服务体系。

两家公司的公关团队成员规模都是近百人，对于企业内部的公关团队来说是相当大的规模了。因而团队育成成为非常重要的课题，我们需要为这个体系培养一个人才梯队，让关键岗位负责人都具备强大的竞争力，包括拥有社会价值共识、专业的素养、纯熟的技能、丰富的经验，让有潜力的年轻人快速成长，也让每一个关键岗位都有后备人才力量的储备。

为了给公司建立一个好的人才梯队，我想了很多办法。对于每个小组的管理者来说，提升战略思维、加强风险管控意识，是他们区别于团队成员和成长为更加成熟的管理者所必须加强的部分，"最佳实践分享"（Best Practice Sharing）在助力他们提升这些能力方面发挥了很好的作用。我们每次召开公关网络会议中的重点内容，就是通过负责不同业务单元公关工作的团队分享他们各自的最佳公关实践，把最优公关策略的形成与落地、效果与评估完整地分享给其他业务单元的公关小组负责人。除了分享做得成功的案例，我还要求大家开诚布公地分享"教训"，即原本的计划看上去很好、实际效果却大打折扣的案例，重点是把其中的"坑"分享给大家，为什么想象是如此而实际不是那么回事，这样的分享对于管理者形成更优的判断力极为宝贵。通过"最佳实践分享"，团队成员的综合判断能力、策略思考能力以及风险管控能力得到快速提升。

　　作为培养"人才梯队"的一环，我在索尼的时候还将有潜力的同事派去总部工作一段时间，学习总部好的经验和做法；让某个区域的公关负责人尝试跨区域管理，以提升其"总部思维"等。

　　我们从人才的培训、流动和轮岗中收获颇丰，我认为这些做法是培养团队管理者的必经之路。我本人也曾经和负责亚太区的新加坡同事一起，被公司安排在总部集中学习和培训过一段时间，在这个过程中我们两人也进行了大量的交流，对于亚太地区的情况和所采取的管理方式也了解一二。例如亚太地区通过新加坡总部设立公司内网（Intranet）的方式，及时与十几个国家和地区（当时亚太地区的公关还覆盖大洋洲和中东地区）的公关负责人分享日本总部和新加坡总部的公关原则、指导政策、重大事件，在危机管理方面及时给予指导和协助，并定期召开地区性会议加强交流和培训。我后来作为中国区代表，也以跨地区交流的方式参加过在悉尼和迪拜举办的亚太地区公关网络会议，了解了亚太、大洋洲和中东地区的公关工作情况。新加坡公关负责同事采取这样的做法是因为亚太、大洋洲、中东地区地域辽阔，国家众多，各国信仰、文化、语言都各不相同，地理位置分布又较为分散，建立内网主页并共享总部的重要信息、以此为平台促进区域内各国公关负责人的交流，对于这样的区域市场来说是一个比较高效的做法。而中国作为单一大市场，在同一个制度、法律、文化、语言环境下开展业务，就没有必要用这种间接的沟通联络方式进行内部公关体系的管理，那样反而会显得过于疏远、不接地气又降低了效率。

2008 年，我又去索尼美国电子公司工作了几个月，期间不仅在现场集中了解了索尼美国电子公司是如何开展公关工作、如何筹备每年让索尼品牌大放异彩的 CES 大展品牌公关营销战役的，还在索尼位于纽约的北美地区总部见证了索尼全世界最牛的纽约公关团队多个大手笔的公关项目。而在洛杉矶好莱坞现场体验索尼影视业务的风格又与索尼其他业务类型的工作管理风格大相径庭。

这些经历本身扩展了我作为团队管理者的眼界，帮助我了解了不同的业务背景、不同的国情、不同的行业（索尼本身拥有电子与娱乐业务），进而催生和造就了不同的管理方式。而我希望在索尼中国的公关体系内，也尽可能给到团队中的潜力人才更多扩展视野的机会，为公司做好关键岗位人才的储备。

在逐渐发展成为巨型企业的过程中，京东对于人才的识别、培育、管理、评价等一系列工作一直高度重视，且日趋完善。我刚到京东的时候是 2013 年初，原以为作为本土初创公司，它的管理体系会相对较弱，但我吃惊地发现，尽管很多管理职能方面亟需加强，但京东在人事和财务这两个领域的管理水平，事实上已经达到相当高的水准，这也是创始人和 CEO 常常亲自过问的管理职能。例如，无论级别高低，每一个人都需要被 360 度评估。仅这一项工作就让许多企业望而生畏。例如，京东有著名的"管培生项目"，管培生都是千万人里挑一，素质高，有奋斗精神，不怕吃苦，志向远大。他们来到公司后先经历集中培训，在集中培训时期，我也曾作为公司高管之一向他们介绍公关工作是做什么的。集中培训后，他们有半年的时间可以在公司不同的部门工作，最终主要根据管培生个人的意愿定岗在某个部门。公关体系有不少管培生，我把他们安排在不同的公关细分业务条线进行培养和锻炼。京东还设立了"导师制"，由部门负责人对管培生进行一对一辅导，管培生们从公关小白快速成长为团队的骨干，数年后，有几个管培生已经成为京东公关体系非常关键的管理者。

互联网公司有一句话叫"打胜仗就是最好的团建"。的确，通过密集又高压的公关战役，我们的团队在大量的实践中获得了快速成长，在纷繁的战斗中得到了磨砺与锤炼。每个部门总监在其负责的领域都拥有很好的专业性、强大的战斗力和抗压能力，每个高级经理都有其特色专长和强大的执行力，每个经理都可依赖、有潜力，每个团队成员都努力、上进、靠谱。以至于后来一些团队小伙伴离开京东后，纷纷成为市场上抢手的人才，从京东公关部走出了遍布各行各业不同品牌的公关总监，还有人开了公关咨询公司，或成为市场上知名的意见领袖，在他们后续的职场生涯中续写辉煌。

职场领导力进阶

职场领导力的进阶之路是从个人突破到团队作战，再到建立体系，最后独立开拓市场，如图 3-8 所示。

在这个过程中，个人业务表现突出的团队成员有潜力成为未来的团队管理者，但不是每个优秀的队员都能成为一个好的教练。从个人突破到独立拓展一方市场，其中最关键的不是技能的进阶，而是思维的进阶。

图 3-8　职场领导力进阶

在个人突破阶段，重点在于个人突出的业务能力和主动去承担更多责任。

而到了带领团队作战的时候，就要有更多的战略思考并做好排兵布阵，关键在于思维的进阶和管理的艺术，诸如营销学、心理学、战略、管理等知识都可以在带领团队作战的阶段派上用场。建立拥有多个小团队的大体系则首先需要具有长期主义的思维，需要站位更高，与企业的愿景和使命高度吻合，与创始人和CEO在方向上达成一致，再就是要具备设计、搭建、运营和管理好一个大型组织的能力（图3-9）。

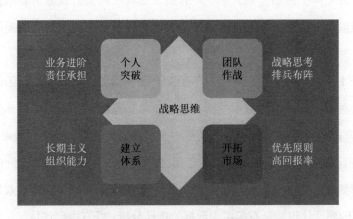

图3-9 职场领导力进阶的核心是战略思维的进阶

当我们具备了体系建立和运营管理的能力后，就可以尝试帮助公司去开拓一方市场，这时尤其需要注意的是，在从0到1的起步阶段公司资源非常有限，而品牌市场公关传播工作是需要花钱的工作，所以我们要特别注重优先要做好哪些事情、哪些事情具有更高的回报率，抓住优先级和重点，以小博大，推进业务，而不是上来就铺一个很大的摊子。

第4节 企业公关战略与实践的价值评估

尽管公关的花费与广告和市场营销的花费相比不值一提，但相较于销售，公关依然是需要花钱的职能，因此必须衡量公关战略与实践能够给企业带来的价值，才知道这个投资对于企业来说是否划算。

价值衡量是公关行业的千古难题，对于跨国公司在非总部地区的发展而言，由于当地市场与公司总部之间不可避免的文化差异，总部及地区外籍管理层和公关团队并不会拥有天然一致的感受，因而公关效果更加难以准确衡量。公关工作是非常"本地化"的一项工作，与当地的语言、文化、大众心理、社会思潮都紧密相连。区别于信息清晰的硬广告，公关是通过打动第三方（媒体），然后第三方发声去影响受众，不花广告费，却具有更强的说服力和信任度。但是如何衡量这种说服力和信任度的价值，对于企业公关的同行来说始终是一个难题。

对于本土企业来说，所有人对于品牌公关传播工作都有感知，因此省去了企业公关对于公关效果的基本说明。不过，也正是因为人人都可以感受到，而每个个体的感受又各有不同，令公关战略与实践的价值衡量继续成为难题。

所有这些，让我们不断地思考如何才能够更好地衡量公关的价值。一直以来，我尝试通过"质"和"量"两个维度来评估品牌公关传播的效果，既有打印象分的感性认识，又有运用大数据的理性分析；既有内部评估，又有外部反馈的分析，以尽量客观的方式多维度地评估品牌公关传播的价值。

对于目标设定为提升企业声誉和品牌形象的品牌公关传播项目，"质"的衡量权重可以高于"量"的衡量权重，代表这一类传播的效果更多是以质取胜，而不是以量取胜。例如，在"质"的分析层面，我们可以通过查看媒体报道的位置露出，是否在专题页面，标题、副标题、第一段是否突出了企业想要传播的核心信息，是否被有影响力的媒体转载，是否影响了媒体、自媒体和消费者群体中的意见领袖等，来判定该传播的质量是否较高、是否最大化了媒体所能发挥的影响力。在"量"的分析层面，文章点击量、转发量、留言和评论量都是可以参考的数值。更长期一点，可以连续做企业声誉和品牌形象调研报告，分析品牌认知和品牌好感度等的变化趋势，分析接受调研的人群在多大程度上受到品牌公关传播策划方向、战略意图和落地效果的影响。通过这一系列的分析来判断品牌公关传播工作所创造的市场价值。

而对于以支持业务增长为目标的品牌公关传播项目来说，"量"的衡量权重可以加大一些，这部分公关工作的价值可以想方设法数值化，从而让业务负责人更易于理解公关的必要性和高回报率。例如，App下载量的提升和活跃用户的增长多大程度上源自品牌公关传播话题的影响，通过大数据分析工具，衡量社交媒体、自媒体、视频号、直播号等各个传播渠道发布信息的销售转化率，即有多少销售分别是通过哪些渠道获得的。更早一点我们还曾通过比对同样版面大小或网络传播资源的广告花费，看公关传播展现出的远高于广告投放的投入产出比。我们还可以计算投资回报率，对项目的投入产出以及项目对业务的支持和转化效果做出数值化衡量。

上述举例是一些可供参考的评估公关工作的思路，当然，每个企业由于实际情况的不同，对于品牌公关传播部门的要求也都不一样。评估是整个品牌公关传播策划过程的最后一个步骤，又是新一轮品牌公关传播工作的起点。我们可以通过多个维度的评估，让品牌公关传播这项工作的提升有更翔实的依据，做得好的地方继续加强，做得不足和有问题的地方，在后续的工作中不断调整和改进。

第4章 内容创意战略：策划一场现象级的品牌传播

第1节 企业公关传播内容的准备

品牌公关传播工作中，非常核心的专业能力就是内容的策划、创意和创作。如何为一家企业进行品牌公关传播内容的规划，又如何让这样的规划工作更具战略视角？在进入内容的策划和创意之前，我们需要先做如下准备工作。

1. 前期分析

我们首先要搞清楚以下问题：

（1）公司业务的定位：公司的业务处于宏观经济和社会发展的什么位置？是否处于国家政策、市场发展的红利期，抑或是相反？是否处于爆发式增长的窗口期，还是处于成熟市场的红海竞争？如果是国际化业务，就要将视野扩大到全球市场的范围去考量企业在整个市场和各个主要市场的定位。

（2）企业所在的行业处于何种发展周期？资本的青睐度、聚集度如何？

（3）企业所在的领域，市场需求和市场竞争格局如何？

（4）企业的差异化核心竞争优势及成长或竞争战略是什么？

2. 梳理企业的核心价值体系

梳理企业的愿景、使命、价值观，如果有必要，对其进行调整。

3. 搭建信息屋

（1）在上述工作的基础上做好企业的市场品牌公关传播定位。

（2）确定对外传播的主题和核心信息。

（3）确定支撑对外传播核心信息的三大支柱：不超过三个子信息，以及可以支撑核心信息的事实、证据、证言等。

（4）归纳上述整理出的核心信息、子信息，搭建好企业对外传播的信息屋。

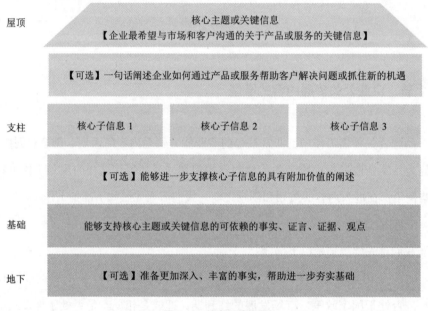

图 4-1　信息屋结构图

4. 做好基本功：储备大量内容素材

（1）官方网站

（2）事实清单（Fact Sheet）/可披露的数据

（3）公司及业务的标准化介绍（文件、视频、图片等多种形式）

（4）企业领导者简历

（5）企业愿景、使命、价值观

（6）企业发展史

（7）企业管理理念

（8）企业文化

（9）企业成功案例总结（尤其是 B2B 企业）

（10）其他

5. 内容策划选题会

我在京东建立公关体系的过程中邀请了不少媒体人加盟，他们非常擅长内容的策划和创意。我们每周一早上会像媒体那样把负责各个业务条线内容策划和创意的同事们聚集在一起开选题会。我们讨论的内容包括：

- 集团层面主旨传播

- 重点业务传播选题筛选

- 探讨社会热点事件，是否跟进以及如何跟进

- 探讨媒体反馈与需求

- 确定一周（或两周）的重点议题设置

- 分配任务、确定时间线

- 重点项目的头脑风暴

- ……

自媒体中做得比较有影响力的"新世相"曾经谈到他们如何做内容创意，爆款文章是如何出炉的，可以对大家有一点启发。他们会建立高频词汇选题库，例如职场压力、房价、失恋、大城市压力等，当然这些高频词汇会随着时间的推移不断迭代。在创意选题时，会注意让每个人都感觉与话题相关，能够产生共情或同理心。话题具有延展性，让每个人都想评论、支持或反对。分享独到的观点和实际的解决方案，有时候提出宣言和倡议。而所有这些都需要找对发布的时机。

第2节　企业战略型公关创意经典

在本节，我会为大家介绍海内外知名企业的一些经典的战略型公关内容策

划及核心信息的创建和打造，它们都曾经产生了巨大的影响力，其共同点是输出价值观点，引领行业趋势。

合纵连横　风云际会

随着市场竞争的日趋激烈，很多品牌、商家选择通过与合作伙伴纵深合作或横向联合的方式突破原有的局限，扩展自身的潜力。合纵连横作为一种商业策略，被越来越多地应用于企业发展战略。我们在制定企业公关战略时，亦可以将其作为一招妙棋，运用到重大的公关战役中，不仅可以在声音市场上提高声量，为企业制造向上的市场势能，还能助力成就创新业务，重击竞争对手。

【案例 1 "京腾计划"的发布】

在 2015 年"6·18"大促结束后，我和京东公关部的几个主要团队伙伴一起走出办公室，在某个茶馆聊了一个下午。在这个下午，我们天南海北地想象，接下来的"双 11"这场仗怎么打。

彼时京东一直以来对外传递的核心信息——"品质保障"和"送货快"所带来的良好用户体验——已经深入人心。但关键是，接下来的"双 11"又将是一个持续 5 周的公关战，如果还是只围绕这个核心信息做品牌公关传播，一是略显单薄，二是容易产生审美疲劳。

于是我们想到了"合纵连横"。伙伴们罗列了一长串可以合纵连横的品牌名，最终，我的目光锁定在了"腾讯"。关于合纵连横的公关传播战略定位，我们先征求了管理层的意见，在创始人的同意下，我作为公关部负责人与彼时京东商城的 CEO、首席市场官一起推进各项工作。一个半月之后，创新业务的想法初步成型，京东高管团队和腾讯高管团队共十数人，在位于深圳的腾讯总部大厦最高层会议室进行了进一步的磋商，腾讯大厦顶层窗外蓝天白云下的壮丽景观见证了这一创造历史的时刻。

2015 年 10 月 17 日，京东与腾讯召开联合发布会，两家公司的创始人刘强东和马化腾罕见地联袂出席，共同对到会的近 200 家媒体隆重宣布推出双方战略合作项目"京腾计划"。京腾计划是包括精准画像、多维场景、品质体验等在内的营销解决方案，团队由京东和腾讯双方共同搭建，基于双方 10 亿级的数据优势资源，开发出全新的"品商"（Brand-Commerce）生意平台，让品牌商家通过智能化全链路精准分析，做出更智慧的品牌营销决策，大幅提升营销效果，优化营销价值，提升转化效果，获得更快的增长和更优的业绩，如图 4-2 所示。

图 4-2 "京腾计划"示意图

在联合发布会上，腾讯创始人马化腾表示："腾讯和京东合作的进一步深化，将会给大量品牌商家带来超越以往的全新能力，商家可以更好地了解顾客的需求、更加精准地触达他们的目标顾客群体，从而有效地提升品牌影响力。"京东创始人刘强东表示："未来在移动端购物的用户将继续保持快速增长，京腾计划会帮助商家让对的商品出现在对的场景和消费者面前，有效提升销售业绩，同时也让用户得到更好的体验。"

这是一次合纵连横、风云际会的重磅宣布，在全球互联网行业亦是突破性的大事件。彼时全球互联网行业排名前 20 的企业，美国占 11 家、中国占 8 家，完全是处于同台竞争的状态。没有人可以想象，美国的亚马逊与脸书会打通和共享数据，共同为品牌商家服务，因而品牌营销和消费体验依然是在市场洞察割裂的状态下实施的。然而中国的头部互联网电商企业之一与最大的社交平台却做出了一个突破性的选择，将通过双方数据的打通，为大量品牌商家带来更加完整的市场洞察和极致优化的决策辅助。

"京腾计划"的发布不仅是"双 11"电商大战前的战略公关传播，更成为京东面向企业的一项创新服务。在发布一年后，"京腾计划"向平台合作伙伴发布了其业务进展，宝洁、联合利华、三星、乐视、OPPO、可口可乐、惠氏、欧莱雅等国际国内大牌纷纷参与，该计划在一年中促成品牌曝光数十亿、触达用户数亿、手机行业新品预定超千万、平台交易额百亿级，创造了共赢的价值。

后续，"京腾计划"陆续发布了"京腾计划 2.0"和"京腾魔方"。时隔三年后的 2018 年 4 月，腾讯与京东再度携手发声，共同发布"京腾计划 3.0"营销解决方案及升级产品"京腾魔方 +"。作为"京腾魔方"的升级版，"京腾魔方 +"首创"PIAC"四大能力矩阵：P（Private）即私有品牌资产，I（Intelligent）即智能定向策略，A（All-round）即全面数据应用，C（Customized）即定制数据分析，有效解决了品牌商遇到的四大核心痛点——数据使用效率低、营销场景不打通、品牌效果难衡量、数据无法沉淀利用。

京东与腾讯联合推出的"京腾计划"在公关传播和业务发展上都取得了巨大成功。

在提出采取合纵连横的公关战略时，我们需要深入地思考将要合作的双方核心竞争优势是否完美互补、文化是否契合、合作意愿是否真诚、合作业务能否成功，避免发生貌合神离的情况，最后导致战略的失败。

如果我们看一下合纵连横的历史背景，就会明白这种担心绝不是多余。"合纵"与"连横"两大策略最早源于战国时期诸国为了对抗秦国使用的战略，魏国当时采取了连横策略，联合当时的赵、韩、楚、燕等国家，共同对抗最强大的秦国。然而，由于人多心不齐，在修色一战中，楚国和燕国都没有派兵出战，而魏、赵、韩三国也都各怀鬼胎，没有全力作战，导致被秦国打败，八万多军队被歼灭。后来燕国的苏秦尝试采取"合纵"的策略，他走访了包括齐国在内的各个国家，这六国联合起来组成了一支声势浩大的联军，共同对抗秦国。可是，秦国的军师认为，这六国联军虽然强大，只有齐国和楚国才是值得重视的，只要将这两个国家拆散，合纵的联盟便可迎刃而解。后来楚国果然在秦国开出的优厚条件下决定与秦国交好，随后，秦国继续说服韩、齐、赵等国，使得它们也纷纷脱离了合纵联盟。最后，秦国横扫了六国，一统了天下。

通过回顾这段历史，我想强调，做出一个正确的战略选择非常不易，也极为关键。它必须基于对市场多方面情况的深刻洞察，对每一场企业市场竞争战役目标的深刻理解，对市场上其他玩家将要采取的战略方向的准确预测，以及所选择的战略必须具备独一无二、不可复制的特征。用一句大白话说，就是竞争对手看到了也只能干瞪眼，至少在这个战略范畴它什么也做不了，无力反击。这样的战略才是稳赢的战略。

前瞻引领　舍我其谁

商业世界中行业的头部企业做出的公关战略必须要做到面向未来、目光远大、有前瞻性，能够引领趋势。其品牌公关传播需要具有前瞻性思维。前瞻性思维是指预测未来将要发生的事，司马相如说"明者远见于未萌"，意思是明智的人在事情还没有发生之前就已经预见到了。具有前瞻性思维的企业和品牌公关传播能够以战略眼光审视全局，立足现在，放眼未来，从全局出发，系统谋划，赢得发展的主动性，并引领趋势。

一些卓越的跨国企业已经拥有百年的历史，其发展过程经历了战争、灾难、经济衰退、科技迭代等诸多挑战和困境，依然屹立不倒，究其原因就是它们具有前瞻性思维，总能够采取正确的发展战略。历经百年、穿越周期的企业和品牌有很强的生命力和韧性，它们通过提出极具前瞻性的理念和概念，不仅成就了自身企业的进阶，积聚了在市场上的势能，也如同一面旗帜引领着行业发展的趋势，行业内的其他企业都以这样的企业和品牌马首是瞻。企业战略及其品牌公关传播战略如能做到这样，当属最高境界。

【案例2　IBM 推出"智慧地球"概念】

IBM 成立于 1911 年，距今已超过百年，是全球最大的信息技术和业务解决方案公司，拥有全球雇员约 30 万，业务遍及 160 多个国家和地区。IBM 的公司口号是："有'智'者，事竟成。"（Let's put smart to work.）

"下一个大未来是什么？"2008 年初的一天，IBM 董事长兼 CEO 彭明盛问内部高管团队，他继续追问："是不是云计算？""云计算……这个概念太窄了点吧？"有人说。一个月以后，他们再次碰头讨论时，有人忽然说："智慧的地球（Smart Planet），这个概念够大了吧？"彭明盛兴奋地说："YES!"这是坊间流传的一个 IBM 如何构建"智慧地球"营销公关理念的版本。实际上，IBM 内部一定有非常专业的团队研究和探讨未来的市场需求与趋势。在此之前，IBM 早在 1995 年就提出了"电子商务（e-commerce）"一词，并在 2002 年提出"电子商务随需应变（e-business on demand）"的口号，IBM 在营销公关核心信息构建方面一向很有前瞻性。

2008 年 11 月，在纽约召开的一次会议上，彭明盛发表了主题为"智慧的地球：下一代领导人议程"的演讲。其中，关键之处在于，"智慧的地球"要将物理基础设施和 IT 基础设施统一成智慧基础设施。传统的物理基础设施和 IT 基础设施是分离的，一方面是机场、公路、建筑物、发电厂、油井，另一方面是数据中心、个人电脑、移动电话、路由器、宽带等。现在，二者合二为一的时候到了。

2009 年 1 月，IBM CEO 彭明盛在美国工商业领袖圆桌会议上，向美国前总统奥巴马抛出"智慧地球""智慧城市"的概念。该战略定义大致为：将感应器嵌入和装备到电网、铁路、建筑、大坝、油气管道等各种现实物体中，形成物物相连，然后通过超级计算机和云计算将其整合，人类则可以动态和更加精细的方式管理生产和生活，达到"智慧"的状态，进一步提高资源利用率和生产力水平，改善人与自然的关系。

奥巴马曾公开肯定 IBM "智慧地球"的思路。2009 年 8 月，IBM 发布了《智慧地球赢在中国》计划书，正式揭开 IBM "智慧地球"中国战略的序幕。

根据设想，在"智慧地球"时代，IT 将变成让地球智慧运转的隐性能动工具，弥漫于人、自然系统、社会体系、商业系统和各种组织中。在这样的时代，IBM 希望自己能像空气一样渗透到智慧运转的每个角落，成为人类地球生存不可或缺的因素。IBM 中国研究院院长李实恭曾说："你可能在选择某种服务时，直接找到 IBM；或者在一些看似自然产生的服务背后，了解到提供支撑的力量也来源于 IBM。"

在推动"智慧地球"核心概念的过程中，IBM 又一次成为市场的引领者。数字化、网络化和智能化，被公认为未来趋势，而与"智慧地球"密切相关的物联网、云计算等，更成为科技发达国家制定本国发展战略的重点。10 年间，IBM 的创新方案在智慧能源、智慧交通、智慧医疗、智慧零售和智慧水资源等政府、企业、民众所关心的重要领域全面开花，涵盖节能减排、食品安全、环保、交通、医疗、软件及服务、云计算、虚拟化等热点方向。这显然大幅度拓宽了IBM的业务范围。在此概念提出之前，IBM在金融和电信行业的信息化业务部署已经较为成熟，相较之下其在像水利、交通、电力等行业的信息化还处于拓荒阶段，而其市场规模丝毫不亚于前两个行业。

"智慧地球"提出后，IBM展开了全球范围内地毯式的营销公关和传播推广，后被行业专业人士称为"传教士推广"。全球所有大型科技展会的场内场外，机场车站加油站，电视网络，报纸杂志，目光所及之处几乎都能看到IBM"智慧地球"的广告和品牌公关信息。IBM"智慧地球"概念的推出再一次成为产业的风向标，引领了整个IT行业跟随IBM的脚步调整和前行。

IBM每一次战略理念的提出都非常高屋建瓴，出发点都是别人，而落脚点恰好落在自己的独特竞争优势和未来发展潜力上。在这一处于制高点的概念的引领下，IBM为更多领域的基础设施乃至涉及人们衣食住行的许多方面提供咨询和整套的解决方案，令IBM的生意又上了一个台阶。

我在视频网站看到过IBM的一个社会公益活动，活动鼓励小朋友们想象如何在生活中做出一些更智慧的改进。一位小朋友提出可以让人行横道在夜晚亮起来，这样能够更好地保障过马路的行人的安全。IBM帮助这位小朋友实现了这个想法，在视频中，夜幕降临，华灯初上，人行横道在那一瞬间也发出了亮光，孩子们无忧无虑地穿过马路的场景，让人感动。通过这些品牌公关传播手法，IBM"智慧地球"的理念越发深入人心，于无形中树立了前瞻的行业领袖形象。

定义自己的战场

竞争战略之父迈克尔·波特曾说："几乎没有企业能一直凭借运营效益方面的优势立于不败之地。运营效益代替战略的最终结果必然是零和竞争。"而战略定位才决定了企业未来的发展方向、资源分配和经营决策，只有建立一种可长期保持的差异化战略，才有可能保持竞争优势。

"定义自己的战场"就是一种典型的差异化战略，它可以让一个品牌凸显其差异化的竞争优势，从而在突围之战、红海之战中胜出。

通过"定义自己的战场"这一战略获得市场成功的品牌案例不在少数。

在曾经刚刚起步的中国洗发用品市场，海飞丝通过市场调研找到了两个字："去屑"。当时市场上没有产品这样标榜自己，而头屑也确实是中国消费者最大的痛点之一。所以，"去屑"的功能定位精准地满足了消费者的需求，海飞丝所有的品牌公关广告等传播全部聚焦在这一核心传播点，成功地创造了"去屑"洗发露的细分市场，通过定义自己的战场，海飞丝的销量在中国市场曾经一骑绝尘。

很多人喜欢吃火锅，每个火锅爱好者都有一个痛点，就是又想吃麻辣火锅，又怕上火。王老吉发现了这个普遍存在的问题，在竞争激烈的饮料市场中，打出了"怕上火、喝王老吉"的产品核心信息，"怕上火"是一个痛点，也正是王老吉产品的品牌公关核心信息传播点，王老吉聚焦在自己定义的这个战场上做出声量，令其在清火凉茶市场上品牌特征鲜明，销量独占鳌头。

本书较前的章节曾介绍过京东家电如何在竞争对手的重重打压下突围。当时京东看准了家电网购业务的巨大潜力，但传统渠道过于强大，以至于"网购家电"的好处起初无法被品牌商和消费者所认知，完全没有市场存在感。查看当时所有既存的家电市场调研报告，都无法发现"网购家电"的身影。

2013年9月，我和当时京东家电业务的负责人一起商量，当下被定义了的市场，没有"网购家电"的位置，我们必须"定义自己的战场"。我们找到权威的第三方中立调研机构，向他们介绍了网购家电这种新商业模式的多种优势，并分享了网购家电未来将会高速增长的预测。经过反复考量，调研机构开始立项做"网购家电市场调研报告"，并为这个专项报告全新设立了一整套适用于"网购家电"商业模式特征和消费行为的调研维度。这个报告第一年发布时影响不大，因为那时网购家电在整个家电售卖渠道的占比还不到 5%，非常边缘，但京东家电的采销团队至少可以拿出一份像样的市场调研报告去跟各大品牌商探讨合作，让习惯了看市场调研数据的各大品牌商对网购家电的市场情况有了概念，也有了分析和决策的依据，这对他们更好地理解以及知道从哪些维度评判网络售卖渠道非常有帮助。

到了第三年，这份调研报告的分量和影响力开始凸显，越来越多的媒体开始转载报告结论，各大品牌商纷纷参考这份市场调研报告来决定下一年货品在各渠道的分配。正如我们之前向调研机构介绍的，我们预测这块市场发展的速度会比较快，值得调研机构专门立项调查研究。后来的几年中，这份报告逐渐成为一份家电领域权威的市场调研报告，越来越多的合作伙伴、媒体、消费者通过持续的报告发布看到网购家电市场的发展情况。

随着网购家电保持快速增长，到了 2021 年，网购家电的渠道占比首次超过线下渠道，达到全行业的 52.9%（图 4-3），于是这份报告也顺势升级为全渠道调研报告。如今，这份报告一经发布，权威媒体就都会进行转载。这份市场调研报告从一个第三方的权威视角见证也证实了京东家电在市场上的优异表现，通过"定义自己的战场"，京东凸显出网购家电商业模式的优势和特征，加强了各利益相关方对网购家电商业模式的认知，其在调研中的优异表现更为京东增添了发展的势能。

小罐茶的品牌定位被认为是"现代派高端中国茶"，当人们想到送茶礼的时候，送小罐茶会让人感到更高端、更现代、更时尚。小罐茶最反传统的创新做法是，独创了铝罐保鲜技术，在包装上极尽展现精致品位，让所有人眼前一亮，成为中国人送茶礼的至佳选择。当然，作为茶产品，必须要注重茶叶本身的品质。小罐茶请八位制茶大师站台背书，以展示其茶叶产品的权威性；公开产地与

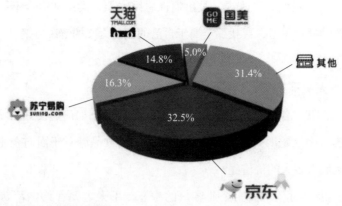

图源：中国电子信息产业发展研究院

图4-3 2021年我国家电市场零售商占比情况

制作流程，予产品以正宗、稀缺的高级感。"八位大师，敬你一杯中国好茶"的核心传播语通过机场广告、航空杂志、央视广告等载体吸引着精英人士的关注，其线下品牌体验店大多设立在高档商场，呈现出与其品牌定位相符的高端现代感，在茶叶销售的市场上独树一帜。小罐茶以创新探索出茶行业在新时代背景下品牌化发展的答案，以统一等级、统一价格、统一规格的方式，建立了一种新的好茶认知和选择标准，有媒体评价："一个小罐成就了行业先行者。"小罐茶成功定义了自己的战场，在中国茶市场中脱颖而出。

2012年，白酒品牌江小白横空出世，其品牌口号是"我是江小白，生活很简单"。不同于其他所有的传统白酒品牌，它坚守"简单包装、精致佳酿"的反奢侈主义产品理念，简单纯粹。这个公关传播核心信息定位切中了市场的空白，它定位年轻群体，凭借对消费情绪的深度挖掘，用直达人心的文案，成功圈住了一波消费群体，像"面对面约酒""好朋友的酒话会""我有一瓶酒，有话对你说"等，还打造了很多文化活动，像"万物生长青年艺术展""江小白Just Battle国际街舞赛事""我是江小白"动漫等，江小白定义了自己的战场，开创了年轻人的小而美、小瓶酒的商业模式。

"定义自己的战场"不仅是品牌公关传播战略的奇兵，也是企业出奇制胜的重要战略，需要我们打破陈规，跳出惯性思维框架，尝试从完全不同的、非传统的、全新的视角思考，寻找那个属于自己的独一无二的解决方案。

跨越场景　无所不在

曾有人问我，作为2B（面向企业客户）的企业，如何建设好品牌，如何做好公关。提这个问题的人大多有这样的疑虑："树立品牌对于面向企业客户的企业来说，到底有多大的价值呢？"

的确，很多时候，面向企业客户的生意，不太需要在终端消费群体中间建立自己的品牌，毕竟这要花费很大的一笔预算，在企业内部要建立较大规模且颇有经验的营销团队。不过，我们要视企业的愿景和使命的不同来考量这一问题。有一句话是"创始人的格局决定了企业的格局"，对于拥有远大愿景的2B企业来说，如果其企业客户服务于广泛的终端消费者，那么"无需建立自身品牌"的想法就局限了其战略思维，因为你服务企业客户的最终诉求依然是服务终端消费市场，业务实际影响力已经默默地扩展至非常广泛的范围。

有些时候，是否树立企业品牌其实也是一种选择。当选择只看到企业客户，我们始终都会是那个一直藏在幕后默默无闻的无名英雄；但当选择向前迈出一步，既看到直接服务的企业客户，又看到企业客户所服务的消费群体时，我们就扩展了战略思考的范围，如果我们愿意，就有机会成为被大众广泛认知的英雄。被更多的利益相关方所认知，为更广泛的社会群体所认可，将有利于企业在公众市场的价值评估。在西方商业发展史中，2B的企业通过智慧的品牌公关传播战略，成功地跨越场景，成为人尽皆知的知名品牌和高市值企业的不在少数，耳熟能详的就有IBM、微软、英特尔等，它们超越了2B企业所谓的思维局限，走出了一条2B企业高价值发展之路。

英特尔是半导体行业和计算机创新领域的全球领先厂商，创立于 1968 年。在其创立后的近 50 年时间，英特尔的电脑芯片一直称霸全球。作为半导体芯片厂商的英特尔，其客户并不是 C 端的消费者，而是 B 端的众多电脑品牌商等企业客户。最初，消费者对于选购电脑的认知大概是："我们不买芯片，只买电脑。"这也是通常的认知。然而，英特尔推出了以"Intel Inside"为核心信息的大规模营销传播，专门设计了"Intel Inside"的品牌标识，投入巨资启动了庞大的市场联合营销计划：其所有的电脑厂商合作伙伴，只要在其相关的产品广告中打出"Intel Inside"品牌标识，就可以得到来自英特尔的广告费用支持。

后来的事情我们所有人都知道了。几乎所有的 PC、笔记本厂商的广告中，消费者都可以看到"Intel Inside"的品牌标识，或者听到配合"Intel Inside"标识露出的著名的四音符音乐。就连每一台 PC、笔记本的包装、说明书上也都增加了"Intel Inside"的商标，"Intel Inside"成为家喻户晓的品牌口号，这一核心信息对于消费市场简直做到了地毯式的狂轰滥炸。作为对 PC、笔记本等电脑品牌厂商的回报，英特尔将 3% 的销售额返给电脑生产商。

通过这一规模庞大的联合营销、品牌推广、公关传播，英特尔极大地提高了其在 IT 消费者群体中的知名度，形象也从一家单纯的半导体芯片制造商转变成为更高质量 PC 的保障、消费者可信赖的电脑内置芯片品牌。消费者的认知发生了完全的转变：如果不买有"Intel Inside"标识的电脑，会觉得这不是一台真正的电脑，或者不是一台有质量保障的电脑产品。

"Intel Inside"诞生的背景，正是英特尔希望自己的产品和技术能够与大众产生更多的共鸣，而不仅仅作为电脑品牌商们背后的一家不为人知的供货商，甚至其品牌营销与公关传播的成功，让所有的电脑品牌商都成为英特尔高科技芯片的载体和嫁衣，消费者选购电脑时会考虑首选"Intel Inside"的电脑。这样的品牌公关营销战略已成为英特尔企业战略的一个重要组成部分。

时间来到 21 世纪，英特尔的业务也拓展至人工智能领域，如何能够抓住年轻人的注意力、重塑新的品牌形象？ 2017 年 10 月，彼时在年轻人群体中最当红的歌手李宇春在成都发布了首支人工智能 MV（音乐短片）——《今天雨，可是我们在一起》。

在英特尔最新 3D 人脸面部表情捕捉技术的支持下，李宇春的这支 MV 将电子曲风的浪漫情歌与尖端科技的人工智能完美融合，优质音乐与突破性的科技创造出了前所未有的创新体验。拍摄 MV 的导演选用不同的情绪场景展现李宇春的内心世界，然后英特尔运用 3D 人脸面部表情捕捉技术来完整扫描李宇春的面部，定位点数高达 78 个，记录下每一个微小的细节。这项技术可以即刻实现 3D 人脸重建，并且实时跟踪头部运动和面部表情变化。到后期渲染的时候，英特尔只需将这些情绪场景以特效的形式完美地贴合在李宇春的面部就可以了，于是就有了 MV 中她脸上各种各样的效果，非常有趣。英特尔通过展示和李宇春团队联合制作 MV 所使用的技术，就是想告诉大家，所有的人都可以用到这样的技术，希望将该技术更广泛地推广，让整个行业，包括普通的消费者都能够用到。

这支 MV 发布的消息横跨科技、IT、财经、大众、娱乐等全媒体，娱乐明星的影响力巨大，"英特尔 + 李宇春"品牌营销与公关传播成为跨越场景、无所不在的创新经典案例。

从品牌主旨到品牌精神

一家企业通过不断创新前行，持续交付给消费者有价值的产品和服务，以此为根基，企业品牌打造其核心主旨信息，并通过营销与传播，将品牌的核心主旨信息传递给广大的消费群体。这一品牌核心主旨信息反映了企业的价值追求，也能触动消费者内心世界的价值追求，并引发消费者的共鸣。

卓越品牌的魅力在于它凝结了企业的理念、信仰、意义、情感等深层的文化内涵，这些文化因素的总和，形成了一个品牌的精神，它是品牌或品牌决策者在长期生产和经营中逐步形成的事业信念、价值观念、经营宗旨的代表。品牌精神满足的是消费者情感、观念及心理层面的需要，是企业重要的软实力和在商业竞争中获胜的关键要素。

随着企业的发展、技术的革新、业务的迭代，整个企业的价值追求也在不断地进阶，因此，品牌的核心主旨信息也需要随着企业的发展而升级，而可持续的品牌主旨信息升级能够将企业的品牌精神在人们的脑海中打上深深的烙印，且不断传承下去。

【案例 4　GE 品牌传播语的百年演变】

美国通用电气公司 GE 在 20 世纪 30 年代提出了 "Live Better Electrically"（电器让生活更美好）的品牌公关传播口号，当时美国经历了规模较大的基础设施建设，兴建了很多电厂、道路、工厂，经历着一场工业革命。GE 这一品牌主旨信息也呼应着那个时代的主旋律。

到了 20 世纪 60 年代，CE 的品牌公关传播主旨信息更新为 "Progress Is Our Most Important Product"（进步是我们最重要的产品）。80 年代，GE 的品牌公关传播语再一次更新，变成了 "We Bring Good Things to Life"（GE 带来美好生活）。这一口号沿用了 20 多年，在 2002 年的秋天，GE 对消费者、雇员、客户和投资者进行了调查，结果发现，大多数人认为该口号代表两件事情：照明和家用电器。而彼时，GE 提供的产品和服务已经远远不只这些。经过调查和反复测试，GE 最终选定了"Imagination at Work"（梦想启动未来）作为反映 GE 新时代核心精神的全新品牌公关传播主旨信息，意味着 GE 正在以一个全新的面貌迈入 21 世纪，同时，也体现了 GE 以想象和创造力，以高科技的产品和服务理念让 GE 这个百年老店在 21 世纪保持不败的决心。"Imagination at Work"（英文本义是"想象在行动"）的发想是由 GE 人的创新精神和乐观进取的角度出发，代表着"只要想到就可以做到"的精神，也彰显了 GE 各个业务集团多元化的服务范畴。结合先进科技与服务热忱，提供给客户不同以往的全新体验，并积极带动了公司的利润增长。

与此同时，GE 的标识变得更加多姿多彩，打破了以往黑白两色的局限。GE 就品牌结构、标识和标语的使用方法、字体和颜色的选择等做出了明确的规定；广告、文具、礼品、印刷品等的制作也都有章可循。GE 为员工准备了品牌工具箱：包括根据新品牌规范制作的电子邮件签名模版、演示文稿模版以及电子信头和传真模版。新的品牌策略无疑为 GE 树立了更好的企业形象，而严格的品牌使用规范更可以使 GE 在全球都保持统一的形象。

从"GE 带来美好生活"到"梦想启动未来"，从黑白两色到五彩缤纷的标识，GE 经历了一场重要的变革。GE 董事长兼 CEO 杰夫·伊梅尔特对这一举措的评价是："'梦想启动未来'不仅仅是一个市场公关传播口号，这是 GE 存在的理由。""梦想启动未来"是一个动态观念，富于挑战的契机在于如何使这一运动不断翻新、出奇制胜，就像 GE 自身的发展一样，一直延续有一种不断进取的精神。

2020 年，GE 再次更新了品牌传播口号："Build a World That Works"（打

造一个行之有效的世界）。据 GE 的首席市场官说，这个口号源自爱迪生的那句发问：What does the world need?（世界需要什么？）为了满足您的日常所需，我们 Build a world that works。这一全新的品牌公关传播信息进一步扩展了 GE 能够为人类和社会创造价值的领域范围。GE 在全球范围大规模推广这个新的宣传语，包括在《华尔街日报》做整版的广告，还做了广告宣传片和用于社交媒体传播的"24 hours of GE"（24 小时的 GE），由全球 24 个不同地区的 GE 员工为观者 24 小时不间断地介绍 GE 如何日夜不停地让这个世界运转得更好。

从品牌公关核心主旨的确立、传播，到通过丰富多彩的方式不断与消费者在心理和精神层面进行交流互动，直到树立不可磨灭的品牌精神，很多成功的企业走出了一条品牌信仰之路。以下让我们看一些品牌口号和公关传播主旨信息：

苹果：Think Different（非同凡响）

阿迪达斯：Impossible is Nothing（一切皆有可能）

欧莱雅：Because You're Worth it（你值得拥有）

阿里巴巴：让天下没有难做的生意（Make It Easy To Do Business Anywhere）

为什么品牌不仅需要核心主旨信息，还需要成为一种精神？

企业精神、企业文化是一家企业的成员世界观、人生观和价值观的集中体现，是企业的灵魂，反映在企业行为上，有坚定不移的信念追求，上下一致的共同目标，人人自律的行为规范，同甘共苦的企业氛围。品牌精神是企业精神的代表和提炼，能够与消费者在精神层面共鸣，它帮助企业拥有直达人心的魅力，与消费者达成最佳的沟通境界。

管理制胜

成功的企业公关战略一定离不开观点制胜。如果一家企业总是能够输出高于行业水平的观点，经常能够启迪、引领整个行业前行，那么这家企业一定会被认为是行业的领袖，其企业声誉和品牌形象都将受到大家的尊重。能够做到这一点的企业凤毛麟角，这主要是靠企业的创始人或 CEO 等最高企业领导人非同一般的视野和能量。在这方面大家比较熟知的企业领导人有 GE 的 CEO 杰克·韦尔奇、日本京瓷创始人稻盛和夫等。

【案例 5　GE 通过谈管理令企业声誉鹊起】

大量商界和职场精英人士从 GE 的 CEO 杰克·韦尔奇谈企业管理的书籍中深入地了解了 GE。到 GE 去参观的企业家们除了现场参观和学习，还会接触到杰克·韦尔奇的创新管理经验，包括六西格玛、精益生产、加速变革、项目管理等管理工具及 GE 的企业管理思想。GE 的工程师会告诉你"如何通过精益六西格玛让发动机试车周期有效缩短"这样的可操作的、有经济效益的管理实践故事。

杰克·韦尔奇是伟大的管理实践者，他在 1981 年成为 GE 历史上最年轻的董事长和 CEO，2001 年 9 月退休，被誉为"最受尊敬的 CEO""全球第一 CEO"。GE 是世界上最大的多元化服务性公司，从飞机发动机、发电设备到金融服务，从医疗造影、电视节目到塑料，GE 致力于通过不断创新、发明和再创造，将创意转化为领先的产品和服务，创造更美好的生活。杰克·韦尔奇提出"活力曲线"（末位淘汰法则）、"无边界组织"、"六西格玛管理"等管理理念，使 GE 保持了活力和创新的企业状态，这些管理理念也为全球众多大企业借鉴和采纳。杰克·韦尔奇说："这不仅是管理工具或倡导，更重要的是一种思维方式。"在他的领导下，GE 取得了骄人的成就。

杰克·韦尔奇独到而深刻的管理思想影响了全球无数企业家，他的著作一直占据管理类图书畅销榜，全球的商业媒体、管理期刊多年来持续报道杰克·韦尔奇的管理理念。杰克·韦尔奇于2020年3月去世，被媒体誉为企业管理领域的丰碑式人物。

因为有杰克·韦尔奇这样的传奇商业领袖，GE的企业声誉、品牌形象一直备受尊敬。而他的一些管理思想，同样可以应用于企业公关战略领域。

有感染力的企业文化

企业公关的核心创意还有一个抓手，就是"有感染力的企业文化"。当一家企业的企业文化发心足够有大爱、极为有温度，这家企业的品牌形象和企业声誉很快就会随着每一名员工的所作所为展现出来。有感染力的企业文化，基于有大爱的企业核心价值观，充分体现了以人为本的理念。

海底捞是国内著名的餐饮品牌，它与其他餐饮品牌最大的区别之一就是极为重视建设企业文化。海底捞成立了学习发展中心，为员工提供丰富多样的提升课程。全面的培训体系，畅通透明的晋升机制，以及多样化的职业发展通道，可以助力提升员工核心竞争力，根据公司发展与变革及员工成长的培训需求，还可以不断提升培训内容的广度和深度。其中，海底捞为所有员工培训了特有的"服务识别系统"，要求海底捞人要做到体贴入微、无处不在、无时不有的周到。在企业价值观的引领下，员工宣誓："我愿意努力工作，因为我盼望明天会更好。我愿意尊重每一位同事，因为我也需要大家的关心。我愿意真诚，因为我需要问心无愧。我愿意虚心接受意见，因为我们太需要成功。我坚信，只要付出总有回报。"这样的员工培训和企业文化的培育，发心在于，当我们把每个人当作是好人，每个人就真变成了好人；每个人都希望世界变得更美好，世界就真的美好了。这样有温度的企业文化自然会通过每一名员工传递给每一位顾客，顾客走进海底捞，被海底捞的每一名员工无微不至地关怀，感觉就像进入了一个"美好世界"，非常满足。

餐饮业的门槛不高，通常员工受教育程度也不是很高，要做到每一名员工都主动给客人提供极致优秀的服务，其实是很难的。海底捞通过对全员细致入微的培训和企业文化的精心建设，把每一名员工面向顾客的服务做到了超级专业和极致完美的程度，以至于被称为"变态级"服务，并很快在市场上形成了良好的口碑效应。通过网络口碑营销，海底捞树立起了独树一帜的餐饮品牌形象，业务也取得了巨大的成功。如今"海底捞式服务"已经成为服务行业顶配服务的代名词，为全民所知晓。这一企业声誉和品牌形象的成功树立为海底捞带来了巨大的价值。

大数据产生独家新闻

在传统媒体时代，新闻内容的来源很多时候是雷同的。记得有一次我问某晚报的总编辑："为什么有的新闻并不是大事件，且其他都市媒体已经报道过了，你们还要报道一次？"她说："记者不能漏新闻，如果记者漏新闻会被扣奖金。"当然这是指该媒体判断这条新闻对它的受众群体有一定报道价值的情况下。然而，有一天我把某市的四家都市报放在桌子上进行对比，封面报道的内容竟然也很类似，封面报道一主一次，主新闻配以大幅图片，下边还有一些新闻标题预告内页的新闻。就看这一主一次的新闻，四家报纸的新闻线索来源竟差不多，只是用了不同的标题、报道角度和新闻图片。媒体陷入了红海竞争。

彼时京东平台已经有了两三亿的活跃用户，他们在京东平台上真金白银地购物。从中，我们看到许多消费趋势，还有更多值得研究的现象。我们开始思考，如果能将各个行业领域基于大数据分析的购物趋势做成报告发布，我们就可以成为独家消息的源头。

我们的第一个趋势报告是关于母婴产品的，因为当年国家发布了开放二胎的政策，大量母婴产品的生产厂家、母婴品牌对于这一政策带来的市场红利非常期待，然而并没有什么准确的市场数据能够支撑它们对市场需求的预测。类似的还有运动健康行业，那时跑步成为绝对的热门话题，很多人开始爱上这项运动。我们还找到了农村电商等切入点。"热点话题 + 数据调研分析"成为我们推出基于独家信源产出独家新闻的基本思路。

记得第一个母婴市场报告的发布活动我们邀请了 40~50 家媒体，跟很多媒体发布活动相比算是小规模的，但媒体报道出来后，这些内容陆续被许多微信公众号自发转载，引用京东平台的分析报告阐述当年二胎开放政策背景下，母婴品牌和商家可以怎样看待这个行业的市场趋势。这一情况凸显了独家新闻源的价值。

类似的报告陆续发布了几个之后，第二年年初，我们发布了上一年全年的中国电商消费行为报告，通过一系列分析，展示了当年消费升级、对品牌的更多关注、消费逐渐趋于理性健康及农村消费力崛起等消费新动向。这个报告的发布也邀请了媒体做视频网站直播。由于报告的内容客观丰富、角度多维，中央媒体、大众媒体、行业媒体、地方媒体、公众号、头条号、自媒体等纷纷各取所需，后续的总结显示，各路大大小小的发布达到了百万条。

内容的策划和创意方法非常多，大数据分析不仅可以助力业务的改进提升，也可以产出独家新闻，企业公关部由此将自身的功能进一步扩展到了媒体一方。融合时代的创新没有边界，除非你给自己设限。

打造现象级的一天

我从 2013 年到 2019 年上半年在京东负责公关工作，先是国内后是国际。在这一过程中，我本人在京东曾经指挥了七次大型电商促销节的公关战役，包括四次"6·18"，三次"双 11"。

"6·18""双 11"，都是现象级的电商促销日，是早年间公司的创始人 / CEO/CMO 等高层管理者的精彩创意。这些电商促销日的成功推广，把原本零售行业的淡季变成了旺季。今天，它们早已从线上促销节演变成为全渠道的促销节日，取得了非常瞩目的商业效果，也为提振经济做出了非常重要的贡献。

从"6·18""双11"这些现象级电商促销节日，我们可以学到的创意方式就是"打造现象级的一天"。

有人说毕竟电商企业就这么几家，像"6·18""双11"这样的现象级营销，恐怕很难照搬到其他领域。但是，"6·18""双11"成为现实，是战略规划的结果，我们更应该关注其中的战略思维。"打造现象级的一天"就是一个可以给予市场品牌公关人员很多启迪的创意思维。

京东曾经推出非常火爆的"超级品牌日"，由当时京东的市场部创意。就是在"双11"和"6·18"之外，确定某一天为品牌举办一场销售盛宴，也是市场品牌公关传播的盛宴。举例来说，有一年的3月2日，原本就是普普通通的一天，但是京东和联想把这一天定为了"联想超级品牌日"。在这一天，我们安排了双方企业的CEO——刘强东先生和杨元庆先生在京东总部的会面，为当天的"联想超级品牌日"再加一把火，这件事在当天也成为业界非常吸引眼球的新闻，两位CEO的合影照片被大量分享和转发，并都会提及京东的"联想超级品牌日"。双方团队联手为这一天进行了大量的商品准备和全方位的推广，原本普通的一天，在一系列的策划、创意、运作、推广之后，这一天的销售业绩达到联想上一年"双11"的3倍多，转化效果令所有人欢欣鼓舞！这是所有品牌梦寐以求的。后来，有很多品牌争抢在京东做"超级品牌日"的机会。

图4-4　京东"超级品牌日"标识

京东快递小哥的故事，很多人都在新闻报道中看到过。京东非常看重快递小哥，给予他们很高的尊重，配备了尽可能完善的福利，快递小哥的人数也与日俱增。有一年，我们公关团队在思考如何通过公关传播的手段，进一步在全社会提升一线快递员的地位，让他们获得更多的社会尊重时，想到了为京东快递小哥设立"快递员日"。在这一天，我们举办了感谢快递小哥的非常具有仪式感的活动，发出了公司新闻和尊重一线劳动者的倡议，倡议的发出恰逢五一国际劳动节，让这样的倡议有机会刊登在《人民日报》上。

后来，这个"快递员日"变成京东的一个传统，一直延续了下来，并在几年后升级为"一线员工日"，配送、仓储和客服的一线员工都被包含在内。借助这样一个一线员工专属的日子，公司充分表达了对一线员工的尊重和关爱，立体地讲述和传播一线劳动者的感人故事。这些公关传播内容让很多一线员工非常骄傲，纷纷转发回家乡，与亲人朋友们分享。这些自发的行动，进一步强化了一线员工对于京东价值观的认同，公司对一线员工的尊重和关爱也激发他们为消费者带去更加满意的服务。

每每看到能够通过设立一个标志性的日子来表达对一线劳动者的感谢、更有仪式感地彰显属于一线员工的骄傲和荣耀，创造更温馨的企业文化氛围，我都会觉得非常开心。这也让我感受到公关工作可以有更多能够挖掘的价值。

在这一节，我与大家分享了对于企业战略公关内容创意的一些思考。我把它们总结为"九大创意撒手锏"，它们包括：

- 合纵连横　风云际会
- 前瞻引领　舍我其谁
- 定义自己的战场
- 跨越场景　无所不在
- 从品牌主旨到品牌精神
- 管理制胜
- 有感染力的企业文化

- 大数据产生独家新闻

- 打造现象级的一天

　　我相信，战略层级的企业公关内容创意一定还有更令人惊艳的方式，暂且以我的分享抛砖引玉，激发更多的脑力激荡。希望公关人通过更多战略层级的思考、想象力和无穷创意，为企业的发展带来含金量更高的价值。

第 5 章　企业管理者沟通战略：必备的公关思维与技能

第 1 节　企业发言人在新媒体时代的沟通策略

置身于一个信息化、媒体化的时代，当企业规模变大，或者成长为行业头部企业，会需要一个与信息和媒体打交道的专业团队和自己的企业发言人。如今，企业发言人越来越多地活跃在企业公关、社会传播的大舞台，其作用在现代企业管理中也日益突出。

企业发言人面对的沟通对象，不光包括消费者、合作伙伴，还包括政府官员、行业专家、媒体、非政府组织、投资者、员工及社会大众等企业的利益相关方。随着企业的影响力越来越大，业务负责人和企业发言人的每一次发言，在行业和社会的影响力都在不断变大。

明确沟通的目的、核心信息和对象

企业发言人需要拥有沟通的智慧、广博的知识，接受专业的训练，还需要在实践中不断地积累经验、打磨技能。企业发言人花费大量的时间、精力与多元的对象群体进行沟通，我认为大概有以下三个目的。

1. 提升企业声誉

声誉对企业来说是非常重要的无形资产，建立良好的企业声誉远非一朝一夕的事情，如同建造金字塔，注定是一项复杂而艰苦的任务。企业发言人的对外发言就是要在建造良好企业声誉金字塔的过程中，不断用心设计、精心雕刻、添砖加瓦。

2. 创造传播价值

企业发言人通过对外发言，持续传播企业的愿景、使命、价值观、核心经营理念和重点业务信息，以获得各利益相关方的认可、合作与支持，赢得顾客对企业的好感，促进业务增长，提升品牌形象。

3. 规避风险危机

尤其对于行业头部企业来说，企业发言人对行业事件、社会事件的表态，代表了这家企业的价值观，其表态公之于众，需要接受社会公众的检视和评判。由此可见，企业发言人的发言必须要站在公众利益的视角而非单纯的企业视角。

如果是上市公司，企业管理者及其发言人在公开场合和/或对媒体的发言都可能会影响到证券市场对于这家企业的价值走势的判断，所以不仅要有重点、有策略地传递真实信息，还必须避免传递不该传递的信息。

"明确沟通的目的"对于发言人来说是非常重要的事情，忘记了沟通目的的发言，无论语言多么优美，辞藻多么华丽，都不能算作合格的发言。

我为企业管理者做媒体沟通培训时，曾分享过这样一个真实的案例。有一位管理者新升任业务部门负责人，即将首次接受媒体采访。于是公关部对她进行了专业的媒体培训，其中包括沟通的本质、如何理解当今的媒体环境、如何构建核心信息及媒体采访模拟等。在做模拟媒体采访时，这位新任部门管理者表现得像一个听话的小学生，有问必答。她回答的内容中包括：其所负责的业务，货品进一步扩大了覆盖的区域，目前存放在10个城市的15个仓库中；她的部门员工总数是325名；当时她已率领团队跟28个品牌开展了不同程度的合作，还有10个品牌正在谈判中（差点就一一列举这些品牌的名字）。这些品牌客户觉得她所在的电商渠道的优点是哪些，缺点是哪些，她的业务部门当年的销售目标是100亿元，等等。

我曾用这个例子问一位接受媒体培训的企业高层管理者："您觉得她回答得如何？"这位高层管理者说："我觉得她回答得很实在。"言下之意很认同她的回答。

这就是为什么企业的管理者需要接受媒体沟通培训。如果她是向上级汇报工作，作为内部的业务进展汇报，这样说没有问题。但在媒体采访的场合，她这样回答就有很多问题。

第一也是最重要的一点，她没有搞清楚接受记者采访的目的是什么。花一个小时接受采访，不是为了像小学生那样一五一十地回答别人的提问，满足他人的好奇心，而是要考虑如何通过提问的记者，把企业或业务的核心信息清晰地传递给消费者和合作伙伴（或定义的传播对象群体），促进沟通对象对企业关键信息的认知和认同，从而促进公司的业务增长，提升品牌的影响力，提升企业在行业里的领导地位等。流水账式的被动回应无法达到这个目的。

第二，她没有预设好所要传递的核心关键信息。通常来讲，核心信息不超过三个。哪三个核心信息是通过这次媒体采访最希望强调的，是企业最希望让主打受众群体留下深刻印象的，从她的回答中看不到。

第三，采访中她完全交出了主动权，只剩下单纯地被动回答提问。

第四，缺乏保密意识，几乎全部的业务详细信息都被传递出来。请问这是为了让竞争对手看到方便制定针对性的竞争战略吗？

第五，她的回答披露了销售目标数字，这是"大忌"，尤其对于上市公司来说。因为某个业务部门负责人随意披露局部经营数字可能会打乱企业对于经营数字整体披露的规划。

第六，自曝其短。

回到沟通的目的，企业管理者每次接受媒体采访之前，都要提醒自己要创造远远超出采访时长（占用工作时间）的价值。在准备媒体采访时可以反问自己：我要传递出哪三个核心信息，以提升利益相关方对企业、品牌、业务的认知、认同和支持，乃至能够激发他们付诸行动，从而更好地促进业绩，提升品牌形象和企业声誉？

确定企业想要对外传递的核心信息非常重要，之所以建议一般不超过三条，是因为传递的核心信息太多的话，等于让对方从中选择，因为媒体写稿通常会围绕一个主题，有核心诉求，如果你给记者输出五个关键信息，那记者肯定要从中选择采纳一部分、放弃一部分。核心信息确定之后，要从不同角度反复诠释，并给予事实、数字（可披露的）、证据、证言、故事等支撑素材。

核心信息怎么确定？举一个京东3C事业部数年前的例子。2015年"双11"大促就要到来，公关部通过与3C事业部负责人沟通业务目标，再经过对"声音市场"的分析，与市场部一起确定市场定位，最后凝练成为"京东3C，最信赖的首发聚合平台"这样一个对外传播核心信息，这里，三个核心信息就是指"最信赖""首发""聚合平台"这三个关键词，这也是这条核心信息的三个不同层次，每个层次在业界都是独一无二的竞争优势，因此要凸显出来。3C公关小组所有对外的公关传播都围绕这一主旨和这三个关键词，反复阐述和诠释；依据这一对外传播主旨，广告口号被精炼成"买3C信京东"。

企业的管理者和企业发言人对外传播的信息通常包括事实和观点两类内容。首先所讲的必须是"事实"，这是很重要的原则，要围绕确定的核心信息有理有据地阐述，永远不要撒谎。所要阐述的观点，最好能够在企业力所能及的范围内站位高一些，智慧的企业发言总是能够将整个行业的视野打开，引领行业发展的方向，成为全行业都认同的趋势，能够为整个行业乃至社会的发展带来价值和贡献。其战略思维特点首先体现在该核心信息脱胎于其独特的竞争优势，因而无法被竞争对手模仿和超越；其次体现在该核心信息具备较好的包容性，可以在较长的时间周期内适用，即便是在长远的发展进程中，该核心信息也可以较为自然地进阶到新的企业发展阶段。做到这一点，就需要制定该核心信息的公关负责人和团队在创意的过程中，既要有对企业历史的了解和思考，又要有对未来的预测和展望。正因如此，企业对外传播核心信息的制定，是企业战略的重要组成部分。

企业管理者和企业发言人在接受采访时，沟通对象是提问的记者所代表的媒体，是这家媒体的读者群，虽然对面只有一个人，但实际上是在与数千人甚至更多的人谈话或者演讲。每个媒体的读者群都不同，比如都市报的读者以普通市民为主，他们主要想了解身边发生的新鲜事和有用的生活信息；而财经媒体的读者以关心宏观经济、金融市场、行业趋势、产业动态的商务人士居多。企业管理者和企业发言人要知道自己所面对的这名记者的稿子将会给什么样的读者看，这些读者的兴趣和认知大体是怎样的。对于都市类媒体，可能就要体现应用场景，企业通过市场行动（如一场大促）会给消费者带来哪些优惠、好处、便利，还可以增加一些趣味性，让这些读者群爱看。而对于财经媒体的采访记者，应该重点谈公司战略、对行业的影响、技术创新、市场概念和打法的突破等内容。

以当年京东"双 11"启动发布会的采访为例，根据媒体感兴趣的内容不同，最后形成了很多有不同侧重的稿件。都市报关注促销的爆品信息点，财经媒体则关注在近期的宏观经济背景和行业发展阶段与时点，各商家、渠道迎接"双 11"大促的不同策略、产业趋势的迭代、整个行业的变化、对于经济的提振会带来哪些影响，还会对企业的市值表现和趋势做出分析，采访投资者的看法等。

企业管理者和企业发言人在接受媒体采访中有几个"要"和"不要"：

- 要聚焦和强调核心信息；
- 要尽量掌握主动性，有策略地回答提问；
- 要对绝对的表达保持谨慎；
- 任何未公开数据要请投资者关系部、公关部提前确认等；
- 不要披露任何未经确认的业务信息和数据；
- 不要一直被动回答媒体提问；
- 不要攻击友商；
- 不要私下谈敏感的企业信息等。

前述的这些内容，对应的是企业管理者、企业发言人与媒体沟通、接受媒体采访的专业化场景。在新媒体时代，发言场景已不局限于发布会和媒体采访，变得更加丰富和复杂，稍不注意就会惹麻烦。这里分享几个在去中心化的新媒体时代常见的发言场景，看看企业管理者和企业发言人的不当沟通会给企业和个人带来什么不良后果。

场景一：业务负责人在论坛演讲

企业的业务负责人在公开的会议和论坛上演讲，是再普通不过的事情了。然而，这样的场合如果做得不对，也会发生损毁企业声誉和品牌形象的事情。

几年前，某知名互联网公司体验部总监在一个国际会议上发表演讲。这位总监事先没有做好准备工作，不仅穿着非常随意，演示资料也相当随意甚至还掺杂着一些偏低俗的内容。其他企业的发言人都装扮得体，谈吐高雅，演讲资料专业讲究。对比之下，这位总监因其演讲内容过于低水准，谈吐和穿着过于随意，与国际性大会的调性反差太大，竟然被现场观众喝了倒彩。这件事很快被分享到社交平台，进而在社交网络媒体上引发了业内人士对其进行批评和嘲讽。

原来这位总监由于工作繁忙和意识上的欠缺，忽略了这个国际性会议的场合和调性与他在其他场合发言所面对的群体差异较大，他将曾经使用过的内容照搬过来，与此同时，其着装也不适合这类高端的国际会议场合。总之，他没有做到"对不同的沟通对象要做针对性的发言准备"。更重要的是，他没搞清楚参加这个会要达到的目的是什么，对于这个场合的沟通对象群体而言，自己要传递的核心信息是什么，只是站在台上把原来讲过的演讲资料又讲了一遍。

这里还要提一个很重要的外部因素，就是他所在的互联网公司连续两年负面新闻缠身，被认为是一家道德水准不够高的公司。这位总监的行为给企业的形象带来了火上浇油的后果。首先，这件事成为新的导火索，令该互联网公司的形象再次受到严重贬损，需要更长的时间去修复。故事人尽皆知，给业界留下了这家公司不仅道德水准低，专业度也令人质疑的不良印象。其次，后来这位总监被迫离职，职业生涯和个人品牌无疑都会大受影响。离开公司的时候他在公司内网发了道歉信，然而公司很多员工都在评论区批评他，他在公司内部并没有得到原谅。从这个案例可以看出，如果发言忽略了对象和发言目的，会造成多么严重的后果。

场景二：企业高管与记者私下谈话

2011 年，国美电器的前总裁陈晓在去职两个月后，与一名记者好友在私下聊天时，表达了对其之前任职公司的股价、财务、供应商关系等方面的负面看法。结果，第二天，一篇题为"陈晓大爆国美财务漏洞，股价已到顶、机构多已撤出"的重磅报道就占领了财经媒体的头条，并很快引发各大媒体的转载。记者承认采访陈晓前答应私下谈话不报道，同时重申"报道事实无误"。这篇重磅报道导致国美当时的市值大幅下滑，对于国美来说相当于遭遇了一个很大的危机。而对于陈晓个人而言，国美起诉陈晓违反双方的契约，并要求其返还公司 1000 万元的对价。这个官司历时长达 3 年，最终国美胜诉。陈晓也被外界认为违反职业操守，不仅个人声誉受损，物质利益也遭到很大的损失。我们必须要知道，"独家报道"对于记者来说有着不可抗拒的魅力，而企业高管与媒体记者私下沟通，尤其还爆出大量的内幕，且负面评论企业，这些都犯了大忌，也是非常有失职业水准的。

场景三：企业管理人员的邮件和口头通知

近年来，中国互联网企业的工作强度普遍比较大，"996"的说法一度非常流行，即每天从早上 9 点工作到晚上 9 点，一周工作 6 天。曾经，一家互联网公司的业务总监通过邮件通知部门全体同事，要求在该部门即刻起实施"996"工作制度，以应对紧急的工作项目。然而，这封邮件随即被泄露，不到一个小时，该互联网公司所在行业的垂直媒体的微信公众号就将此事报道了出来，瞬间被多方转载，不到 24 小时，就传遍互联网圈和 IT 产业圈，搞得行业里人尽皆知。随后，另一家互联网公司的创始人，通过口头通知的方式，告知员工公司将实施 "996" 工作制度。尽管不是落在文字上的通知，这个来自管理层的口头信息依然被泄露到社交媒体，并很快成为微博的热搜话题，大量网友对这些互联网公司进行口诛笔伐，这位互联网公司创始人的个人微博账号下很快就出现了近万条负面评论，一时其个人形象灰头土脸。

无论是内部邮件，还是口头通知，在去中心化的社交媒体时代，都不能避免信息在企业外部的传播和扩散。这样的消息被广泛散播后，引起了劳动管理部门的注意，相关政府部门行动起来，提示这些公司要遵守法规，并给予企业警示。

场景四：知名人士在微博平台发表个人观点

2022 年 11 月 25 日，北京朝阳法院一审公开宣判，对被告人吴亦凡以强奸罪和聚众淫乱罪判处有期徒刑 13 年，附加驱逐出境。有一位知名作家曾经在她的微博个人账号上力挺吴亦凡，发表低俗言论支持吴，所展现出的价值观令人大跌眼镜。在吴亦凡一案宣判后，其微博下方很快出现大量批评谴责的评论。在巨大的舆论压力下，这位知名作家不得不发表道歉声明，表示："我要端正我的三观，我过去认为长得好看的男明星，未婚，好色，是道德问题……今晚，我认真反思自己，这件事给我最大的警示是，育儿育德，男生不修德，迟早吞恶果……今晚，我思索再三，决定认真跟大众道个歉：我是公众人物，要修德修口，多读书多学习。凡走过必有痕迹，不可游戏人间玩弄情感。为此自罚封闭微博半年。感谢网友不断督促我鞭策我，让我有足够的时间去反思自己的语言和行为。"

作为公众人物，更应该谨言慎行，吴亦凡为自己的恶行付出了代价，这位曾经的知名作家也因为自己低俗和三观不正的言论导致名誉大为受损。

通过上述事例，我们可以得到一些教训和启迪，小结如下：

- 目标驱动。企业管理者和企业发言人在接受媒体采访前，一定要先接受专业的媒体培训，提前确定好沟通的目的和通过媒体记者想要对其读者受众传递的核心信息。很多业务负责人对业务了如指掌，数据可以脱口而出，但在接受媒体采访时，尤其对于上市公司来说，未公开披露的信息和数据不能随意谈。

- 专业风范。在参加任何公开演讲之前，都要针对不同的沟通对象认真准备演讲资料，并提前和公关部报备；演讲的着装一定要得体，适合演讲的场合；演讲的整体表现应该具备高度的专业风范。

- 合法合规。无论是内部发工作邮件，还是口头通知，内容都要合法合规。当今的信息传播，对内和对外的界限越来越模糊。企业内部的商业机密事项，可以在邮件标题注明"机密"以引起阅读者的特别注意，涉及重要敏感业务内容时，需尽量缩小发送范围，企业也可以采取一定的信息安全措施，确保商业机密不被泄露。

- 广场发言。社交媒体是公共平台，在社交媒体上发言，犹如在一个广场上公开演说，基于互联网科技，所有这样的"广场发言"都能够很快地被转发和追溯到。不仅是公众人物，任何人发言都要记得克制和留有余地，不要发伤风败俗、三观不正的内容，要共同维护网络道德秩序。

- 私下发言。作为发言人，其劲爆言论，即使是在私下场合发表的，也可能成为一颗定时炸弹，引起巨大的效应。因此，就算和对方的关系再好，也不要忘记对方的职业身份，私下谈话中亦应注意避免涉及商业机密，避免攻击他人；在人多口杂的社交场合，也不要得意忘形，放肆发表言论。

对于大企业和上市公司来说，其行业影响力乃至社会影响力都较大。企业管理者和企业发言人发声代表着公司形象，每一次发言，无论是接受媒休采访、召开新闻发布会，还是公开演讲、发邮件、发微博、发朋友圈乃至私人会谈，都可能产生很大影响。言行不慎，则可能导致公司声誉受损、股价波动、投资人不信任等严重后果，同时也会给个人职业生涯带来很大的打击。这些低级错误一定要避免。

第 2 节　企业创始人和 CEO 的公众沟通策略

企业的创始人和 CEO 是企业的最高代言人，其典型的发言场合包括就职演讲、面向合作伙伴发表演讲、面向全体员工发表演讲或发出给全员的一封信、在企业召开的新闻发布会上发表演讲、在公开会议或论坛上发表演讲、接受媒体采访及做直播等。

这些演讲或发声的场合正是企业向其利益相关方传递企业核心信息的重要机会，因此，大的企业其创始人和 CEO 的发言稿都有专门的写手撰写，并经过内部的反复推敲，确保其达到有效传递企业及其创始人、最高管理层核心信息的目的。

企业公关人员在准备创始人和 CEO 的演讲稿 / 发言稿时，通常要做如下准备：

- 收集国内外宏观经济、产业政策、市场竞争、市场调研数据、社会热点等方面的重点信息。

- 总结企业内部的发展战略、竞争战略、业务进展、组织发展、财务数据等关键信息；有必要与相关部门的负责人进行沟通，搞清楚最实质、最核心的要点。

- 与创始人和 CEO 本人沟通在该阶段针对沟通对象群体最希望表达的愿景、目标、关键信息，如商业模式、业务进展、战略方向等，此外，还要包括他看到了哪些重要的问题，希望通过何种方式进行改革，想要如何进一步提升公司的竞争优势、运营效率等。

- 了解沟通对象群体对企业及其领导人的期待。

- 在对上述所有信息深入理解的基础上，通过精炼、优美的语言表达，撰写创始人和 CEO 的演讲稿 / 发言稿。

- 创始人和 CEO 的演讲稿 / 发言稿应该有态度、有方向、有力量、有激情、有希望，所有这些可以统称为"有号召力"。演讲稿 / 发言稿要对过往的历史发展进程有明确的评价，对当下的重点议题和问题给出有力的方向和掷地有声的办法，对未来的长期发展给出共同的愿景和期待。整个核心信息的传递要具有可持续性，这对于赢得和巩固沟通对象群体的信赖来说非常重要。

亲身经验告诉我，为企业创始人撰写演讲稿／发言稿是超高难度的工作，因为再专业、再有经验的公关人员，在商业视野和思想高度上都难以与企业创始人相比。企业创始人所能够看到的远方和通向远方的道路，很多时候都还没有被发现。并且，伟大的企业创始人无一例外都有相当独特的个人魅力和极其坚定的个人意志，最终一定会选择用自己的语言去与沟通对象群体进行独具风格且非常有效的沟通，公关人员为企业创始人准备的演讲稿／发言稿如果能成为其很好的参考资料，就已经达到目的了。而专业的公关人员帮助职业经理人出身的 CEO 撰写演讲稿／发言稿就现实得多，往往通过上述精心而又深入的准备，最终的演讲稿／发言稿会被 CEO 完全采纳。

【案例 1　亚马逊的致股东的信】

亚马逊从 1997 年上市到现在市值已超万亿美元，20 多年增长了 2000 多倍。创立之初的亚马逊只是一家销售纸质图书的网站，而今天它已成为当之无愧的全品类网上商城。除了电子商务，亚马逊同时还是一家科技公司，在多个领域都卓有建树。作为一家伟大的公司，亚马逊扩张与成长的打法对企业家、创业者、管理者都非常有借鉴意义。

1997 年亚马逊上市，此后亚马逊每年发布年报时，创始人贝索斯都会给股东写一封信，到 2020 年为止已写了 24 封。1997 年的信发表于 1998 年 4 月，这封信并不长，其中第一个也是后来最有影响力的主题是"一切都关乎于长期"——这就是今天被广为传播的"长期主义"的来源。

致我们的全体股东：

在 1997 年，Amazon.com 经历了许多里程碑。到年底，我们为 150 多万客户提供了服务，收入增长了 838%，达到 1.4788 亿美元。尽管竞争激烈，我们的市场领导地位仍得到了提升。

但这是互联网的 Day 1（第 1 天），如果我们执行得好，也是亚马逊网站的 Day 1。如今，电子商务为客户节省了资金和宝贵的时间。明天，通过个性化，电子商务将加速这一过程。Amazon.com 利用互联网为其客户创造真正的价值，并希望通过这样做，成为持久的特约经销商，即使在老牌和大市场也是如此。

我们有一个机会之窗，因为更大的玩家会调集资源来发展线上业务，新的在线购买客户也愿意建立新的关系。竞争格局继续快速发展。许多大型玩家把可靠的产品转移到线上，并投入大量精力和资源来提升市场品牌、访问流量和销售。我们的目标是迅速行动，巩固和扩大我们目前的地位，同时我们开始在其他领域追求在线商业机会。我们在所瞄准的大市场中看到了巨大的机会。这一战略并非没有风险：在面对老牌特约经销商，这一战略需要认真投资和快速执行。

一切都关乎长期

我们相信，衡量我们成功的一个根本标准将是我们长期创造的股东价值。这一价值是我们能够扩大和巩固目前市场领导地位的直接结果。我们的市场领导能力越强，我们的经济模式就越强大。市场领导地位可以直接转化为更高的收入、更高的盈利能力、更高的资本速度，以及相应更高的投资资本回报。

我们的决定一贯反映了这一重点。我们首先从最能显示我们市场领导地位的指标来衡量自己：客户和收入增长，我们的客户继续重复从我们这里购买的程度，以及我们的品牌实力。我们已经并将继续积极投资，以扩大和利用我们的客户群、品牌和基础设施，努力建立持久的特许经营。

由于我们对长期的重视，我们可能会做出与一些公司不同的决定和权衡。因此，我们希望与您分享我们的基本管理和决策方法，以便您，我们的股东，可以确认它符合您的投资理念：

- 我们将继续坚持不懈地关注我们的客户。
- 我们将继续根据长期市场领导力的考虑做出投资决策，而不是短期盈利考虑或华尔街的短期反应。
- 我们将继续分析我们的计划和投资的有效性，抛弃那些不能提供可接受回报的项目，并加大对那些最有效的项目的投资。我们将继续从我们的成功和失败中吸取经验和教训。
- 在看到获得市场领导优势的可能性充足的情况下，我们将做出大胆而非胆小的投资决策。其中一些投资会有回报，另一些投资不会有回报，我们在这两种情况下都会学到另一个宝贵的教训。
- 当被迫在 GAAP 财务报表和最大限度地提高未来现金流的现值之间做出选择时，我们将选择现金流。
- 当我们做出大胆的选择（在竞争压力允许的范围内）时，我们将与您分享我们的战略思维流程，以便您可以自己评估我们是否在进行合理的长期领导力投资。
- 我们将努力明智地支出，保持我们的精益文化。我们深知不断强化注重成本的文化的重要性，特别是在企业遭受净亏损的情况下。
- 我们将在增长的重点与长期盈利和资本管理之间取得平衡。在这个阶段，我们选择优先考虑增长，因为我们认为规模是实现商业模式潜力的核心。
- 我们将继续专注于招聘和留住多才多艺的员工，并继续将他们的薪酬与股票期权，而不是现金的比重提高。我们知道，我们的成功将在很大程度上受到我们吸引和留住有积极性的员工群体的能力的影响，每个人都必须像主人翁一样思考，因此也是主人翁。

我们并不大胆地声称上述是"正确"的投资理念，但它是我们的，如果我们不清楚我们已经采取并将继续采取的方法，将是我们的失职。

有了这个基础，我们想谈谈我们的业务重点、我们在1997年的进展，以及我们对未来的展望。

客户至上

从一开始，我们的重点就是为客户提供极具吸引力的价值。我们意识到，Web过去是，现在仍然是，万维网等待（网络速度慢）。因此，我们开始为客户提供一些他们通过其他任何方式都不能获得的商品，并开始为他们提供书籍。我们给他们带来了比实体商店更多的选择（我们的商店现在将占据6个足球场），并在一年365天、每天24小时营业的商店中以有用的、易于搜索的、易于浏览的格式呈现。我们一直坚持改善购物体验，并在1997年大大提升了我们的网站商店。我们现在为客户提供礼券、1-Click购物以及更多的评论、内容、浏览选项和推荐功能。我们大幅降价，进一步提升客户价值。口碑仍然是我们拥有的最强大的客户获取工具，我们感谢客户对我们的信任。重复购买和口碑结合在一起，使得亚马逊网站成为在线图书销售的市场领头羊。

从许多方面来看，Amazon.com在1997年走了很长的路：

· 销售额从1996年的1570万美元增长到1.4780亿美元，增长了838%。

· 累计客户账户从180000个增加到1510000个，增长了738%。

· 重复客户的订单百分比由1996年第四季度的46%以上，上升至1997年同期的58%以上。

- 就受众范围而言，根据 Media Metrix 的要求，我们的网站排名从第 90 名上升到前 20 名。
- 我们与许多重要的战略合作伙伴建立了长期合作关系，包括美国在线、雅虎、Excite、Netscape、Geoccity、AltaVista、@Home 和 Prodigy。

基础设施

在 1997 年，我们努力扩展我们的业务基础设施，以支持这些大幅增加的流量、销售和服务水平：

- Amazon.com 的员工基数从 158 人增加到 614 人，我们大大加强了我们的管理团队。
- 配送中心的产能从 5 万平方英尺增加到 28.5 万平方英尺，其中包括我们西雅图设施扩建 70% 和 11 月在特拉华州启动的第二个配送中心。
- 到年底，库存增加到超过 20 万种图书，使得我们能够为客户提高可用性。
- 由于我们在 1997 年 5 月首次公开募股（IPO）和 7500 万美元的贷款，我们在年底的现金和投资结余为 1.25 亿美元，这使我们在战略上具有很大的灵活性。

我们的员工

过去一年的成功是一个才华横溢、聪明、勤奋的团队的产物，我为成为这个团队的一员感到非常自豪。在招聘中设置高标准一直是并将继续是我们提供电子、服装、计算机、书籍、DVD 和更多商品的在线购物的最重要元素。

在这里工作并不容易（当我采访一些人的时候，我告诉他们，"你可以长期、努力或聪明地工作，但在 Amazon.com，你不能从三个中选择两个"），但我们正在努力建造一些重要的东西，一些对我们的客户很重要的东西，一些我们老的时候可以给我们的孙子孙女讲的东西。这样的事情并不容易。我们非常幸运，有这一群敬业的员工，他们的牺牲和激情建立了 Amazon.com。

1998 年的目标

我们还处于学习如何通过互联网商务和营销为客户带来新价值的早期阶段。我们的目标仍然是继续巩固和扩大我们的品牌和客户群。这就需要在系统和基础设施方面进行持续投资，以支持我们成长过程中出色的客户便利性、选择和服务。我们正计划在我们的产品中增加音乐，随着时间的推移，我们相信其他产品可能是审慎的投资。我们也相信有重要的机会更好地服务我们的海外客户，如缩短交货时间和更好地调整客户体验。可以肯定的是，我们面临的很大挑战将不在于找到扩大业务的新途径，而在于确定投资的优先次序。

与 Amazon.com 成立时相比，我们现在对在线商业的了解要多得多，但我们还有很多东西需要学习。虽然我们很乐观，但我们必须保持警惕，保持紧迫感。我们为实现 Amazon.com 的长期愿景将面临的挑战和障碍有几个：积极、有能力、资金充足的竞争，相当大的增长挑战和执行风险，产品和地域扩张的风险，以及需要大量的持续投资来满足不断扩大的市场机会。然而，正如我们早就说过的，网上售书和通常来讲的电子商务应该被证明是一个非常大的市场，很可能有一些公司也会看到显著的好处。我们对自己所做的事情感觉很好，对自己想做的事情更兴奋。

1997 年确实是令人难以置信的一年。我们在电子、服装、计算机、书籍、DVD 和更多方面等提供在线购物服务，感谢我们的客户的购买和信任，感谢员工的辛勤工作，感谢我们的股东对我们的支持和鼓励。

1997 年的那封信是贝索斯写给股东的第一封信，有宣言意味。此后到

2020 年为止的 24 封信中，每封信的最后贝索斯都会提到 1997 年的第一封信，且在后面附上这封信。这件事贝索斯做了 24 年，表现出空前的一致性，配得上"长期主义"这个说法。

举例来说，2020 年是新冠疫情在全世界肆虐的一年。贝索斯在当年 4 月给股东的信中讲了在疫情中亚马逊是如何关注客户、关注员工、关注技术、关注未来的。最后一段是这样写的："现在，我把自己的时间和思考继续集中在新冠疫情上以及当我们深陷其中之时，亚马逊如何能够帮上忙。我极其感谢亚马逊的同事在经历疫情过程中所展示出来的全部勇气和创造力。你可以依靠我们这些人超越当下的危机，获得见识和经验以及应用新技术走向前方。这像西奥多·苏斯·盖斯的名言：'当坏事情发生时你有三种选择：你可以让它定义你，让它摧毁你，或者让它使你变得更强。'我对人类文明将做出何种选择，非常乐观。即使在这种情况下，现在仍然是第一天。一如既往，再次奉上 1997 年第一封信原件的副本。"

他曾写下后来影响深远的话："著名投资家本杰明·格雷汉姆说过，'在短期，股票市场就是一台投票机；而在长期，它则是一台称重机'。很显然在 1999 年的股市繁荣中，大家都来投票，很少人是来称重的。而无论是在今天还是长期，我们都是一家希望被称重的公司，必须能经受住时间的考验。在称重这件事上任何一家公司都不会是例外，所以我们必须要埋头苦干，成为一家越来越有重量的公司。"

通过贝索斯连续 24 年的致股东信，我们看到了他对所有重要问题的思考，他和他的企业 20 多年来始终奉行的"长期主义"经营哲学和他的价值坚守，乃至商业信仰。而所有这些超出既有商业思维的更高层次的认知最终让亚马逊成为全球最炙手可热的电子商务零售平台，其"致股东的信"中所涵盖的核心信息也成为大量企业和商学院认真研究的内容。

企业创始人和 CEO 对外沟通的六个思维要点

企业创始人和 CEO 通常需要接受媒体记者的采访。在接受媒体记者采访之前,需要做一些必要的准备。本章第一节提到的所有准备工作,如明确沟通的目的、核心信息和对象群体,几要几不要等,都同样适用。此外,我们还需要记住以下几个要点。

要点一:你是主导;记住目的;明确核心信息,反复强化

对于绝大多数普通人来说,媒体记者有一种天然的权威性,这容易让人产生一种自我弱势的心理,在这种心理下,被采访者会变成非常被动的一方。媒体记者确实具有非常广博的知识,对于复杂的事情通常可以做出较为深入的分析,对于商业、经济、社会等大环境比普通人有更全面的理解。然而,对于某个具体的企业来说,企业的管理者,尤其是创始人和 CEO 一定是更加深刻地理解企业自身的业务情况的。所以,在接受媒体采访时,创始人、CEO 和企业发言人都可以将自己调整为更自信的状态,力争在整个谈话过程中成为能够主导话题走向的角色。

创始人和 CEO 在接受媒体采访之前,心里就应该有了明确的目的:通过这个采访,我想要达到什么沟通目标,创造什么价值。当然还要准备好对外传递的核心信息,当发现话题走偏时,要能够很自然地拉回到核心话题;在合适的时机,通过陈述、回应、举例、讲故事、摆数据等多种表达方式,反复强化要传递的核心信息。

格力集团的董事长董明珠女士就非常擅长这样做。在很长的一段时间里,格力强调的核心信息就是"格力拥有更好的技术",她在接受不同媒体的记者采访时,不管对方问什么问题,她都会找到非常恰当的机会,很自然地将这一核心信息适时地传递出去。

让我们看看董明珠女士下面的几个回答:

"中国的制造业已经到了转型升级的关键时刻,我们不能再依赖资源，要通过技术和世界同行竞争。"

"当年看到大量中国人去日本买电饭煲，我很痛心，要求技术人员必须研制出'世界上最好的电饭煲！'"

"（竞争对手）挖了我那么多人，但技术也没超过我。"

"颠覆性的技术突破，我们就会重奖。全世界最好的空调就是格力。"

创始人和 CEO 也可以通过一些话术，主动创造传递核心信息的机会。例如：

"最关键的问题是……"（讲述核心信息）

"我要重申一下我的观点……"（讲述核心信息）

"今天我们谈了很多内容，不过我认为最重要的是……""总结一下我今天的谈话，我的看法主要是以下三点……"（在谈话即将结束的时候，再一次强调核心信息）

当然，在与媒体记者交流的时候，还要关注对方的问题，并要认真思考，如何能够通过回答与对方分享有价值的内容；在传递核心信息的时候，虽然要始终想着核心信息，让其成为谈话的主轴，但需要避免使用僵硬、突兀的方式。

要点二：保持自己的节奏、语速，坚持表达重要观点

遇到比较刁钻、有挑战的问题，甚至让你感到不太友好的问题时，更要注意保持自己说话的节奏和语速，不要乱了阵脚。

外交部原副部长傅莹女士是非常出色的发言人。我们看一下她是如何在十二届全国人大五次会议新闻发布会上，回答 CNN（美国有线电视新闻网）记者提出的有关军费的问题。

CNN 记者提出，近年来中国军事实力不断增长，包括航母的打造、南海诸岛的岛礁的建设和军事部署以及武器装备更新等问题，都被包括美国在内的世界各国所关注。"由于中国和一些邻国的领土争端尚未解决，这些军力的增长也让许多国家怀有戒心和一定的警惕"，由此CNN记者抛出了他的问题："中国今年的军费开支会是多少，会有怎样幅度的增长？如果在经济增速放缓的情形下，军费增长的幅度较大会是出于什么样的考量？和美国总统特朗普最近宣布的大幅增加美国军费的开支有没有关系？"

傅莹介绍，每年中国政府是根据国防建设的需求和国民经济发展的水平来确定国防费的规模。2017年中国国防费增长的幅度是7%左右。国防费在GDP中占的比重是1.3%左右，这些年一直处于这个水平。而美国多年都是世界上最大的军费开支国。近来北约要求每个成员国都把它们的军费占GDP的比重提升到2%。

"关于对中国的戒心，我想在中国很多人肯定是很不理解的。"傅莹说，"看看过去这10多年，世界上发生了那么多的冲突，甚至是战争，造成了严重的大量的人员伤亡、财产损失，那么多难民流离失所，哪个是中国造成的？中国从来没有给任何国家带来任何伤害。"

"关于中国周边存在的领土主权、海洋权益的争议问题，我们主张要对话、和平解决，同时我们要拥有保卫自己主权和权益的能力。尤其，我们确实要防范外部力量介入争议问题。中国能力的增强是有利于维护这个地区的和平和安全的，而不是相反。现在在这个争议问题上，最近的趋势很明显，中国和东盟一些国家已经回归到对话商谈的轨道，南海的局面也是趋于缓和的，未来形势如何发展要看美国的意图，美国在南海的活动具有一定的风向标意义。"

在南海问题上，傅莹表示，拿南海航行安全说事，是误导。她提到，之前去英国访问时，英国伦敦金融城的信息显示，南海没有被列为高危地区，而且没有任何数据显示有哪个国际上大的保险公司对途经南海的航船、商船增加保费，南海航行安全的担心是从何而来？路透社调查显示，有一些航运公司认为中国在这个区域的存在实际上是有利于该地区的安全的。美国恐怕还是担心，中国从能力赶上或者超过美国。事实上中国作为发展中国家，在总体实力上跟美国相比差距仍然挺大的。但是中国军队的发展建设是要继续下去的，这是中国保卫国家主权、安全的需求。

傅莹表示，军队跟军队之间是不是构成威胁，是不是要有戒心，关键要看他们的战略意图，这是要认真探讨的关键问题。也就是说，是要追求共同安全还是排他性的安全。习近平主席提出的中国的理念是维护共同的安全，这也是许多亚洲国家的一个共识。

傅莹女士的回答让我们看到，遇到棘手、刁钻、敏感的问题，她始终保持了自己稳健的回应节奏。一方面，她通过确凿的事实和翔实的数据很镇静地反驳对方试图引导的观点；另一方面，她也非常清晰、毫不妥协地表达了我方所坚持的观点，于平静中彰显力量。俗话说，"台上一分钟、台下十年功"。要想时刻做出缜密而漂亮的回答，只有一个方法，就是做大量的准备，进行事先的预演。我们可以想象傅莹女士在背后所付出的努力。

要点三：不要谈论竞争对手

在采访中不谈论竞争对手，这不仅仅是商业道德的问题，也是因为，花较多的时间谈竞争对手，就减少了谈自己优势的机会和时间。另外，评论友商的言论如果被媒体报道，会很难堪。

作为企业创始人和CEO，私下谈话如果口无遮拦也很可能会惹麻烦。我们来看一个发生在马云和京东之间很多人都有印象的例子。

马云接受《阿里巴巴正传》作者访谈时，闲聊中称"京东未来会成为悲剧，千万不要去碰京东"。2015年初，作者和出版社在为这本书推广的时候，提起了这个很有争议点的话题，很快就有媒体把这句话当作标题进行了报道。报道一发出，马云这样直接攻击竞争对手的行为令舆论哗然。

京东莫名"躺枪"后的当天，通过"京东黑板报"官方微信号发出了一首打油诗（图5-1），这首诗的主旨核心信息突出了京东的追求和区别于阿里巴巴商业模式的特点，这首打油诗一经发布，阅读量迅速过10万，引起了行业和公众的关注，公众的同理心也都站在京东这边。

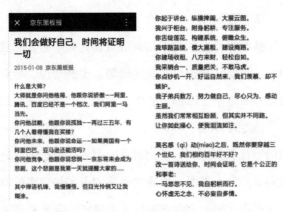

图5-1 "京东黑板报"微信公众号发布了一首打油诗作为回应（截图）

在舆论压力之下，马云当天晚上就在微博账号亲自回应此事（图5-2），先是打趣说"防不胜防，下次聊天上澡堂"，接着说"对京东可能会造成无端的困扰和添乱，深表歉意"。

 乡村教师代言人-马云 V

2015-1-8 21:06 来自 微博 weibo.com

上午，收到公关部王老总一条短信："恭喜您马总，聊天聊嗨了？没想到朋友录音成文吧？"我回他：防不胜防，下次聊天上澡堂。。。这次聊天，友人间的吹牛闲聊被公开成报道，对大家都不公平，特别是对京东公司可能会造成无端的困扰和添乱，我深表歉意。 目 马云语录。。。。。

图5-2 马云微博账号的回应（截图）

马云的这一处理非常巧妙，他本人亲自出面向京东道歉，应该是首次也是唯一的一次，大家都感到挺意外，因为马云向京东道歉看上去是一件非常不可想象的事情，换一个竞争对手的创始人和CEO碍于面子大都不会这么做。但是马云这样做了以后，大家都觉得他挺大度，让这件原本有点要"剑拔弩张"的事儿泄了劲儿。当一件事情有了结局之后，公众的关注度就会开始降低和转移，第二天这件事就过去了。

这件事提醒我们，企业创始人和CEO在私下与媒体、自媒体、图书作者交流的时候，哪怕是休闲放松的场合，也应该谨言慎行，以避免引起不必要的麻烦。当遇到突发的舆情问题时，处理好不仅需要专业素养，还需要有巧劲儿甚至艺术性。

要点四：对于不希望回答的问题可以搭一座桥过渡到自己想说的话

企业创始人和 CEO 遇到特别不希望回答的问题时，可以通过"搭一座桥梁"（Bridging），将话题过渡到自己想表达的核心主旨信息。例如以下这些话术可以参考使用："您的这个考虑的确重要，同样重要的还有以下几个方面……""这并不是问题的重点，我认为更重要的有以下几个方面……""在回答你的问题之前，我需要先讲清楚另一个问题……"等。如果提问者在问题中将事实搞错了（经常发生），一定首先要及时纠正错误认知："您刚才这个问题中提到了 ×××，我这里想纠正一下……"，之后再回答问题。

我们看看数年前，今日头条创始人张一鸣是如何回答财经记者一些难以回答的提问的。

《财经》记者：低俗是今日头条成功的原因之一吗？

张一鸣：我觉得这是有偏颇的。真的不是这样，虽然肯定还是有 low（低俗）的内容，但我们肯定比同行更重视。而且我们从来不主动 push（推）低俗内容。我们一直在打击低俗和标题党，现在，"特别低俗"的内容已经消失了。

在张一鸣的回答中，首先，他纠正了记者提问中和事实有偏差的部分描述，然后立即展示态度："我们肯定比同行更重视"，再就是表达今日头条对于这个问题采取的行动："我们从来不主动 push（推）低俗内容。我们一直在打击低俗和标题党。"最后告知行动的结果——"现在'特别低俗'的内容已经消失了"。我们可以看到，短短几句话，句句都有逻辑、有目标、有效果。

另外，我们来看看江泽民是如何回答美国 CNN 60 分钟记者华莱士关于中美关系的提问的。显然，在江泽民访美这样一个中美友好外交的场景下，不适合深谈中美关系存在的分歧。对于华莱士提出的"您认为中美关系如何"这样一个问题，全世界都在等待答案，不管怎么回答几乎都避免不了上报纸头条。

然而，江泽民的回答是："就像天气一样，风、雨、多云，甚至阴云密布都曾有过，有时也会阳光灿烂。"他用这样一句人人都能理解的比喻，把一件非常重大而又严肃的事情用一种巧妙的方式降了重量级，同时也承认中美之间的关系就像变幻莫测的天气一样并不稳定，不仅过去是这样，今后也依然会存在阴晴变化的可能性。这一回答，不仅把一道难题通过搭建一座桥梁引到自己的核心信息表达，更是通过具有艺术性和幽默感的巧妙回应方式成功地化解了紧张的采访局面。

要点五：采访前，要提前准备好关键数字、案例、名词等。

企业创始人和 CEO 在接受媒体采访之前要做翔实的准备，这样对双方都更负责任，包括公司业务概况及战略（可公开的）、行业洞见（内部达成共识并已确定将其作为对外传播的主旨观点）、行业及市场数据（注意引用第三方数据时要有出处）、合作伙伴案例（真实的业务案例并提前征得业务合作伙伴的同意）等。而所有涉及公司业务的经营数据，必须是可对外的统一口径，这一点对于上市公司尤其重要。

要点六：婉言拒绝没有预约的采访要求

未经确认及准备的采访有时会让你陷于被动，因为企业创始人和 CEO 可能并没有时间做周全的准备，而随着媒体记者不停跟进地追问，有可能将自己置于较为尴尬的境地。遇到这种情况，可以礼貌地跟对方商量换一个时间，请对方联络企业的公关部门进行预约。

曾经有几年，在乌镇举办的"世界互联网大会"场面非常火爆。各大互联网公司的创始人、CEO 都前来参会，媒体记者也蜂拥而至，在各个大佬们可能出没的地方等待。毋庸置疑，每个记者都希望能采访到独家新闻，或者希望在一些热议的事件上挖出更多猛料。小米创始人雷军出现了，许多媒体记者询问他关于 2018 年 IPO 的传闻是否是真的，雷军笑而不语；滴滴的创始人程维出现了，媒体记者抢着问"摩拜与 ofo 合并"的传闻，程维笑着闪避了问题，只夸乌镇越来越漂亮了，还说"觉得今年不是很冷"；网易的创始人丁磊来到现场，被记者堵在了男厕所的门口；腾讯的创始人马化腾来到乌镇，过安检时媒体记者也争相提问，腾讯的公关人员立刻向问询的媒体记者提供了马化腾将在互联网大会主会场发布主旨演讲的事件和媒体采访的具体安排。

通过这些例子，我们可以看到大多数企业创始人和 CEO 都用"笑而不语"的方式婉拒了临时的、仓促的媒体采访。的确，"笑容"是非常重要的，尤其当有摄像机、照相机对着企业创始人和 CEO 的时候，哪怕什么都不能说，一个带有笑容的面孔至少能让公众感受到你的友好。而企业的公关团队则需要立刻跟进媒体记者的需求，做好相关的安排和准备工作，防止媒体记者有任何不满。

补充几件重要的事

很多人不知道的是，媒体记者在采访某企业创始人和 CEO 之前，通常都已经有了非常明确的采访方向，甚至都基本确定了故事线。因为在记者报选题时，编辑与记者会通过商讨，来确定大致的采访方向和故事线方向，这也是媒体记者正常工作流程的一部分。

每一次的媒体采访，其实都是一次智慧博弈。好的记者，对行业、市场、竞争格局了解深入，有自己明确的采访主线，并能根据受访者的回答不断提出连贯的追问，力争挖出更多内容，对于敏感热点问题力争拿到独家回应。而对于受访者来说，接过记者问题后，如何回答，如何在任何情况下都能说出自己想对外表达的核心信息，同时又能很好地满足记者的问询需求，给予非常专业的对应，除了需要很高的智慧，更加依靠的是大量的准备和预演。

再有，还是要小心走偏，注意回归主题。媒体记者有时候会问企业创始人和 CEO 企业所面临的最大的挑战、困难是什么，或者拿出竞争对手的市场行动来刺激受访者说出相对极端的话语，毕竟极端的话语会让新闻更好看。事实上，每一家企业都会面临大量的挑战和困难，如果我们只谈挑战和困难，而不谈它们同时给企业带来的机遇，以及企业会以何种态度去应对这样的挑战和困难，并已经做好了准备的话，企业这一方就不能把自己应该传达的主旨核心信息传达出去，而给媒体记者留下企业发展挑战和困难重重的印象。媒体记者会嗅到"好"新闻的味道，却有可能给企业带来负面的、与真实情况相比并不完整的媒体报道。

我在做企业管理者和发言人培训时，经常有人问，如果遇到棘手、很难回答的问题，应该怎么办。

我们再来看一则外交部新闻发言人的例子。1995 年 8 月，陈健回答外国记者在邓小平生日当天问其健康状况是否有变化的提问，当时外界有邓小平身体状况不佳的传言。对于这个问题的回答是非常有挑战的，如果回答邓小平健康状况不好，显然这一消息会立刻成为各大媒体的头条新闻；如果回答说邓小平健康状况良好，那么是不是真的可以这样说呢？陈健对这个问题的回答是："变化当然是有的，他又长了一岁。"这个回答实际上是在用一种很委婉的方式说："我不愿意回答你这个问题。"记者知趣的话也就不会再继续追问了。

当然，在实际工作中，我们可以运用"搭建桥梁"的方式，引导到自身主旨信息的传递上，如同上面谈到的要点四。

一则插曲

2020 年 10 月，一则新闻吸引了公关从业者的眼球："马斯克决定砍掉公关部门"（图 5-3），舆论一时哗然。

在去中心化的社交媒体时代，塑造鲜明的品牌形象比以往更具难度，处理好危机公关变得极具挑战，因而公关在这个时代变得更加重要了。这个时候却传来特斯拉解散其总部核心公关团队的消息，马斯克本人也如特朗普一样，成

图 5-3 特斯拉解散其总部核心公关团队新闻截图

为推特 CEO，经常在推特上发布有关特斯拉公司战略、业务、技术的有关新闻，成为媒体和公众获得特斯拉"官方"动态与回应的唯一渠道。

媒体日益泛化，不再是精英人士独尊。大众的注意力被大大消解的同时，也被具有内容性的事件和人物占据。拥有"内容"能力的人物和机构在去中心化的社交媒体时代凸显出来，成为超级 IP。马斯克极具个性、极度疯狂、极度传奇，正是超级大 IP，堪称"宇宙网红"。

那么公关部到底重要不重要呢？我认为，马斯克撤销总部的公关部，并不是公关不重要了，而是异常重要，因此马斯克本人要亲自上，他认为这样才能确保他想要传递的核心信息能够原汁原味、准确无误地传递出去。马斯克非常喜欢社交媒体的公关方式，彼时，他自己的社交媒体账户拥有 3900 万粉丝，一直都在持续发布新技术、新产品，他的每一次个人营销，都会被数万粉丝转发，很快让全球的目光聚焦在特斯拉的新产品、新技术上。同时，他又是出名的极具个性甚至有些怪异的企业创始人，可以说全世界独一份儿，有可能他的总部公关部门实在难以跟上老板的"神仙"思维。

马斯克木人是一个极为稀有的特例，他用自己的方式和个性将偏执路线进行到底。企业创始人和 CEO 完全靠一己之力做公关，有可能的情况是：一方面，极其高效率、低成本地成功吸引了更多的眼球和关注；另一方面，也一定会在某些时刻被舆论反噬。因为媒体有其运作的规律，受众的心理也会逐步发生变化，这些都需要专业人员进行长期的跟踪、分析、洞察、把控，随时做传播策略调整。比如说，一个人公众形象非常好，如果是"满分"人设，他／她一定会有很高的风险在某一刻人设坍塌，因为这个世界上没有完美的人。再有，如果企业家想让个性、内容上的"软实力"永葆青春，必须要有"硬通货"，即确实能够将自己的本职——企业真正做大做强，否则就是单纯地逞口舌之快了，到头来必会被媒体反噬，以致难以翻身。

总之，企业创始人和 CEO 完全靠一己之力做公关，是一种风险很大的方式。毕竟，我们之前讲到的"声音市场"的分析，沟通目标的确定，品牌形象的定位，核心信息的制定，沟通对象群体的划定，媒体关系的管理，媒体传播渠道的策略和规划，核心信息传播的落地执行和跟进，传播效果的评估，等等，都有着相当高的专业性，而企业创始人和 CEO 们应该把更多的精力放在企业整体发展的战略方向上。公关战略是企业整体战略的一部分，专业的公关团队可以帮助企业最高管理者做好这一部分的战略，至少是做出战略草案，并为每一个具体的计划做大量的筹划和专业的准备工作，这是更专业的企业运营方式。

沟通说难也非常难，说简单也极其简单。比如，上面说了这么多，但我们只需要用几句话就可以总结这一章的内容。我们只要在所有的沟通场景中，注意掌控沟通目的、清晰定义传播对象群体、把控好传播的核心内容和传播的方式，就能做好企业的对外发言工作。

第 6 章 搭建企业危机管理体系：公关战略至关重要的一环

第 1 节 危机四伏的时代

我们先来看一看最近两三年发生的几个典型的企业危机，从中可以看到当代企业危机公关的一些新特征。

谦虚态度和人性关怀的缺失

2021 年 4 月的上海车展，发生了一起非常轰动的事件——特斯拉女车主维权，相信很多人都有所耳闻。

2021 年 4 月 19 日，一位身穿印有"刹车失灵"字样 T 恤的女车主站上特斯拉车顶维权。19 日下午，特斯拉中国一位对外发言的副总裁回应车展维权事件时说："特斯拉没有办法妥协。"

本书前面的章节已多次提到，媒体喜欢冲突，一旦事件的双方呈对立之势，一旦一个广受关注的问题仍难以达成共识，媒体一定会蜂拥而至，给予该事件高度关注并进行跟踪报道，直到事件解决为止。这是媒体的特性，也是其再正常不过的工作状态。

当事车主张女士介绍，2021 年 2 月 21 日，其父开着特斯拉载着四人从外边回家。经过一个红绿灯路口准备减速时，突然发现刹车失灵，导致连撞两车，最后撞击到路边的水泥防护栏才停下。

张女士表示，她的父母都在该次事故中受伤，母亲全身多处软组织受伤，父亲头部轻微脑震荡。事后，她因内心恐惧找到特斯拉官方，要求将车辆退回。但特斯拉方面多次推诿甩锅，不予正面回应，所以她才采取这样一种方式维权。

4月19日当天，特斯拉回应称："关于19日在车展现场发生的车主非理性行为，我们了解到当事人为此前2月发生的河南安阳超速违章事故车主。据了解，19日上午，该车主通过非常规方式获取证件进入展馆，在展台周围进行直播，露出定制维权T恤，登上车顶大喊。我们在注意到该行为后多次言语劝解，但车主并未停止非理性行为。在与展会主办方协商后，考虑到该行为严重影响公共秩序，主办方协调公安执法人员劝离车主。此前，该车主曾因超速违章发生碰撞事故，以产品质量为由坚持要求退车。近两个月以来我们始终保持与车主积极协商，表示愿意协助完成维修和保险理赔事宜，同时提出多种解决方案，但遭到车主强烈拒绝，且不接受任何形式的第三方检测。未来我们还将继续紧密沟通，帮助车主尽快恢复正常用车生活。"

4月20日凌晨，特斯拉官方微博再次回应上海车展上关于特斯拉产品安全问题的疑问和关注，称如果是特斯拉产品的问题，特斯拉一定坚决负责到底，该赔的赔、该罚的罚。"这是我们一贯的态度和处理方式。对不合理诉求不妥协，同样是我们的态度。"

2021年4月20日，郑州市监局回应"车顶维权"说，特斯拉拒绝提供行车数据。

4月20日晚，特斯拉在其官方微博向客户致歉，并表示已成立专门处理小组，尽全力满足车主诉求。

4月21日，市场监管总局责成河南省、上海市等地市场监督管理部门依法维护消费者合法权益。同一天，中国消费者协会（以下简称中消协）发布公告，希望涉事企业积极配合调查，主动提供数据和资料，妥善处理消费纠纷，切实保护消费者合法权益。中消协表示：对于有关特斯拉消费者维权事件引发的热议，中消协高度关注。企业经营的首要前提是尊重消费者。面对消费者的投诉，企业要认真倾听，真诚协商，给消费者合理的解释和有效解决方案。中消协表示："作为汽车生产者，企业掌握相关数据，应当利用专业知识严格自查，技术优势不应成为解决问题的阻碍。企业应当依法落实产品质量责任，采取有力措施保护消费者安全权益。企业有义务拿出证据证明产品安全、拿出措施提升产品和服务质量、拿出诚意解决涉及的消费者诉求。消费者因购买、使用商品或者接受服务受到人身、财产损害的，享有依法获得赔偿的权利。我国法律为消费者维权提供了和解、调解、仲裁、诉讼等多种途径。消费者主张权利应当依法进行，理性维权，避免过激行为。"

4月22日，特斯拉向《中国市场监管报》记者提供了车辆发生事故前一分钟的数据，并作出一份文字说明。这份文字说明全文如下："在驾驶员最后一次踩下制动踏板时，数据显示，车辆时速为118.5km每小时。在驾驶员踩下制动踏板后的2.7秒内，最大制动主缸压力仅为45.9bar，之后驾驶员加大踩下制动踏板的幅度，制动主缸压力达到了92.7bar，紧接着前撞预警及自动紧急制动功能启动（最大制动主缸压力达到了140.7bar）并发挥了作用，减轻了碰撞的幅度，ABS（制动防抱死系统）作用之后的1.8秒，系统记录了碰撞的发生。驾驶员踩下制动踏板后，车速持续降低，发生碰撞前，车速降低至48.5km每小时。"

期间，4月20日早间，上海市公安局青浦分局官方微博发布通报称："特斯拉车展遭遇车主维权"事件涉事女子张某因扰乱公共秩序被处以行政拘留五日，李某因扰乱公共秩序被处以行政警告。4月25日上午，张某行政拘留期满，被解除拘留。

2021年4月26日深夜，特斯拉官方发布微博："过去几日，我们让所有特斯拉车友们承受了不该承受的压力，对此我们感到万分抱歉。这些天，我们所有的同事都承受着巨大的压力。面对铺天盖地的疑问，面对突然成倍增加的客服电话，我们唯有用更真诚的态度和更好的服务去化解客户心中的疑虑。""现在的特斯拉并不完美，还有许多需要改进的地方。但是，只要我们坚持把所有的资源都用来为消费者提供优质优价产品和服务的原则与初心不改变，真诚对待客户的初心不改变，特斯拉会变得越来越好。我们始终相信，推动世界向可持续能源转变的道路，是一场马拉松。能坚持到这场马拉松的最后，特斯拉最终依靠的是车友们的支持和我们共同拥有的价值观。我们会不懈努力，争取让产品和服务变得更好，可以配得上车友们的支持。最后，我们诚恳地请所有车友们放心，我们会尽全力处理和解决好现存的问题，也会处理好将来在发展过程中可能产生的每一个新的问题。会给关心特斯拉的所有人一个真诚的交代。"随后，特斯拉中国对外事务副总裁表示，"大家的批评我们会认真改进，大家的鼓励我们都心存感激。感谢每一位关注、帮助、支持者"。

在这7天的时间里，特斯拉最开始的强硬立场，引发了大量国内媒体的负面报道，谴责特斯拉态度傲慢。新华每日电讯以"特斯拉高管傲慢回应，谁给了特斯拉'不妥协'的底气"为题对此事件进行了报道。报道称："一个好的企业不仅在技术上要好，更应时刻将社会责任感放在心上。在事故发生之后，通过检测及时准确查找原因，并对相关生产环节或产品功能进行改进，杜绝同类问题再次发生，这才是负责任的企业应该做的事。可特斯拉显然没有意识到这一点。"央视新闻报道表示："站在车顶高呼'刹车失灵'的维权方式固然不妥，但如果不是舆论压力，'不妥协'的特斯拉多久才会道歉？真相还有待调查，但特斯拉已不是头一回因维权事件站上风口浪尖。如果'把事情闹大'才能解决问题，那消费者和厂商都不可能成为赢的一方。特斯拉真正该'杠'的，不是维权者，而是自家车的质量，双方都不该妥协的也应是车辆质量。这样的'杠'才有意义。"

中国消费者维权机构及地方消协也均发布公告，要求特斯拉积极配合调查，主动提供数据和资料，妥善处理消费纠纷，切实保护消费者合法权益。

这个案例很好地说明了危机公关工作中极为重要的一点，就是"态度"。在公众乃至企业所有的利益相关方眼里，知名企业是非常强大的存在，消费者是弱势群体。日本作家村上春树曾经说过："当鸡蛋与石头相碰，无论鸡蛋的错误多大，我都站鸡蛋一方，因为鸡蛋是弱势一方。"这代表了一种社会情绪，社会公众、大 V（经过个人认证且拥有众多粉丝的微博用户）、公知（公共知识分子）、意见领袖都会天然地站在弱势群体一方。而特斯拉作为国际知名企业，当其与国内消费者发生纠纷且态度表现得极其强硬时，我们国家的消费者维权机构就会站出来支持我国的消费者依法维权；官方媒体也会谴责特斯拉傲慢的态度。我们要注意到，所有这些政府部门、媒体、公知、意见领袖的发声，大多关乎的是"态度"，而并不是事件本身的细节，甚至并不是事实本身。

身处企业内部的管理者和公关团队，往往会有不同的视角甚至相反的感觉，他们首先会认为企业能够获得当下的社会知名度和影响力源于企业自身，包括管理层、业务团队、服务团队、法律团队、公关团队等，长期以来付出的艰苦努力；其次，他们会觉得作为企业非常委屈，不能与政府机构、媒体机构、专家、消费者等利益相关方以平等的身份对等地讨论事件本身乃至是非功过。所以，事实上，很多企业公关在处理突发危机的时候，都会因为抱有这样的想法而做出了不能让公众满意的表态。

企业创始人、管理团队、公关团队、法律团队必须要明确地认识到，当企业做大做强的时候，需要承担的社会责任也会变得更大，企业在创造利润、对股东和员工承担法律责任的同时，还要承担对于消费者、社区、环境、社会发展等方面更多的责任。企业必须超越法律层面，更多地关注和尊重消费者、环境和社会发展的多个方面，并努力为之做出贡献。这是企业变大后，其利益相关方对于企业的期待，企业必须认识到，这种期待远远超出了法律对于企业的约束和要求。

如果说特斯拉危机事件是一家跨国企业遇到危机，它没有能够很好地预估到消费者等利益相关方对它的期待远远超出了法律责任对其的要求，处理得不好与它是国外品牌、在中国市场有些水土不服有关，那我们再来看看蔚来汽车在 2022 年发生的一起危机事件。

2022 年 6 月下旬，蔚来汽车两名试驾员坠楼身亡。面对这样一场重大人身伤亡事故，蔚来汽车的官方回应称该事件为"意外事件"，本想淡化事件的严重性，却由于其回应的一些不妥当措辞给自己带来了更大的危机，蔚来汽车公关负责人发布的声明中，最后说了一句"与车辆本身无关系"（图6-1），这让广大网友一时间愤怒的情绪爆棚，表达对危机事件处理公告的不满，"冷血""轻视生命""撇清责任""无情"等评价铺天盖地而来，还引发了全网对蔚来汽车公关负责人的指责。从安全事故到公关事故，蔚来汽车的问题出在了危机公关处理不当，缺少人性关怀。

图6-1　蔚来汽车在危机事件发生后发出的声明和一些网友评论

不得不遗憾地说，蔚来汽车的这次危机公关的处理，拉低了其品牌在广大网友心中的形象，也暴露了品牌危机公关处理的缺陷。

这件事告诉我们，一家企业的公关负责人的专业度，不仅包括他的职业性，还包括其人品、待人接物的态度等。企业公关负责人不仅需要具备很高的职业素养和专业能力，首先应该是一个善良的人，富有同理心，为人谦虚，愿意帮助他人……所有这些品格能够让公关负责人在危机发生时第一时间的表态带有人性的光辉，因为这是由心而生的。再有，就是要品德端正、品行正直、有正义感。所以，对于企业创始人和 CEO 来说，选择公关负责人，看人品是非常重要的；反过来也一样，对于公关专业人士来说，企业创始人和 CEO 的人品同样非常重要，因为当你服务于这家企业，代表了你将为什么样的人代言。

通过上面的两个企业危机事件，我们可以知道，企业在处理危机的时候，"态度"和"人性关怀"极为重要，其重要性甚至高于事实本身。在我刚开始做公关的 20 世纪 90 年代，这一点在公关产业里是毋庸置疑的、最基本的条律。然而，遗憾的是，社会向前发展了 30 年，科技大踏步前行，人性却并没有向美好的方向多迈进一步。

对于专业的公关人士来说，我们不怀疑他们在舆情监控分析、媒体资源协调以及写企业声明涉及事实和解决方案时的精确表述等方面体现出的专业性，正是由于他们中的大多数人具备这些专业技能、资源和经验，给人一种专业素养完全达标的印象——有时是"假象"，我们才要把相比那些硬性的"专业素养"来说更加重要的、却常常被这些"专业"人士忽略的"态度"和"人性关怀"在本章一开始就特别提出来。

有一句话是这样说的："很多时候我们走得太远，却忘记了为什么出发。"企业处理危机事件时，危机越大，越是要首先回归创办企业的初心，明确创办企业是希望为社会和人类带来前所未有的贡献和价值。在这样一个艰难求索的旅途中，企业犯了一个错误。回归创办企业的初心，决定了我们以何种态度对待这样的错误，会如何改正错误，如何进一步改进工作，以何种心态继续前行。当我们真诚地去这样做的时候，就找到了原点，确保不会走偏。这是前文所说的"态度"。

对于科技企业来说，科技的发展应该体现人性，赋能人类，激发人类的潜能，让生活变得更美好，此乃科技公司在最初设立愿景、使命和价值观的时候，就应该进行的重要考量。当企业遇到危机时，只要我们回顾创办企业的愿景、使命和价值观，就会立刻知道应该以何种态度向公众表态和说明，就不会出现"人性关怀"的缺失。这其实不仅仅是为了向公众表态，也是在与自己的内心对话。只有真诚可以抵达真诚。

如果企业最高管理层和公关负责人没有这样的思考，企业所发出的面对社会公众的表态就很有可能走偏。企业无论发展到多大规模、拥有多大的能力，都不能忘记要常常把自己放到他人的位置上思考，以诚实正直的原则和谦虚大度的态度，反复斟酌各利益相关方对于企业的期待以及企业如何能够满足和超越他们的期待。有句老话是："谦虚使人进步，骄傲使人落后。"这也正是企业需要不断鞭策自我的。

去中心化媒体时代的危机管控难题

2022 年 3 月 13 日至 24 日期间，宝洁为推销某产品，在其公众号上发布了一则标题为"女人的脚臭是男人的 5 倍？不信现在闻一下"的广告。此前，宝洁会员中心公众号 3 月 13 日发布文章《女人脚臭是男人的 5 倍，不信闻一下！》，文中包含"女人脚臭是男人的 5 倍？不信现在闻一下""女人头发比男人脏一倍""再爱干净的女人，内裤都比男人脏"等争议性内容。这篇文章上线后引起了网友的强烈不满，相关话题登上多个热搜榜。

该广告在引用引证内容时未标明出处，与原引证内容不完全一致，使用数据、统计资料等不准确。同时，广州宝洁有限公司利用男女体臭对比发布广告的行为构成"妨碍社会公共秩序及违背社会良好风尚"。广州宝洁有限公司因违反《广告法》被罚款 70 万元。

面对一众网友的声讨，宝洁中国通过官方微博发布声明回应此事（图 6-2）。宝洁中国称，"公司为宝洁会员中心账号近期一篇文章的不当内容对女性的不尊重，郑重道歉。宝洁公司一直提倡平等、包容和尊重的价值观。"另外，宝洁中国还表示，他们已经删除这篇文章，并严肃整顿微信公众号的运营。

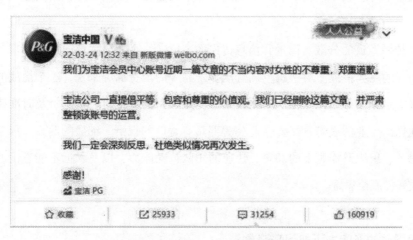

图 6-2　宝洁中国通过官方微博发布道歉声明

对于已经成立 180 多年的著名全球日用消费品公司巨头之一宝洁公司来说，在当今这个去中心化的媒体时代，也必须从头学习如何应对新媒体时代带来的挑战和机遇，并采用与时俱进的全新方式做产品推广。在应对时代的变化和新生事物的兴起方面，即便是跨国巨头，也需要和所有初创企业一样，经历从完全陌生到尝试探索再到应用实践的过程，这一过程中所有人都难免犯错，都要经历一个学习、成长和迭代的过程。然而，作为一家已经声名在外的跨国巨头、一个已经具有超级影响力的国际品牌，由于业务规模的庞大和组织结构的复杂，其所面临的风险和危机管理的难度是呈指数级增长的，是小企业所不能想象的。

宝洁旗下有百余子品牌，几乎每个产品品牌都在做各自的产品推广，在以去中心化为特征的信息分发时代，通过众多自媒体推出和发布其创意策划内容成为每一个品牌的必选动作。这样粗算下来，就是一百多个子品牌乘以数十乃至百余传播发布渠道，达到数以千计乃至数以万计的发声渠道的传播体量，如此分散而又数量众多的传播渠道发声，对于管控企业声誉和品牌形象的集团公关部门来说，无疑是一个巨大的挑战。这样的公关传播管理难度在中心化媒体时代是不可想象的，光是听一听就足以让集团公关负责人头疼，而这还只是在中国一个市场。

传播渠道的分散、巨量和信息传递的速度，给企业公关部门危机管理工作带来新的巨大挑战。对于旗下拥有众多子品牌的消费品牌来说，这个挑战的数量级更是翻了好多倍。在这样的背景下建立严密的危机对应机制、及时准确得体地做出企业的表态，需要企业公关部具有宽广的视野、细微的洞察、战略性的思考、组织及资源上的部署、快速的团队行动能力，以及永远不能忘记的人性关怀的底层思维。

意见领袖的影响力可能超乎想象

司马南炮轰联想事件，一度闹得沸沸扬扬。

事件起始于滴滴赴美上市，滴滴 2021 年 6 月 30 日正式在纽约证券交易所挂牌上市，既不敲钟，也无庆祝，极为低调。7 月 2 日监管部门宣布对滴滴实施网络安全审查，审查期间"滴滴出行"停止新用户注册；7 月 4 日，要求滴滴出行下架，监管检测认为滴滴存在违法违规收集个人信息的问题。

司马南在评论滴滴上市事件的时候，说到了滴滴与联想的微妙关系和柳氏家族，但那时候关注司马南评论的人并不太多。

然而，几个月后，国庆节的前一天，也就是 9 月 30 日，联想集团提交了招股说明书，并且获得上海证券交易所受理；此后在国庆节之后的第一个工作日，也就是 10 月 8 日，联想集团递交了关于撤回公开发行存托凭证并在科创板上市申请文件的申请，同时上海证券交易所当日发布公告称，已经终止了对联想集团在科创板上市的审核，"联想科创板一日游"事件一时间令市场哗然。

11 月 7 日晚，网络大 V 司马南在微博平台上发布视频，称中科院在 2009 年 9 月出让联想控股股权时，即便是按 2008 年底联想控股的净资产计算，也是贱卖了国有资产 12.9 亿元，造成巨额国有资产流失。此后两周，司马南陆续发布 6 则视频，内容包括国有资产流失、联想高管有多位外籍人员、研发投资占比过低、高负债率资不抵债、高管上亿年薪等问题，引发大规模热议。

11 月 21 日晚，司马南晒出部分聊天记录截图，讽刺联想"说客盈门上下齐手一通招呼"。11 月 26 日，司马南晒出群聊截图，说有 270 家媒体诋毁自己。11 月 29 日，郎咸平对联想事件发声，指责司马南煽动公众情绪，又引发了一轮热议。12 月 1 日，一篇题为"为什么联想辩护的水平都这么低？"的文章上了知乎的热搜。

整个危机事件持续了长达几个月，不断有新的话题冲上热搜。根据某知名舆情监测机构的报告，此次"司马南炮轰联想集团"事件，从舆情影响力上来看，其热度不仅仅超过了联想从 2019 年开始的所有危机舆情，甚至超过了当时 93% 的社会热门事件和 96% 的企业类热门事件。

由于事件的社会关注度到了非常高的程度，国资委彼时也发文称：对恶意收购、重大债务违约等特殊事项，各地国资委要牵头建立紧急干预机制。国家官方权威媒体央视网对此进行了报道——《国资委：对恶意收购、重大债务违约等特殊事项，各地国资委要牵头建立紧急干预机制》，报道表示，"国资委将加强对重要环节、重点领域监督，筑牢防止国有资产流失堤坝。要加大对财务会计信息虚假、靠企吃企、设租寻租、违规挂靠、影子股东、影子公司等问题的监督整治力度。要防止重大风险，对恶意收购、重大债务违约等特殊事项，各地国资委要牵头建立紧急干预机制"。通常，当社会热点舆情涉及有关主管部门时，相关部门在舆论压力下需要表态声明坚决履行好自身的职责。

整个事件中，联想无疑做出了很多公关动作，开展了一场"联想保卫战"。除了司马南炮轰的联想派出"柳传志女秘书"欲与之沟通和发动 270 家媒体围剿他（这只是司马南一方的说法）以外，还裹进了不少知名人士。财新对此事件发表了题为《以稳政策来稳增长》的社论："近期，个别人在舆论场上兴风作浪，狂挖某些民营企业早有结论的所谓历史旧账，这与中央的政策导向是背道而驰的，需要各部门、各级政府围绕'两个毫不动摇'发出更加明确强烈的政策信号。"

从这件事可以看出，尽管联想在多年的公关工作中，维护了非常好的媒体关系，但是，赶上一个网络大 V 司马南发难，就把整个事情搅得天翻地覆。几个月的折腾，让联想的声誉和柳氏家族的声誉受到很大的伤害。

原本司马南在网络上并没有如今的影响力，据《起底司马南背后的流量机器和变现之谜》一文披露，仅一个多月，通过连番揭批联想系，策划国有资产流失、高管薪酬等极具煽动性的话题，司马南成为中国互联网上涨粉最快的意见领袖。他的抖音账号在此期间疯狂涨粉超过 500 万，微博平台涨粉超过 150 万，哔哩哔哩平台涨粉超过 100 万。文章指出，在他的背后，有机构进行策划和推动传播。"即便以数量规模对这些粉丝做出商业估价，全网拥有近亿粉丝的司马南估值已逾 2 亿元。"文章认为，"在流量即财富的今天，这是司马南的胜利"，"司马南、饶谨、李肃携手建立的商业巨网正在快速膨胀"。

司马南炮轰联想事件过后不久，司马南又去攻击知名防疫专家钟南山、张文宏，这回他在网络上遭受了大量的批评。有媒体指出，"人类对新冠病毒的认知是渐进的。专家非完人，无论是张文宏还是钟南山，都不是全知全能。但只要专家出于专业和良知，为防疫尽心尽力，他们就该受尊重而非受攻击"。"司马南惯于攻击和抹黑一些知名人士，让许多人信以为真，在社会上造成了严重的思想混乱。提醒大家要对所谓的'大 V'留个心眼，不上当、不中招。""我们尤其需要警惕将爱国和民粹作为议题实现商业公关的目的。"2023 年 4 月 8 日，司马南的公众号"司马南频道"被认为违反了平台的运营规范，发布的视频和文字被禁止分享。

当企业做得更大的时候，常常会成为一些反对势力的靶子或者蹭流量、被策划的对象。很不幸，联想赶上了这样的事情。上述联想经历的危机事件告诉我们以下几点。

第一，在今天的时代和媒体环境下，不管是本土企业还是跨国公司，都难免会遇到危机。今天是这家企业，明天就有可能是那家企业。任何企业都不能掉以轻心。

第二，无论企业在过去积累了多少媒体资源、维护了多少媒体关系，在去中心化媒体时代，都需要重新分析媒体的市场格局变化且时常更新对于"声音市场"的调研、重新检视企业拥有的"影响力资源"，及时更新资源体系。因为除了传统媒体、正规媒体之外，大量关键意见领袖和关键意见顾客崛起，他们的话语权明显增加，手中拥有了前所未有的影响力。

第三，不要用传统的兵器去打现代战争。在这个案例中，现实世界中看似单枪匹马的弱者司马南，在舆论世界中却比联想更强大，甚至在某些场景下也比那些正经八百的公知要强大。试图让现实世界中比司马南强大的公知在舆论世界中击败司马南是徒劳的，更好的方法也许是"以彼之矛，攻彼之盾"。

第四，企业声誉之战变得越来越复杂。公关战已成为商战的重要战略手段，表面上发起"战争"者的身后可能有多个利益方作用其中，让斗争的局面远超出传统"公关危机"的想象框架。因此，企业公关部首先要提升意识，也必须做好更全面、更深入的准备。不要别人已经在预谋海陆空战役，自己却始终盯着眼前的几个巷战不能脱身，导致关键时刻无招应对。发生这样的情况，也是缺乏战略思维的表现。但是，公平点说，在当今复杂的竞争环境、舆情环境下，不可能有十全十美的企业公关。企业公关需要不断学习，并在实战中历练战略和战术，让自己日趋成熟。

第五，一些所谓的"大V"背后有专门的机构帮助策划、制造舆论热点，并采用专业的手法推波助澜。表面上攻击某个企业，实际上有自己的商业利益诉求。尽管有一些最终会露出马脚，但它们给企业造成的伤害已经形成。企业若想恢复声誉，则需要花费很长时间的努力去重建。这是大企业公关团队不得不面对的现实。

本节所述当代危机公关的新特征，是基于近年来一些典型企业危机事件所展现出的特点总结而得。实际上，企业在做危机预防和危机管理机制的时候，需要有全盘的考虑，而不仅仅是针对近年来呈现的新特征做准备。这就是我们在下一节中要具体展开的。

很多企业创始人和 CEO 会认为，危机管理是公关部的事。然而，公关战实则是商业竞争战略的一个重要组成部分，有些危机并不单纯是企业自身犯错导致。全球最著名的投资家巴菲特的个人财富居于世界前列，但是相比所拥有的财富，他更为重视的是声誉，他曾说："好的经济商誉是企业经营中不断施惠的礼物。""良好的声誉是人生中最宝贵的东西，千万不能以任何方式损害它。"也因此，他不止一次在伯克希尔大会上声明："雇员让公司的金钱受到损失可以谅解，但如果让公司的声誉受到一丝一毫的损失，只会有毫不留情的下场。"巴菲特还告诫企业要格外小心声誉受损，他曾说："企业建立好声誉需要20 年时间，而毁灭只需 5 分钟。"巴菲特在商业上所取得的成功，所有的企业创始人和 CEO 都是有共识的，那么我们就应该知道保护好企业声誉有多么重要了吧？让我们一起来关注和为企业建立起强大的危机预防和管理机制，尽最大的努力打好企业声誉保卫战。

第 2 节　建立强大的公众危机预防和管理机制

我亲历的第一个"3·15"

20 世纪 90 年代，我加入索尼驻北京代表处没有多久，就经历了一个突如其来的危机。一家北京主流媒体在 3 月 15 日"国际消费者权益日"当天的头版报道顾客投诉索尼音响产品，标题是足以令人感到震惊的"状告索尼"。随后，在记者了解情况时，售后经理试图解释那款音响产品为何"水土不服"，不经意间说的一句"北京空气脏"（所以磁头更容易落灰致使音响出现故障）又被媒体当作标题，于第二天发表在了头版中间醒目的位置。媒体抓住国际名牌的各种沟通漏洞穷追不舍。

那时索尼（中国）有限公司还处于筹备阶段，中国大陆市场的消费电子产品的销售工作由索尼在香港的机构负责开展。现在回看，那时候的北京代表处完全不具备对应企业危机的能力：

- 完全没有对应媒体采访的内部机制和原则；
- 没有统一的对外沟通窗口、沟通口径、常用话术与禁忌手册；
- 没有公关部，没有任何媒体沟通的资源，完全不了解媒体的诉求，更不知道与媒体沟通的策略和技巧。所以售后经理在回应媒体记者的问询时，无意识地就撞到了枪口上；
- 缺乏体系化、专业化的沟通管理能力和危机处理能力。

以上这些缺失造成的是媒体与企业两方状态的巨大差异：媒体一侧箭已上弦，而企业一侧还浑然不知。媒体对此事进行了连篇累牍的负面报道，小小的代表处对此几乎束手无策。彼时在欧、美、日等大市场声名显赫的索尼公司的企业声誉和品牌形象在中国市场遭遇了一次滑铁卢。

你不妨对照一下自己所在的企业，如果你所在的企业也处于对危机防范全无准备的情况，那就相当于一颗定时炸弹埋在那里，随时有可能会爆炸，并有可能把企业炸得体无完肤。这样的例子不在少数。

危机管理，功夫在平时

我最初进入公关行业，正是源于参与到这个危机事件的处理。此后的近 30 年间，我一直在为面向消费者（2C）的知名品牌做公关，风险管控、危机管理成为我的日常工作。

索尼中国最初的企业内部危机管理机制的建立其实经历了很长时间的摸索。随着公司业务的发展，索尼品牌之下的多个子品牌业务线都逐步发展壮大了起来，仅仅三五年的时间，每年向市场推出的新品加起来已有 200 余款，与产品相关的客户服务能力也在逐步提升，客户从产品如何选择、如何使用到出现问题需要售后维修等，产生了越来越多的服务需求，客户投诉的绝对数量也开始攀升。而随着公司业务的壮大，企业层级的事务也越来越多，涉及政府关系、公共事务、员工管理、法律合规等方面的敏感事件日渐增多，公关工作的复杂程度也逐步提升。

在索尼工作的18年间，我从索尼中国公司成立之初懵懵懂懂进入企业传播部（公关部），到成为部门第一拨的3名员工之一，到之后的15年逐渐被提升为主管、经理、高级经理、总监、副总裁，摸索出了一整套企业风险管控、危机处理的办法，对危机管理机制的整体运作也日渐规范和成熟。

到2013年初，在索尼中国担任副总裁近4年时，我的职业生涯有了一个比较大的变化，当时我决定离开发展相对成熟的跨国公司索尼，来到了彼时仍处于初创期的京东商城（那时还没有京东集团）。京东商城当时最主要的业务收入来源于3C业务，但那时已经进入超高速发展的轨道，除了3C业务一直保持强劲的增长之外，京东下决心做大型综合电商平台。短短几年的时间，多条业务线包括图书、日用百货、服装服饰、家居、超市、生鲜、自有品牌、医药健康、金融、物流等众多商品品类和业务类型，如同雨后春笋般一个接一个地快速长大。可以想象，京东客户服务中心的服务量一定会剧增。同时，业务高速发展期的企业在各方面都还不够成熟和稳定，包括政府事务、公共关系、法务合规、人力资源管理、财务管控等关键的公司治理部门，都需要与业务部门一起通力协作，建立起专业可靠的公司治理机制，做好企业发展中的风险管控和危机管理。

无论是在索尼中国还是在京东，我都承担了带领团队从0到1建立公司内部危机公关管理机制的任务。我认为，对危机管理最基本的认知就是"危机管理，功夫在平时"。有了这个基本认知后，我们从组织机制和专业准备两个维度来考虑应该做些什么，才能够为企业打造一个坚固可信赖的公关危机管理机制。

在组织机制方面，企业的危机公关日常工作需要多个相关部门通力合作，这些部门首先需要包括：公共关系部、法务合规部、客户服务部、与危机相关的业务部门，之后视危机的具体情况，还可能需要包括人力资源部、财务部、政府事务部、投资者关系部（IR）；当评估危机的级别较高时，必须要及时请企业最高管理层参与，对团队进行指导，在事件发展的重要节点进行快速的判断和决策（图6-3）。

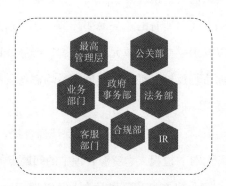

图6-3　企业危机管理委员会的基本构成

我们可以将这个组织机制称为"危机管理委员会"（图6-4）。组建了危机管理委员会之后，还需要设立委员会的定期会议制度和快速解决问题的机制。从组织机制的角度为企业建立危机管理机制，需要做如下工作：

- 设立公司危机管理架构，如"危机管理委员会"。
- 设立委员会定期会议制度。
- 设立快速解决问题的机制，建立24小时危机应对的工作机制。

- "危机管理委员会"各部门职责

公关部	政府事务部	法务部	客服部门	业务部门
· 识别业务、运营、组织管理中的问题带来的潜在舆情风险； · 进行舆情分析；结合社会关注及热点话题分析潜在公关风险； · 制作公关预备口径。	· 识别整盘生意涉及的政策风险； · 做好中央和地方政府部门经常沟通、及时了解和分享政策变动； · 配合从政府部门视角审阅公关预备口径。	· 识别法律法规相关的风险； · 识别合规风险； · 配合从法律、法规、合规角度审阅公关预备口径。	· 客户投诉信息汇总与分析； · 重点客户影响的分析及关注； · 配合公关部，第一时间响应舆情危机。	· 分享业务拓展、运营中的风险，负责根据市场反馈改进业务和运营问题； · 配合公关部，第一时间响应舆情危机。

图6-4　"危机管理委员会"各部门职责示例

在专业准备方面，公关部门可以引领、开展并推进以下工作。

1. 风险识别

- 外部环境风险识别：包括政策、法规、市场竞争、产业发展中的风险。
- 运营风险识别：找出所有的业务薄弱环节。通常通过客服部门的顾客反馈分析，可以找出哪些业务单元、子品牌、产品线以及具体的产品收到了更多的负面市场反馈，都是哪些反馈，均需将其一一罗列出来。这部分的工作量最大。
- 内部管理风险识别：检视财务管理，确保严谨合规。
- 人事管理风险识别：检视人力资源管理中的问题点等。

"风险识别"不仅仅是坐在办公室里对企业从管理到运营进行系统梳理，这当然是非常关键的，与此同时，工作小组成员还需要带着审视的思维和具体的问题列表深入业务运营一线，去了解实际运营中的具体情况，并从中发现问题。

例如，问题有可能是组织不完善导致某些重要的工作在某个地方被完全忽略，并有可能给整个企业带来隐患。如能早一点识别这一风险，不仅可以从公关工作的视角将其视为一个风险点，做一些必要的预备工作；而且可以从企业管理的视角在组织的设计上进行必要的改进，降低风险发生的概率。

下面是一个真实的案例，在近20年前，索尼中国某地方分公司刚设立不久，当时仅由几个销售人员组成，他们的上级是某一线城市的销售部负责人（日方管理者），要达成的工作目标主要是销售业绩。年轻的小团队工作很努力，但是他们没有意识到，作为索尼这样一个总部在日本的国际大品牌，在任何市场中都需要比不知名的初创小企业考虑更多方面的问题，或者说，它的风险指数比一般的初创小企业更高。分公司一度忽略了当地政府发来的一些通知和要求，更没有深入分析其背后的深意。在几个月的时间里，一线城市的上级领导（日方管理者）由于工作繁忙，又不了解当地情况，更没有意识到忽略与地方政府的沟通会带来什么结果，没有真正重视，错过了挽救的机会，最终导致了一个波及索尼在中国整个市场的重大危机事件，给企业造成了巨大的损失，企业的声誉一度遭受重创。这一事件的发生正是由于在早期公司未能识别相关风险造成的。

后来，索尼消费电子业务部门专门设立了一个部门，统一管理全国各地市场类似的事务，摸索出了一套专业的工作方法。自此以后，再也没有出现过类似的情况，风险一有苗头，就能被立刻识别出来并设法解决，化险为夷。

其实，类似这样的惨痛教训在很多企业的运营中并不少见，究其根本，源于企业最高层管理者缺乏这方面的意识。"风险识别"这件事，不仅企业公关负责人要带领团队去扎扎实实地推进和落实，企业创始人、CEO、业务管理层都应充分认识到其重要性，并给予支持和配合。

2. 制作危机管理手册、危机预案、口径库

- 危机管理手册：写明企业危机处理原则、责任制度、关键人员通联方式等，并及时更新。所有企业高层管理者、业务单元管理者、参与危机管理工作的具体负责人手里都应拿到"危机管理手册"。

- 系统性地进行风险识别和风险分类之后，公关部联合业务部门和客服部门，制作各类潜在风险的模拟解决方案和快速回复媒体 / 客户关切的基础公关口径。

- 危机管理委员会相关成员代表各部门从自己的视角对预备公关口径进行审核并提出专业意见。

- 公关部汇总各方反馈后，进行综合考量，并整理出所有风险的预备口径（此刻这些预备口径已经经过了法务部、合规部、政府事务部等的预审核），做好口径库。

风险识别和危机预案及口径库的制作，是一项大工程，需要协调多个部门，以认真严谨的态度和专业的方法检视企业在运营各个领域的风险点，并就这些风险点一一做出解决方案预案和企业发布声明、回复外界问询的口径草案，还要请危机管理委员会中的关键相关部门对所有声明、口径的草案进行预审核，定稿后也需要定期进行回顾和更新。

我曾长期服务过的两家大企业都是面向亿级消费者群体、拥有巨大业务体量的知名品牌，为了做好风险管理和危机应对，我在公司内部首先发起成立"危机管理委员会"并定期召集会议，通过这些会议上的情况分享，公关部可以收集到大量信息，并能够对运营中的风险点进行检视、归纳、整理，然后就可以着手制作声明和问答口径库，并在完成草案后请法务部门、合规部门以及政府事务部门等进行预审核。更具体地说，我们是用 Excel（电子表格）的格式整理这些声明、口径的草案，因为这样比较便于分类整理和查阅，每个业务类型可以分别放在不同的页面上。

3. 全员危机管理教育培训

- 将公关指导原则、危机管理原则纳入员工手册。

- 在每一个新员工入职接受员工培训的时候，公关部都要进行公关原则和危机管理原则的培训；让全员知晓日常社交媒体沟通规范，明确当舆情危机发生时，对外发言由公关部统一管理。

- 在公司内网上及时更新对员工的公关指导原则、危机管理原则，员工可以随时查阅。

- 通过对企业各部门管理者进行培训，统一管理层级的认知，提升危机意识，在实践中力争达到默契的团队配合。

以上是在企业内部通过自检梳理出来潜在的风险，提前制定预备的解决方案和对外的公关口径库，并经过法务合规、政府事务等相关专业部门的预审核。这样做是为了在真的发生突发事件和危机的那一刻，企业公关部可以以相当快的速度对外发出非常专业、得体的声明。在整个风险点梳理的过程中，我们会及时地、第一时间提醒业务部门注意尽快改善、调整其业务和运营，从而从根本上消除风险。所以，危机管理委员会这一机制首先起到了内部警示作用，通过及时发现问题来推动内部解决问题，促进公司的产品和服务都做得越来越好，也就会尽可能地减少企业危机的发生，降低企业危机的严重程度。

对于外部，当然也要通过日常的专业工作做尽可能充分的准备。作为公关部为企业提供"咨询"和"服务"的公关解决方案的基础能力之一，其所拥有的媒体资源极为重要。团队需要一点一滴地建立媒体沟通数据库，清晰地知晓日常联络的每一家媒体的市场定位、阅读群体及影响力范围等，并在日常工作中不断优化企业的媒体沟通资源，使外部舆论环境能够一直处于较为良性的状态。

规模较大的企业的利益相关方肯定会更加多元。公关部不仅要在日常工作中与众多的媒体、意见领袖多多沟通互动，在沟通的广度和深度上都持续精进；对外事务部也要在日常工作中与各级政府部门、NGO 组织等保持良好的联络与互动。这种沟通互动绝不仅仅停留在喝茶聊天的层面，可以提供机会请各方多来了解企业，了解企业创办的初衷、发展的情况、取得的成绩、对产业和社会都做出过哪些贡献、未来愿景和目标是什么，就大家关心的话题进行更深入的交流和对话，这同时也是听取外界反馈的好机会。

比如我之前服务的企业每年都会搞媒体开放日活动，以真诚的姿态、开放的态度与外界进行沟通互动，让外界对企业加深了解，提升对企业的好感和信任度。而通过更多的日常交流，我们也能及时了解各利益相关方的疑问与困惑，对问题及时进行回应和解决。各方的交流如能达到在知识和见解上相互补充，思想和认知上有共鸣和启迪，工作中相互支持，我认为就是比较理想的状态，可以在很大程度上避免突发的问题。

与此同时，打造企业自身有影响力的自媒体矩阵也非常重要（图 6-5），在危机发生后，企业自媒体账号首先需要担负起发出企业声明的职责。日常就要通过一点一滴的努力，树立起真实、及时、有品质、可信赖的企业自媒体口碑。

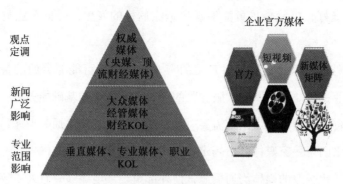

观点
定调

新闻
广泛
影响

专业
范围
影响

企业官方媒体

权威
媒体
（央媒、顶
流财经媒体）

大众媒体
经管媒体
财经KOL

垂直媒体、专业媒体、职业
KOL

建立媒体数据库、打造有影响力的自媒体

图6-5　建立企业自媒体矩阵

我们有时会看到有一些优秀的大品牌，当危机突然发生在它们身上时，很短的时间内它们就能发出极为专业和得体的企业声明，让公众情绪得到及时的安抚，回归客观理性的对待；让危机的火苗不会愈烧愈旺，而是很快熄灭。往往这个时候，有些人会评论其危机公关反应真快，文字真棒，等等。然而，每当看到这一幕，我心里是知道这些优秀的大品牌的公关部门在平时是下了多少工夫的。遗憾的是，这样好的案例变得稀少，而发出不那么经得起推敲的公司声明的事情却比比皆是。造成这种情况，一是由于当今的去中心化的媒体环境给企业公关带来的巨大挑战确实是前所未有的；二是很多企业公关的工作依然偏浮躁，还有很多提升的空间。企业公关人员需要注意的一点是，新媒体的环境导致一种错觉，让信息的发布开始变得随意，然而非专业人士眼中的随意，与专业人士眼中的随意完全不同。对于专业人士来说，尽管社交媒体上的发言与声明表面上常会呈现出一种放松的状态，背后却都是扎实的功夫，建立在对事件综合背景、舆情环境及媒体资源的深刻理解上，所谓高手都是"内紧外松"。

一段声明出台的背后，除了需要全面深入地了解危机事件的起因和所有事实，对声音市场、舆情形势进行专业的分析洞察，撰写出尽可能态度明确文字精准的企业声明，同样重要的是，在声明发出之前，还需要有多个专业部门尤其是法务合规部门进行审核，以确保企业发出的声明完全进行了法律层面的考量。涉及多个部门的协作需要耗费很多时间，而新媒体环境下，时间不等人，必须以最快的方式表达态度、澄清事实，否则快速的网络转载会导致负面影响瞬间变得很大。如果我们平时就完成了90%以上的准备工作，相当于已经做了预演，在真正遇到危机的那一刻，就只剩下针对事件的5%~10%的工作，当然可以保证又快又好，且经得起各方评判。

而且，外界更加不会看到的是，大量的潜在风险和暗流涌动，在公关团队日常的专业工作过程中已经直接被化解。这才是真正专业的公关操作，虽然很少被内部和外部看到。企业创始人和CEO要珍视这些做了大量基础工作的公关专业人员，他们给企业留下的是能够应对各种风险的、真正有价值的体系化管理基础，而不仅仅是看到一两段漂亮的文字，就误以为危机公关可以被某个写手轻松完成。我始终坚信，危机管理做得好，功夫一定在平时。

第3节　危机来了，如何打好这一仗？

在企业内部建立起危机管理机制后，危机管理工作就有了底气。且很多潜在的危机，已经在日常的风险识别和相应的沟通工作、解决问题的过程中被化解了。

然而，大企业的运营极为复杂，挑战很多。企业经营管理的细节是巨量的，永远不可能达到完美。加上企业要向前发展就必须不断探索、不断创新、不断尝试，这一过程必然伴随着新的风险。比如，京东2022年财报显示，全年收入为10462亿元人民币，拥有超55万名员工，自营商品SKU（库存单位）超过1000万，物流运营超过1500个仓库、仓储总面积（含云仓）超3000万平方米，业务覆盖366个城市、约1700个区县……通过这些数字，你可以想象一下巨型企业管理的复杂程度。

当危机真的来了，在企业内部，危机管理机制首先需要立刻运行起来，危机管理总负责人确保第一时间获知事件的全貌，相关业务或事件的直接负责人能够第一时间拿出解决问题的实际方案，公关部第一时间草拟出官方声明。作为大型企业对外的公开表态，首先需要完全依据事实，行文严谨审慎。所以第一时间的事实调研极为重要，它是一份企业公开声明能否站得住脚的最为重要的基础。再就是需要表态得体，既要符合企业的核心价值观、前后一致具有持续性，又要关照到公众情绪，还要经得起各方的检视。

因为有了事先的风险识别、潜在危机梳理、预备口径库等大量的准备和预演工作作为坚实的基础，绝大多数情况下都能够找到相应的预备口径，这相当于已经做完了一部分工作，再进行针对性的调整即可。这也同样为法务合规、政府事务等负责同事节省了审核的时间，因为对于他们来说，在做预备口径的审核时，就已经完成了法律、法规、政策等方面的查阅和确认。有了之前对预备口径的预审核作为基础，企业对外声明的准备和审核的速度就可以大大加快。

从企业外部来看，主要的工作是准备好企业声明的发布渠道及做好媒体问询的准备。通常针对任何重大发布，企业公关部门都会准备新闻稿和媒体问答预设，做好媒体传播渠道策略和贯穿整个发布过程的沟通策略。同样，当危机来临时，企业公关部需要准备公司声明、各利益相关方关注的重点问题的问答方案，然后根据事件情况的不同，部署声明发布的渠道。通常会包括以下几种情况：

- 当企业危机不涉及大众消费市场时，可以请业务负责人依照企业的声明内容和重点问题问答与合作伙伴——口头沟通；有时需要通过发邮件的方式比较正式地告知合作伙伴企业危机事件的调查结果、问题解决方案和企业对于此事的态度。
- 当企业危机涉及消费市场、社会大众时，往往需要第一时间发出企业的第一份声明，重点是表达对于公众情绪（担忧、疑惑等）的关切和企业将认真对待并彻底调查事件的态度，承诺后续会告知公众调查结果、解决方案、处理办法等。企业的官方自媒体在此刻是非常重要的发布渠道。在企业官方自媒体发布声明的同时，视情况通过更多媒体渠道进行广泛的发布告知。随着事件的进展，可以择时发布后续的声明，确保完成企业对于公众的承诺。

- 根据事件的性质，确定首选的媒体发布渠道。重点之一是保证同一圈层的媒体记者被公平对待，因为当大企业危机事件被视作重大行业新闻事件时，记者会被要求必须及时报道和跟进，如果未能和同行一样及时得到企业发布的声明，必然会影响记者的工作，这有可能会让记者产生不必要的误解或情绪，埋下一些隐患。

- 根据情况，可以邀请一些日常沟通比较多、比较熟悉企业情况的意见领袖，基于企业的危机声明做一些第三方视角的解读和评论。

整个过程中要严密监视声音市场的舆情变化和公众反馈，并根据形势的变化对沟通策略进行必要的调整。

所谓养兵千日，用兵一时，企业危机管理工作是同样的道理。无论是内部还是外部，平时是否有扎实的工作基础，在危机真正发生的那一刻，立刻就能看得出来。

接下来，我们通过真实的企业危机案例的处理来一起看几个特别值得关注的关键问题。危机来了，如何才能打好这一仗？实践更能出真知。

价值观是决定一切的基础

【案例 1　强生泰诺投毒事件】

1982 年，美国 7 位居民因服用强生旗下品牌泰诺感冒药，中毒身亡。这一事件的发生立刻震惊了全美国。

强生迅速行动，事件发生的第一天就向全美国的医生、医院、经销商发出 45 万份电传（那时还没有电子邮件和互联网应用），停止泰诺的一切广告宣传，召回市场上所有 3100 万瓶泰诺感冒药。

在警察、联邦调查局和强生积极、高效的处理后，市面上流通的 10 瓶毒胶囊被收回，挽救了很多人的性命。紧接着，更可怕的是，又陆续发生了不少模仿作案，美国食品药品监督管理局称，泰诺投毒案发生后的一个月出现了大约 270 起案件。强生同时收到多封勒索恐吓信。

在那样的媒体时代，据统计当时有大约 10 万篇关于此事件的媒体报道文章（图 6-6）。强生遭遇的这个危机着实是巨大的。

图 6-6　当时对强生泰诺投毒事件的相关报道

令人赞叹的是，强生能够在事件发生的第一天，就立即决定不仅仅是在事件发生的某几个地区，而是在全美国范围内召回全部的 3100 万瓶泰诺感冒药，公司为此承担了超过 1 亿美元的损失（相当于 2019 年的 2.65 亿美元），外加投入大量的人力和精力与警方一起调查该事件，包括悬赏捉拿罪犯和解决后续的大量威胁恐吓的问题等。

发生这样的事情，对于企业来说，真是一场噩梦。但强生对这一重大危机事件的处理，为所有人所称赞，成为数十年来最为经典的危机公关应对标杆案例。尽管强生第一时间的决定令其经济损失巨大，却保住了企业的声誉以及合作伙伴和客户对强生这家企业和品牌长久的信赖，而信赖是最难建立却可以轻易被毁于一旦的。强生董事长吉姆·伯克曾说："在一团乱麻之中，其实最简单最直接的办法就是，回到价值观的根本，从'我们的信条'中找答案。"（图 6-7）

强生的信条

□ 强生公司1932年就确立了"以让所有人获得较好的生活作为经营的基本目标"，逐步形成了业务活动的普遍原则——《我们的信条》
  ■ 我们相信我们首先要对医生、护士和病人，对母亲、父亲及其他所有使用我们产品及服务的人负责。为了满足他们的需要我们做的一切都必需是高质量的；
  ■ 我们必须尊重雇员的尊严，承认他们的业绩，给他们工作保障感、公平充足的报酬、清洁、安全、有秩序的工作条件，让他们能自由提出建议和投诉；
  ■ 我们必须提供合格的管理，管理者的行为必须公正，道德。
  ■ 我们对我们生活和工作的社区以及整个世界负有责任，必须做个好公民——支持好的事情和慈善事业，并且依法纳税。
  ■ 我们必须爱护自己有幸可以支配的财产，保护环境和自然资源。
  ■ ……
□ 强生公司切实贯彻履行这些信条，最高层每年召开会议，审查执行情况和信条本身的有效性，而不是说说而已。CEO詹姆斯·伯克说"它告诉我们什么是我们的业务。"

图 6-7　强生的信条

企业遇到的危机越是巨大，就越是要回到创办的初心，由此出发，做出应有的重要决定。在所有的公关专业工作之上，是其所服务的这家企业的价值观，还有企业对于社会、客户、员工做出的郑重承诺。

【案例 2　海底捞遭遇危机后的对外发言】

海底捞成立于 1994 年，是一家以经营川味火锅为主的连锁品牌。海底捞成立后不久就声名鹊起，20 多年间，海底捞历经市场和顾客的检验，成功地打造出信誉度很高的优质火锅餐厅品牌。

2017 年 8 月 25 日，一家媒体突然报道海底捞北京劲松店、太阳宫店存在老鼠在后厨地上乱窜、打扫卫生的簸箕和餐具同池混洗等问题。这一消息在众多海底捞顾客群体中炸开了锅，由于海底捞的高信誉度和优质服务的品牌名声在外，这件事引发了大量公众的关注。

在此之前，美团外卖曾被爆出清真食品箱事件，锅被甩给了"私自制作"的代理商。海底捞没有这么做，它在 3 小时内发声，其公开声明的内容迅即获得了大量好评（图 6-8）。

图 6-8　海底捞针对媒体报道其北京劲松店、北京太阳宫店卫生问题的声明

它的声明有如下几个特点：

- 没有甩锅、直接承认错误。声明写道："经公司调查，认为媒体报道的问题属实"。声明中进一步表明："每个月我公司也会处理类似的食品卫生安全事件"，该类事件的处理结果会公告于众。
- 态度极其诚恳和郑重地认错。声明中用了"十分愧疚"，对此事件的发生"我们表示诚挚的歉意""感到非常难过和痛心"等多种道歉的词汇和语句。同时表示："感谢媒体和公众对海底捞的监督并指出我们工作上的漏洞，这暴露了我们的管理出现了问题。我们愿意承担相应的经济责任和法律责任。但是我们也有信心尽快杜绝这些问题的发生……已经布置了门店整改……"

这份公告通篇没有甩锅的意思，对于媒体指出的错误照单全收。这种勇于承认、不做任何辩解的处理方式在业内很少见。这份声明后来获得了广泛赞誉。我们会不会觉得奇怪，海底捞犯了这么让人不能接受的错误、为什么也会被公众接受？海底捞的声明为什么还会被竖大拇指？

食品卫生安全等问题是餐饮行业的顽疾，几乎所有餐饮企业都要面对这一问题的挑战，公众对此是知晓的，而让公众不能接受的是这样的事情如今也发生在了以最佳服务著称的海底捞身上，这种不接受首先是情感上的，相比事实，公众更需要一个"态度"。海底捞的声明非常精准地感知到了公众和消费者对它的期待，还有一种既恨又爱的心理，是的，公众都希望好企业不辜负消费者的期待，犯了错误也能做到处理得最好。因此，海底捞这个声明的目的是，绝不能让消费者对海底捞失望。它没有在事实上做任何辩解，没有说是某个店的某个具体员工或团队的工作失误造成了这一偶发事件、这件事的发生并不代表海底捞的整体水平等，它直接承认"一切都是我的错"，并诚实地说类似的"卫生事件"每个月都会发生，且每个月公司都会将检查出的卫生事件主动在官网上发公告，且公开发布每次都是如何进行处理和改进的。在后续的媒体采访中，海底捞还特地说明，发生这样的事情是管理层的问题，基层员工只需继续按照公司的要求做好每天的工作。

有人在评论这起企业危机公关事件时说，一句话总结这次海底捞的危机公关就是，"这锅我背，这错我改，员工我养"。

上面两个案例有一个共同的特点，都是企业承担的责任超越了公众的期待，因而尽管企业发生了重大的危机事件，却能通过很好的危机公关举措保住企业的声誉和合作伙伴、消费者、客户、公众对企业的信赖。企业的声誉是企业最重要的无形资产，品牌形象就是用户在想到这个品牌时的第一印象，清楚这一点的企业，一定会看重长远利益，而不去争一时口舌之快。

关注事，更要关注人

【案例3　美国联合航空遇到危机后的沟通】

2017 年 4 月，美国联合航空一班从芝加哥飞往路易维尔的飞机超售，由于给到的换乘补偿不能让乘客满意，后来一位华裔医生在飞机即将起飞之前生生被拖下飞机。这段视频曝光后引发了很多公众的愤慨。

所有危机事件的背景情况都是极为复杂的，比如过程中会有很多不同的部门和人参与进来，以至于难以分辨到底是哪个部门、哪几个人在哪些环节失职。美国联合航空当天航班上的机组人员确实是按照相关飞行规定去做的；将乘客拖下飞机的是机场的安保部门，并不是美国联合航空的人，但人是从美国联合航空的班机上被拖下去的……在获得内部汇报之后，美国联合航空的 CEO 给全体员工写了一封信，大意是美国联合航空的员工做得没有错。这封内部信很快就泄露了出去，瞬间引发了公众舆论的轩然大波，包括 CNBC 等主流电视台都以"美国联合航空 CEO：美国联合航空员工没有错"为标题进行了报道（图 6-9）。之前提到过，媒体最喜欢冲突。

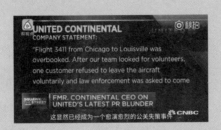

图 6-9　CNBC 报道美国联合航空的声明

在舆论的压力下，美国联合航空不得不重写公开道歉声明，然而，这封公开道歉的声明非常理性，基本上是"就事论事"，没有情感上的沟通。这封道歉声明一经发出，立即引发了公众更多的不满和网络上大量的讨伐，很多知名人士把自己曾经对美国联合航空的不满借着这个机会全都发泄了出来，一时间，美国联合航空被本国和国际消费者集体呛声讨伐：超售、暴力执法、服务傲慢……问题堆积成山。最后，在巨大的公众舆论的关注下，美国联合航空巨资赔偿了此次事件中被拖下机舱的乘客。然而，它的企业声誉恢复却仍需要假以时日。

回到我们之前曾经说过的，有效沟通最重要的两个因素是对象和目的，美国联合航空对这个危机的处理中这两点都没有被充分考量。对于愤怒的顾客说一些法律条文般的语言，没有搞清沟通对象（愤怒中的普通人）的真正的需求（关心乘客们个人的感受），其实是不能达到沟通的目的（解决问题、传播价值、规避风险）的。我们并不是说它的声明在法律上有问题，恰恰是因为在法律上没有任何问题，它就认为不需要顾及沟通对象的"情感诉求"了。问题正是出在这里，这也是很多企业甚至是相当优秀的企业存在的公关失策。

人是感性动物，会凭直觉做出选择；人在愤怒的时候，需要安抚。这是非常简单的道理，也是常识，很多企业在处理危机的关键时刻却把常识丢到了一边，只把法律语言抛给公众。千万不要忘了，只要是与"人"沟通，就一定需要注重感性这个层面。关注事，更要关注人，对外发声既要注重合法性，也要"合情、合理"。

还有一个细节，恐怕只有在企业内部工作的人士才能体会其中的意味。这个细节就是内部汇报。发生危机后，企业需要立即调查事情的来龙去脉，此刻，员工在进行内部汇报时，会倾向于把自己所做的所有正确的事情都作为重点汇报给上级，而对于没有做到的、做错的事情，都会倾向于轻描淡写进行淡化。美国联合航空的这位 CEO 曾是一位评价非常高的管理者，但是他所得到的内部汇报的信息是否全面和真实，我们不得而知。这一事件发生后，这位 CEO 首先给内部员工发出了一封信，主要的意思就是"我们的员工没有做错。"当这封信流到外面后，引发了公众的大量不满。后来的公司官方道歉声明的表达也是相当的理智和冷淡，与当时舆论对美国联合航空的大量声讨相比，显得极为不匹配，让很多人感到失望。我之所以在此提出"内部汇报"这一点，就是想提醒企业的管理者和公关团队注意在内部汇报中可能会出现信息偏差。而在危机发生的时刻，任何看似微小的信息偏差都可能会导致决策的错误，带来更大的灾难。

【案例 4 华为"251 事件"】

我们再来看看发生在 2019 年 12 月的华为"251 事件"。华为的前员工李洪元，由于华为报案而被拘押，251 天后，因"犯罪事实不清、证据不足"被无罪释放；这件事引发了网民对华为的激烈声讨。事件爆发后，华为发出了这样一份声明："华为有权利，也有义务，并基于事实对于涉嫌违法的行为向司法机关举报。我们尊重司法机关，包括公安、检察院和法院的决定。如果李洪元认为他的权益受到了损害，我们支持他运用法律武器维护自己的权益，包括起诉华为。这也体现了法律面前人人平等的法治精神。"

这个声明是法务部写的。声明发出后舆论一片哗然。媒体评论说："这份声明有点类似于大象踩了一只蚂蚁，没有踩死，然后大象对蚂蚁说：'没关系，你也可以来踩我一脚。'"澎湃新闻评论说："没有同理心，让人害怕。"人民网说："华为的回应不是法治，而是以势压人。"

我在 2019 年 12 月下旬还专门参加了华为公关团队内部的论坛，也分享了我的观点。我们必须知道，对于弱者的同情是所有人天然的反应；法律专业人员从他们的专业视角告诉我们这件事的法律底线在哪里，那么负责跟顾客沟通的客服人员和负责对外发布公司声明的公关人员，作为沟通专家，必须要负责处理好公众情绪。

这里我们再一次引用日本作家村上春树说过的一句话："当鸡蛋与石头相碰，无论鸡蛋的错误多大，我都站鸡蛋一方，因为鸡蛋是弱势一方。"这意味着很多大 V、公知、意见领袖等，都会天然地站在弱势者一方。

2019 年底类似的员工纠纷发生了好几起。网易的一名员工曾写了洋洋万言指责公司，在网上传播广泛，对网易的影响非常负面。后来网易发布了声明，态度比较好，声明一上来就说："对不起，我们做错了。"同时跟员工快速达成了和解。双方和解后，员工公开回应表示接受了网易的方案，事件就此结束。至于当初员工的公开信里提及的那些"公司逼迫、算计、监视、陷害、威胁、暴力手段"等到底是怎么回事，其实对于公众来说已经不再重要，公众围观这个事件，就是以"弱者"的心态想看看"强者"网易公司以何种态度处理这件事，每一个围观的人都把事件中的员工想成了自己。那么既然网易诚恳地公开认错了，涉事员工也表示接受了网易的和解方案，围观的人就不会再继续关注下去，剩下的细节让公司内部去解决好了。

很多时候，舆论和真理是两码事。面对纠纷事件，我们首先要搞清楚所有的事实，在事实的基础上，我们需要分析法律层面的问题和公众情绪的问题。法律视角有一个很突出的特点，就是一切以法律为准绳，而不是其他；所以法律部出具的声明是不会考虑公众情绪、强者弱者、声音市场上的各类言论的；法律部坚守的是法律世界的准则，绝大多数情况下不需要考虑"人情味"这件事。但公众是生活在有烟火气的社会中。华为"251事件"中的官方声明之所以引发了舆论的大量批评，原因就在于声明中对于一名处在"弱势地位"的员工没有任何共情的表达，而媒体往往会选择站在弱者一边，因为媒体报道是给它的读者看的，媒体会选择站在读者的立场。媒体关心的，就是读者所关心的，就是千千万万普通人所关心的。沟通的两个基本要素"目的和对象"，在这个案例中，没有得到充分的考量。

企业公关部在工作中和媒体打交道最多，我们了解了媒体的特点，也需要深入地了解记者群体的诉求。这个群体通常会有什么诉求呢？

随便截取某个新闻网站的页面，我们可以发现：

- 媒体喜欢吸引眼球的企业和人物；
- 记者希望被采访人能够为他们带来新的观点、概念和独特的角度；
- 记者关注和追踪热点事件；
- 媒体欢迎案例、故事、数据、体验这些素材；
- 媒体喜欢棱角、个性、冲突、八卦；
- 媒体喜欢好的图片和视觉素材。

其实，记者的诉求就是公众的诉求。记者写出文章来给读者看，而每个人看别人故事的时候、往往想的都是自己。知道这一点对我们的沟通有什么启发呢？我们在处理比较棘手的事情或者对外发布回应声明的时候，需要注意以下几点：

- 注重"同理心"，注重态度、温度和情怀；
- 注重"可信度"，通过事实、数据、体验、视觉等来加强沟通的可信度；
- 有"敏感度"，对顾客、媒体、公众的心理诉求，对公众情绪、社会氛围都要有所感知和考量，而不是简单地只关注业务和公司政策本身。

在通过媒体记者与公众沟通时，我们永远要记住：关注事，更要关注人。避免出现由于发出过于理性的回应引发舆论哗然，那样的话，即便把事实说清楚了，可由于忽视了公众的情感、情绪，却会让事情越来越棘手。

今天的危机公关必须分秒必争

过去在公关行业有一个经典的说法，叫作"危机管理黄金24小时法则"。大意就是，当企业遭遇重大危机的时候，最好能够在24小时内发出第一次声明，来安抚所有的利益相关方。这个法则在今天已经过时了。在当今复杂的新媒体时代，信息传播的速度实在是太快了，在上面的案例分享中，海底捞是在3个小时内针对一个较为重大的危机事件做出完整回应的。

我在京东工作的6年多时间里，也曾多次遇到大大小小的舆情危机，一些时候我们不到1小时即发出了公司声明。举一个较为极端的例子，央视"3·15"晚会上会有一些被曝光的品牌或产品，这些被曝光的品牌或产品往往隐藏得很深，央视"3·15"晚会在事先花费数月、动用各种手段进行大量深入的隐匿式调研，才最终把它们揪出来示众。作为大型电商平台，售卖的商品数量都是亿级的，如果不巧这样的商品在平台上也有，京东可以做到5分钟内将被曝光的产品下架，绝不允许这样的商品继续售卖，并会对涉事商家按照平台规则进行惩罚。

在"打仗"的时候,京东有一个危机公关总指挥部,会启动实时监测舆情,随时随刻针对各种舆情变化,在第一时间作出决策并迅速行动。与此同时,京东将建立的"危机管理机制"发挥到了极致,除了公关、客服、法务合规、政府事务等相关兼职负责人是危机管理委员会的常设成员以外,所有的业务部门都要指定一位兼职负责人,日常就与危机管理委员会保持密切的信息沟通和配合,他们在日常工作中已经得到了训练,熟知在业务端最高效的解决问题的方式和流程。在"打仗"的关键时刻,他们会把相关联的同事(如技术人员)也拉进来,一旦指挥部发出指令,可以做到即刻处理。

实时舆情监测在危机事件发生时非常重要,现在的舆情监测采用了大量的技术手段,可以将"声音市场"的实情分析得极为精细,且实时更新,从中我们可以清晰地看到事件关注热度的变化、发展脉络、话题传播和延展形势,每一次发布声明后的舆论反馈,网友评论的重点倾向等。一些危机事件的舆情风向变化是以分秒计的,因此危机公关总指挥部的决策和执行团队的落实也必须分秒必争。

每一次危机爆发的背景都非常复杂。危机爆发后,危机公关负责团队需要第一时间确认所有的事实,尽可能迅速反馈,避免传言四起。同时必须确保每一次发声都非常明智,为事件后续的发展留出足够的空间。

通过上面的一些有代表性的企业实践,我们可以小结一下当下做好危机公关需强调的几个要点:

- 危机公关的基本对策就是加强信息披露,加强与公众的沟通,主动承担更多责任,满足公众的心理期待,争取公众的谅解与支持。
- 价值观是决定一切的基础。
- 法律是底线,而对待人和事的态度才是应对公众情绪的重点。
- 危机管理,功夫在平时。
- 内部:各相关部门通力合作运行好企业内部危机管理体系。

- 外部：公关部建立有效的媒体关系资源管理体系。
- 好的舆情监测与分析可以帮助公关制胜。危机时刻实时舆情监测可以辅助危机公关小组及时做出正确的决策。
- 打好危机公关这场仗，需要扎实的基本功加正确的战略和灵活的战术。

第4节　危机后品牌形象和企业声誉的重塑

英国前首相温斯顿·丘吉尔有一句名言："永远不要浪费一场危机。"所谓危机，从辩证唯物主义的角度看，风险与机会是同时存在的。

企业的创办和发展是一件极具挑战的事情，由于其超高的复杂程度，大企业几乎都经历过危机时刻，没有哪一家企业的发展是一帆风顺的。然而，当企业遭遇危机的时候，在失去一些很重要的东西的同时，也会得到另外的馈赠，比如智慧。而要想获得更高的智慧，必须在危机后深度自省，回归企业创办的初心，再次确认企业的愿景和使命，检视企业发展过程中的不足和问题，找寻最佳解决方案，提升企业的抗击打能力。通过这样一个过程，企业可能会形成全新的战略发展思维，改革组织机制，重塑更具韧性的品牌。

我们看到一些知名企业在遇到品牌形象和企业声誉危机后，跌倒又爬起来，通过重塑品牌形象和企业声誉，继续前行。大体上有这样几种类型：

（1）通过直面危机，深度自省和剖析业务模式，最终形成全新的企业发展战略，建立新型的业务模式，让企业的发展上一个台阶。

（2）通过反省公关危机的问题，回到企业创办的初心和价值观，重新检视品牌理念和传播策略，形成全新的品牌传播和企业声誉提升的战略。

（3）由于品牌日渐老化影响企业在市场上的表现而导致业绩下滑令企业陷入危机，通过重新为品牌进行市场定位，调整产品系列，再次回归市场，树立全新的品牌形象。

接下来，让我们来看几个企业重塑品牌形象和企业声誉的案例。

【案例5　腾讯"3Q大战"为今天数万亿市值的腾讯埋下伏笔】

先来简单介绍一下"3Q大战"。360和腾讯两家公司一直有着竞争关系。在某个时刻，360"揭发"腾讯偷窥用户隐私，发布了QQ保镖软件，这对腾讯产生了巨大的影响。为了反击360挑起的战争，腾讯做出了令所有人都惊讶的决定。2010年11月3日傍晚6点，腾讯公开信宣称，将在装有360软件的电脑上停止运行QQ软件，必须卸载360软件才可登录QQ，这是360与腾讯一系列冲突中，腾讯方面最为激烈的行动。这一决定是让同时使用QQ和360安全卫士的用户在两者中只能二选一。

这让很多用户甚是为难，也招来了很多用户对两家公司的批判和骂声。据360公司CEO周鸿祎称，被迫卸载360软件的用户达到6000万名。

此举亦引发了业界震动，工信部通信保障局和公安部介入此事，11月4日分别找到两家公司问询。2010年11月5日上午，工信部、互联网协会等部门开会讨论此事的应对方案。政府部门用行政命令的方式要求双方停止纷争。在国家相关部门的强力干预下，QQ软件与360软件开始恢复兼容。

"3Q大战"在社会上产生了巨大的影响。腾讯在内部进行了深入的反省和梳理，并由此重新制定了腾讯的战略。腾讯高管团队共同梳理了腾讯的核心能力，在总办会上，马化腾让16个高管在纸上写下自己认为的腾讯核心能力，一共收集到21个答案，最后聚焦到两点上。

腾讯总裁刘炽平提出，腾讯不可能涉足所有的互联网产品，尤其是内容领域，所以只有通过资本方式的参与，才是唯一可行的路径。通过资本形成结盟关系，既可以实现开放的目的，也可以让腾讯庞大的流量资源获得一次资本意义上的变现。决定今后的资本运作将是参与式的——只求共生，不求拥有。即从"帝国型"转至"生态型"，"帝国型"是我赢你输，"生态型"是共创共赢。2011年开始实施。这一开放策略对于后来几年的腾讯具有决定性的战略意义。

2011年1月24日，腾讯宣布成立50亿腾讯产业共赢基金，为互联网及相关行业的优秀创新企业提供资本支持，并宣布将原先封闭的公司内部资源转而向外部第三方合作者无偿开放，包括开放 API（应用程序编程接口）、社交组建、营销工具及 QQ 登录等。

整个事件对后来互联网的发展格局产生了巨大的影响。从危机中走出来的腾讯，坚持"生态型"的公司发展战略。2022年4月，腾讯已经成长为市值 2.8 万亿元的巨型公司，位居中国上市公司榜首。马化腾曾说过一句话："其实，有一天，我们也应该感谢对手。"

回归价值观　重塑品牌声誉

【案例6　全棉时代重塑品牌声誉】

2021年1月8日，全棉时代发布了一则广告，就是引发了全网热议的"卸妆巾"广告。全棉时代这则广告把"性侵""防身"等尖锐问题当作玩笑，在广告中向大众输出"长得安全就安全"这种极其错误的观点，并且还暗示女性遭遇性骚扰，全因妆容太"妖艳"、穿着太"暴露"，这则广告一出，全棉时代立即被推上风口浪尖，被指丑化侮辱女性、内容低俗、美化犯罪行为。

《中国妇女报》评论此事件时说："事关女性安全，如此严肃的恶性事件，却被商家轻飘飘地以所谓的'创意'为说辞，美化犯罪者、丑化受害者，充满了偏见、恶意、无知。"

在舆论的压力下，全棉时代发出了两次道歉信，却把事情朝着不好的方向进一步推进。全棉时代的第二次道歉信中仅开头几行文字为道歉内容，后文用大段篇幅介绍全棉时代的创立初衷、专利技术、质量把控、原料选材、公益活动等，网友立刻炸了，说"把道歉信写成了广告文案"，质问："这是道歉信还是获奖感言？"

新浪舆情通达数据平台统计结果显示：1月8日卸妆巾广告在全网曝光，引发了小规模争议，当天全网敏感信息几乎占信息总量的一半；随着舆论发酵以及多方声音指责，敏感信息走势仍居高不下。1月11日全棉时代二次道歉后，事件在全网敏感信息高于非敏感信息。致歉信没有取得预期效果，反而成了"二次翻车"现场。

《三联生活周刊》刊发题为《全棉时代的错误》的深度文章（2021年1月12日），指出：当发生危机时，就老老实实地解决危机，不要只想着化危机为时机，这是全棉时代应该学到的一条教训。任何事务都应设立崇高的道德标准，这就是一家企业成功的基石。公司在处理公关危机时，既要迅速，又要真正地关心顾客的内心诉求。

无疑，这个危机给全棉时代带来了声誉和品牌形象的毁损。

时隔一年多，2022年，在北京冬奥会这一重大热门事件发生的时候，全棉时代官宣郭晶晶成为它的品牌代言人，并同时推出3月18日的超级品牌日活动。

在冬奥会期间，运动员代言成为一个新的市场看点。相比娱乐明星，运动员以他们坚强的意志、活力、健康、自信、拼搏、多元的良好形象，受到品牌的青睐。因而这一步走得不仅符合趋势，也为大众所欢迎，网上对于全棉时代的这一品牌动作的评论都是很正面的。因为郭晶晶作为曾经的"跳水女皇",在嫁入豪门之后仍然保持朴素的生活而赢得了公众的好感,双方有很多契合点,都借助郭晶晶的代言很好地阐释了出来。例如品牌精神的契合点是,"获得成功的背后是对梦想的坚持与不断的突破";品牌的主要受众是女性、母婴消费群体、家庭群体;产品的诉求是自然、纯粹、高品质,以及品牌在理念和社会意义上所强调的"环保"在这次合作中也成为很好的契合点。

全棉时代还与曾经批评过它的《中国妇女报》进行了诚恳而深入的沟通,并与《中国妇女报》、新媒体时代极具创意能力和影响力的新世相合作,推出了原创纪录片《她改变的》。这部短片拍出了中国女足教练水庆霞的精神世界。

《她改变的》这部纪录片映射了"全棉时代"的企业精神;表达了全棉时代的品牌主张;呈现了全棉时代的价值观。全棉时代秉持"全棉改变世界"的初心和愿景,改变生态、改变世界,让一朵棉花持续绽放。创始人李建全的理念是:"质量优先于利润,品牌优先于速度,社会价值优先于企业价值。"李建全还曾表示:"不急功近利,坚持利他和长期主义,坚持走可持续发展之路,以此打造并成为享誉全球的中国品牌。"借助《她改变的》纪录片所彰显的内涵,全棉时代与消费者进行了品牌价值沟通,产生了情感共鸣,激发共同思考这个时代应该弘扬的精神。在人物的选择上,也考虑了"外在柔软,内在坚韧"的女性特质,和"一朵棉花的绽放"这样一个品牌口号之间的契合点。

后续,全棉时代持续进行统一调性的品牌传播。例如,通过其投资企业红杉资本的官方微信公众号文章,进一步展现其企业价值观和品牌理念。红杉中国合伙人表示:"我们非常欣赏李总坚持的'质量优先于利润,品牌优先于速度,社会价值优先于企业价值'的经营理念。从认识他的第一天起，我们一路见证了'全棉时代'在他领导下是如何贯彻这样的理念从而成长为深受客户喜爱的国民品牌的。李总和他的团队为中国新消费品牌树立了一个非常好的榜样。"文章还着重强调了全棉时代的社会责任感。

全棉时代成立于 2009 年，距今有十几年的发展历史，在这次危机发生之前，算是一家明星独角兽企业，处于快速发展期。在企业大步向前走的时候，非常容易发生各种各样的问题。2021 年栽的这个跟头给了全棉时代一个教训，也给了它一个回归创业初心、回归企业核心价值观和再次确认企业愿景与使命的机会。这次反省对于快速发展期的全棉时代来说非常宝贵。

品牌老化后重塑形象

【案例 7 李宁：重塑品牌形象和市场定位】

我们在前面也有提及，李宁品牌始创于 1990 年，在发展的最初阶段，凭借创始人在体坛的名声，李宁公司快速崛起。自品牌创立到 2008 年奥运会，是李宁公司的"黄金二十年"，在 2010 年发展到一个新高峰。但是，2011—2014 年，李宁公司却进入了长达 4 年的下滑期，没有清晰的品牌定位，加之战略上的冒进，直接导致李宁公司陷入历史上最低迷的时期，业绩下滑严重。

李宁公司在经历了品牌力下降、连续数年亏损的困境之后，通过回归运动品牌定位，实施渠道复兴计划，开辟"国潮"产品新赛道，实现涅槃重生。2018 年，李宁公司在海外时装周爆红，此后积极抓住李宁公司产品优秀设计的单元进行推广，以专业运动 + 运动时尚为方向，既定位明确，又兼顾了时尚潮流的属性。在纽约时装节后，李宁公司推出的新品系列真正贴近年轻消费者，逐渐走上潮流的 T 台。2020 年，李宁公司营业收入 144.57 亿元，同比增长 4.2%；净利润 16.98 亿元，同比增长 13.3%。2021 年 6 月 28 日，李宁公司市值创历史新高，达 2618 亿港元。

纵观李宁品牌的发展过程，可以分为 4 个阶段，开端、鼎盛、转型和重振四个阶段，这其实也是非常典型的企业品牌发展所要经历的阶段。李宁品牌的经历和成功重塑，可以给很多处于快速发展期和成熟期的企业带来启示。

【案例 8　百雀羚再次闪耀】

曾经，一提到国货护肤品牌，人们就会下意识地联想到廉价、低端的标签。百雀羚品牌始创于 1931 年，在近百年的岁月变迁和风云变幻中，曾经风靡一时，也曾几近消失。作为老国货品牌，百雀羚遭遇了品牌过时和老化的危机。

2004 年，受外资日化冲击良久的百雀羚下定决心重塑品牌。于是，百雀羚展开全国性市场调研，筹备转型。2008 年，百雀羚正式推出草本系列护肤产品，启用全新的品牌定位"草本护肤"，并提出"中国传奇，东方之美"的全新品牌理念。围绕新的市场定位，百雀羚加大产品研发力度，产品系列愈加丰富，不仅摆脱了老国货的陈旧印象，还迎合了年轻群体的消费需求。

百雀羚看准市场发展趋势，早早就开始在电商渠道布局，这成为它品牌转型大获成功的重要原因之一。2010 年 10 月，"百雀羚"旗舰店在淘宝商城正式开张。2011 年，百雀羚入驻天猫平台并引入第三方电商专业团队，百雀羚的线上旗舰店迅速成长并开始品牌扩张。2015 年，百雀羚成为美妆类目榜首，从此蝉联三年"双 11"美妆类销售冠军。百雀羚电商渠道的胜利无疑对奠定其国货精品、行业第一的地位有非常大的推动作用。

此外，百雀羚紧跟市场潮流，在娱乐、综艺最为火爆的那些年，在娱乐营销上持续发力，先后请了莫文蔚、李冰冰、周杰伦等一线艺人作为品牌代言人，还大手笔赞助了第二季到第四季的《中国好声音》，2015 年还花费 1.65 亿元冠名了《快乐大本营》，其品牌曝光率大幅度增加。在互联网创意营销时代，百雀羚一直身处前沿阵地，推出了许多创意神广告，其中最成功的当属 2017 年的《百雀羚 1931》，这条超 3000 万播放量、口碑爆棚的百雀羚神广告已经成为中国广告营销圈的经典案例。百雀羚还尝试了许多受年轻人热捧的社交网络营销方式，如微博互动、直播、热点营销等，在二次元视频网站哔哩哔哩也有百雀羚的官方账号。百雀羚一系列的前卫品牌传播战略和执行，让人很难相信它是一个已经有近百年历史的老品牌。

百雀羚还采取了经典国际大品牌常常采用的"品牌群星"战略，通过建立多个子品牌横扫各个细分护肤品市场，做到了多品牌、多阶层、多功效。而与国外大牌相比，百雀羚的价格是具有优势的，不同梯度的层次满足了消费者各种各样的选择。

依托积极的品牌公关传播年轻化策略和与时俱进的渠道策略，紧跟时代脚步踏上电商、综艺娱乐营销的快车道，百雀羚不仅成功地扭转了品牌形象老化的危机，而且越战越勇，成为国内护肤品市场占有率最高的国货品牌，在其品牌创立近百年后又成为新时代"国货之光"中的典型代表，其品牌价值也在重塑的过程中得到了升华。2022 年，百雀羚跻身"全球美妆榜"15 强，是唯一上榜的中国品牌。

百雀羚这家成立于 1931 年的企业，在没有找到成功的品牌公关传播营销战略之前，在 2009 年时，还深陷销售额低迷的危机时刻，苦苦寻找破局之路，从家喻户晓的经典小蓝罐，到门可罗雀濒临破产，再到一举成为东方草本护肤的集大成者，拥有近百年历史底蕴的百雀羚在一个又一个化妆品市场竞争周期中不断焕发出品牌光彩，完美逆袭的背后，品牌战略定位的重要性不言而喻。

应对危机：企业成长永远的课题

很多企业的发展都会经历这样几个阶段：快速发展时期、红海竞争时期、企业低谷时期、企业再造时期。企业发展的每一个阶段，都会面临不同的挑战、风险，乃至危机。例如，在快速发展时期，可能会面临人才危机、组织危机、资源危机；在红海竞争时期（成熟期），可能会面临战略危机和决策危机；在企业低谷时期，可能会面临业绩低迷和财务危机；在企业再造时期，可能会面临组织文化危机。

尽管有一些企业在危机后再次爬起来，成功重塑了其经营战略、业务模式、品牌形象、企业声誉，但时至今日，仍有许多知名大企业，正从其发展高峰期滑落，它们必然要面临重塑的课题。

虽然本书重点讨论的是公关战略，然而，公关战略是企业整体战略的重要组成部分，危机公关的战略也必然是企业应对危机的战略中非常重要的组成部分。作为企业公关人员，一定要时时刻刻认知到企业所处的发展阶段，以及在该阶段所面临的重大战略问题和需要应对的危机。因为，应对危机是企业成长永远的课题。

创立一个成功的品牌非常不易，然而，一个品牌的创立，并不是最大的考验。不断为它注入意义，如同从一个起点到走完万里长征，更是难上加难。经营品牌，是一项接连不断的创造意义的工作。穿越周期，是每一个伟大的品牌需要面临的挑战。

第7章　企业国际化进程中的公关战略

第1节　制定国际公关战略的前期分析

跨国公司和本土民营企业的差异

过去的 10 年，经常有人问我跨国公司和本土民营企业都有哪些不同。要谈论跨国公司和本土民营企业的公关异同，必须先看跨国公司和本土民营企业有哪些异同。（注：我本人在跨国公司索尼工作了 18 年，在第 15 年时，也就是2009 年，成为索尼中国的副总裁。2012 年底我从索尼离开后，去了本土民营企业京东，在京东工作了 6 年多。）我简单总结了一下，跨国公司和本土民营企业之间主要有以下差异：

1. 发展阶段不同

很多跨国公司有数十年乃至上百年的发展历史，企业发展到这样的规模和阶段，大多在业务的拓展、组织的成长等方面有循序渐进的特征。而中国本土的民营企业正处于一个以"变化和颠覆"为突出特征的时代，抓住了机会的企业有可能出现爆发性增长，而被颠覆的企业也有可能发生断崖式下跌。

2. 管理方式不同

跨国公司更多地依靠体系化的运作，往往有缜密的运行机制、极强的计划性，容易"按部就班"。本土民营企业可能"Top-Down"自顶而下的色彩强一些，企业内部创业的色彩非常浓，随着市场竞争环境的瞬息万变，企业内部的变革和调整可能会发生得比较突然，有"风云突变"的感觉。

3. 工作风格不同

跨国公司内部的沟通总的来说还是比较温文尔雅的，当然背后比拼的是深厚的专业性；跨国公司非常看重信息的同步、共享，做一个决定往往要很多部门之间反复沟通、协调，最终达成一致，所以会在沟通上花很多时间。但一旦达成一致，就会有条不紊、冷静且专业地落地执行。

本土民营企业内部的沟通往往会更加直接，做起决定来也非常快；不一定顾及谁的面子，最好别把面子看得太重。相对于跨国公司强调的"专业性""职业性"，对本土民营企业而言，热情、灵活性、参与度甚至个性都是很重要的因素，专业性方面还是有参差不齐的情况。

4. 决策速度不同

跨国公司往往会比较有计划、有节奏地推进工作；而本土民营企业有可能是跨越式发展，有些特别重大的决定，可能分分钟就定了，经常不按常理出牌。这与企业身处的大环境有关：欧美整体市场经济发展到了比较成熟的阶段，中国则正在谋求"弯道超车"。

跨国公司非常注重国际通行的规则；而现阶段绝大多数中国的本土民营企业都是更加重视国内的规则，因为它们绝大多数的业务还是在中国市场。

5. 职场环境不同

多数的跨国公司有比较"高大上"的工作环境，出差的待遇也比较好，而在本土民营企业必须要有"挽起裤脚下泥地"的精神，"既能上得了厅堂，也能下得了厨房"。有可能上一分钟还在聚光灯下的舞台中央激情演讲，下一分钟就在吃着泡面加班搞定一件棘手的事情。总之你最好能发挥全身解数，施展出十八般武艺。

说到工作环境，近些年崛起的本土龙头民营企业都非常注重工作环境、企业文化、员工关怀这些方面的工作。我曾经去过华为的东莞松山湖小镇，据说华为建造这个小镇花了 100 亿元，有 12 个建筑群，几乎全是美丽的欧式建筑，园区内还有漂亮的咖啡馆、餐厅、小火车，就像一个旅游胜地。这么美丽的园区，里面主要是华为的研发中心、测试中心，还有华为大学，华为的工程师们每天就在风景如画的旅游区里面工作。当然，工程师们在这里也度过了无数个奋斗的日夜。进入深夜，松山小镇内经常依然灯火通明，上万名华为员工废寝忘食，不分昼夜地为了自己的梦想奋斗着。

过去的很长一段时间里，多数规模较大的跨国公司的工作还是比较稳定的；相较之下本土民营企业有着更高的不确定性。当然随着时代的发展，跨国公司工作的稳定性也在逐步下降。

跨国公司在中国的机构是它的一个地区分支机构，虽然中国市场非常重要，但其并不完全依靠中国地区的业务，所以必须要尊重总部的决定，只有与总部进行非常充分的沟通、协调、教育、说服，达成共识之后才能在中国市场推进工作。

而在本土民营企业，国内就是全球总部，就是大本营。主人翁精神和使命感是最基本的；所有最重要的决策都在这里做出。中国市场的商业竞争非常激烈，企业必须高效决策，管理层经常需要"快刀斩乱麻"。

毋庸赘述，跨国公司与中国本土民营企业在发展阶段、管理方式、工作风格、决策速度、职场环境等这些大的方面都有明显的差异。了解了这些差异，我们再来比较它们公关体系的异同，就比较容易理解了。

跨国公司和本土民营企业公关体系的异同

2021 年，我在接受南昌大学公共管理学院公共关系学专业负责人刘晶博士的访谈（注：刘晶博士也是"闻道 PR"公众号的总策划人）时，谈到了为跨国公司和本土民营企业建立公关体系有哪些共性和差异，尽管短短的对话无法呈现两者异同之全貌，但也提纲挈领地分享了我过往为跨国公司和本土民营大企业搭建公关体系的一些思考。

闻道 PR：您曾担任索尼中国副总裁和京东集团（JD.COM）副总裁，为索尼中国和京东分别搭建了完整的公共关系体系。这两家企业一个是电子、娱乐、金融等行业的跨国企业，一个是中国自营式电商企业，请问二者搭建公共关系体系有何共性和差异？完整的公共关系体系包含哪些要素？您提到的战略性思维、体系化管理、规范化运营三者之间有何逻辑关系？

李曦：我觉得你的问题问得很专业，二者确实既有共同点，又有非常多的差异。

通常来讲，跨国公司某一地区市场的各项管理需要遵循总部整体的思路框架。在索尼我们会遵循"全球本地化"（Global Localization）这样一个大原则。总部有全球共通的大目标，在大目标之下，其实每一个市场之间的差异很大，发展阶段也不同；比如美国和中国差异很大，中国和日本、美国和日本、欧洲各国和日本的差异都非常大，所以每一个市场其实都需要在全球大方向之下，针对本土市场的特色、需求和特点去做结合全球大方向的本地化解决方案。这跟本土创业企业从出发点上就已经不一样了。那么在搭建一个公共关系体系的时候，我们需要在这个原则的基础上去考虑搭建什么样的公关体系是最适合的、最好的。

拿索尼在中国的业务来说，我当时首先是跟董事长共同确定了一个大原则，就是"统一的声音"。由索尼中国的公关部门作为公司统一对外发声的管理者。公司在中国有非常多的分支机构，包括好几家员工上万名的大型企业，还有按地区划分的销售分公司等。这种机构复杂的情况下，我当时的方法是做了一个矩阵式的组织架构。

记得跟当时的总裁、董事长总结公关部的功能时，我说公关部门主要从"咨询"和"服务"两个维度支持企业管理与业务增长。我们必须能够给到所有管理者涉及公共关系、（与所有利益相关方）沟通、品牌和企业声誉等领域的战略咨询的能力。同时，我们必须能够具备服务各条线业务的专业能力。

据此我建立了部门的能力模块，这是组织的核心能力，公关部以外的人看不到。公司领导层和团队能够看到的是我们的矩阵式组织，水平方向上是具备公关核心能力的平台功能，垂直方向是为业务单元服务的团队和区域公关团队。通过设计这样一个缜密的组织，首先为我们所有的内部客户做好专业的咨询和服务，同时也能够很好地管理我们与外部客户，即媒体和意见领袖们之间的业务与互动。

在京东就有很大的不同。我加入京东的时候是 2013 年 1 月，那时候它只有一个京东商城，并没有复杂的组织机构，也没有海外业务。作为一家高速发展的互联网电商企业，与跨国公司在中国市场的业务的不同是，京东经常会有行业里的合纵连横，即通过投资、并购让企业在更短的时间里建立起强大的竞争优势。事实上京东每年都会有几个大的投资并购举动，带来业务的急速扩充，所以组织是经常变化的，且变化得非常快。

跨国公司在某一海外市场的业务范围相对稳定，快速发展中的互联网创业公司由于常发生投资并购，并且市场竞争极为激烈且多变，业务上的调整和变化会非常多也非常快。计划往往赶不上变化，不是说你一开始做一个特别稳妥的组织就可以覆盖所有需求，而是需要随机应变。因此，在本土互联网创业公司，计划通常是一个大的框架，而不像跨国公司那样每年的计划都需要做得非常具体和缜密。

另外，本土企业的市场竞争可以用惨烈来形容，它的风格、方式方法常常没有规律可循。公关团队需要特别有战斗力，这个战斗力就是说打就打，早上说的当天开打、今天说的明天开打，这种快速的应变能力非常重要。相对一个特别稳妥的组织和体系，本土企业的公关团队更需要及时变化的能力，这是一个巨大的不同。

即便有这么多的不同，不管在哪里做公关，我都会让团队拥有两大核心能力："咨询能力"和"服务能力"。我们提供这两个产品或称解决方案，必须要有很多的能力模块来支撑它，像舆情分析洞察、内容创意策划、媒体资源平台、公关效果评估、危机管理机制、人才梯队养成等。这些能力模块是在公关团队内部练的内功，我们必须要建立好这些能力模块，才能够向管理层、业务部门提供最专业、最有效的公关咨询和公关服务。这个业务核心思想是相同的。

随着京东的快速发展，我们用了很短的时间快速建立了完整的公关体系，它很像一个服务于京东管理层、京东集团以及各业务板块、条线的内部公关公司。公关团队的规模自然也不会小，因为我们除了服务整个集团，还会深入地服务很多业务条线，比如IT、家电、商超、时尚、运动、物流等，每个业务条线都是一个行业战场，需要提供针对性的、即时的、专业的咨询与服务。

我在索尼的时候，需要专注的重点主要是消费电子、广播电视、专业部件这些领域，大多集中在高科技领域。而京东逐步发展成为一个巨大的、几乎无所不包的电商平台，业务的涉猎面非常广，所以二者差异性还是挺大的。我们当时在做几乎所有的行业领域；如果从媒体的视角来看，除了顶层的中央媒体、财经媒体，还会有不同行业领域的垂直媒体对应着报道所有这些不同的行业板块。所以我们媒体覆盖范围也是全方位的。

闻道 PR：什么推动您去做能力模块和信息化运营？

李曦：都是在工作中自己摸索，这个摸索的过程是非常艰难的，因为你很少能找到可以直接学习到这些思路的地方，这些都是不断思考后自己创立的。比如我从想要提供的终极解决方案来倒推——我们可以向自己提问：我们必须要有什么样的能力模块才支撑得了对管理层和内部业务客户提供这些专业的解决方案？且这些解决方案是能够随时随地拿出来、专业性非常高，并且可持续和不断加强的。这个倒推的过程，让我首先识别出了我们拥有什么、缺失什么，缺失的就赶紧建设，已经拥有的就让它发展成一个更强大的能力，逐步推进直到每一个能力模块都非常强大。

比如说舆情监测，现在的舆情监测跟早年比变化太多了，技术性越来越强，所以需要利用一些外部专业的舆情监测公司。但我们会根据自己企业的需求设定很多维度，包括跟市场上哪些玩家去对标，都在哪些维度上对标，不仅需要量的分析，也需要质的分析，"质＋量"共同组成了影响力的精准分析。我们也设定了收到报告的频率，有每周的、月度的，还有 24 小时级别的。而这只是一个舆情监测，是非常基础的一块内容，但它能让我们确切地知晓我们在"声音市场"上的位置，了解其他玩家的位置，也是我们制定公关策略的基础之一。

比如说内容创意方法，我们也是逐渐发展出来的。在京东当时我的团队比较大，团队成员分别来自媒体、不同行业领域的企业内部公关部和公关公司，是一个很好的多视角融合、互相打配合的战斗型团队。我们做内容创意的时候，也会有类似媒体内部的选题会。大家根据对业务需求的理解和对舆情市场的分析各自提出内容创意的想法，每个人也能从负责不同业务的同事身上获得启迪。我会从集团层面、财经视角提出自己的观点，做一些判断与决策。这是我们自创的内容创意的一种方式。

再比如说媒体资源平台，我们有专门的媒体数据库，有专门的团队分门别类地做相应的沟通与评估。

每一个公关项目计划的阶段都会设定目标，我一直都要求团队用两个维度去衡量效果，一个是质，一个是量。这是方法论，当然在应用的时候，它必须是有效的，同时它也可以成为在企业内部谈论公关的共通语言。

谈到危机管理体系，无论是在索尼还是在京东，我都推进了在公司内部建立虚拟的危机管理体系或组织，然后去推动这个组织或体系的运转。由于我们在日常就已经做好了大量的预案，并且提前与业务、客服、政府事务、法务等部门达成了共识，发生任何突发事件，我们基本上都可以比较从容不迫地去应对。

如果没有这些能力模块作为支撑，就不能称之为一个有效的专业体系，也就无法提供好的咨询和服务。当然更重要的是体系中的人。公关是一个非常依靠个人能力的事。

我们在公关部内部有自己的人才培养机制。一方面我在招聘团队成员的时候尽量让大家能力互补，另一方面想方设法给每一个团队成员成长和发展的机会和空间。这其实是一个庞大而复杂的工作，如同运作一家公司。

我从索尼中国到京东，帮助两家公司建立完整的公共关系体系，包括后来做国际公关，都经历了从 0 到 1 的过程。从 0 到 1 是非常难的一件事儿，因为以前没做过，尤其是很多时候并没有参照。

我在京东做国际公关从 0 到 1 的建设时，有时会想索尼日本总部是怎么做的。索尼虽然是一家亚洲公司，但超过 70% 的业务都来自日本以外的市场，作为一家总部在日本的亚洲公司，当初它开创海外市场也没有任何能够参照的范本，做到成功地管理全球规模巨大的业务，非常不容易，也非常了不起，有很多值得学习的地方。索尼东京总部的公关部门，面向国际市场的公关管理以及重大事件的全球性发布是怎么做的呢？

我当时在索尼作为其海外几大市场板块的公关负责人之一，几乎每周都要跟总部和各大市场的公关部负责人开电话会。虽然中国的媒体在全球媒体市场上是非常独特的，那时中国这边能发言的特别少，但从美国、日本、欧洲、东南亚等市场板块公关负责人的分享中我也得到了一些启发。

我相信"全球本地化"这个原则是非常正确的。尤其是做公关，这个工作一定要由当地人来做，所以我们在海外会聘用当地人来做公关工作。你可以这样去想象一下，比如说在中国一家跨国公司的公关负责人如果是外国人，他跟中国媒体沟通的效果肯定就会打折扣；就算他非常专业，受语言和文化差异的影响效果也会打折扣。

然而更多的还是要我们自己探索。通过深入分析总部所在市场和海外某个具体市场的异同，做出既契合总部大方向，又能在当地市场真正有效的组织和公关方案。

闻道 PR：关于战略性思维、体系化管理和规范化运营三者之间的逻辑关系，您能否简要概括一下？

李曦：我觉得这三者缺一不可。一个公关职能的负责人首先要具备战略性思维，因为咨询能力是高级公关人员的核心能力，它的着眼点或出发点是一家公司的未来愿景、战略性发展。公关在企业的发展过程中如何为企业创造价值，战略性指的是这个层面。

体系化管理就是指有了战略性思维，还必须要有一个支撑体系，让这个战略落地。在这个体系内建设必要的能力模块，能够提供多样化的解决方案。

第三就是规范化运营，就是有了体系以后，必须能够很好地运营，管理好这个体系。管理很讲究技能和艺术。刚才说的那些能力模块，我们并不是机械地建设，而是根据企业的愿景、实力和真实的需求，具备在不同阶段建设最适合企业的和有一定前瞻性的评估能力。

运营的时候要有规范，例如需要出台规范化指导性文件，包括对外发言的指导性文件、大量新媒体账号管理的规则等；还应该对管理层开展发言人培训，在员工手册中写明员工沟通规范，有一套内部人才梯队培养的规划等。这些运营工作都蕴含着很多科学的管理思维。

过去的 20 多年，我不管是在索尼还是在京东，基本上这三大块都必须要做到位才行，缺一不可。光有战略性思维，落不了地没有用。当你有了战略性思维、有了一个体系，但如果不能做好每天的运营，它仍然不能很好地落地。所以这三者相互依存，互相促进。

闻道 PR： 我觉得您科学化的思维特别明显，是与您的学科背景有关吗？

李曦： 我高中是理科生，大学考取了北京航空航天大学的计算机系，当时计算机系的录取分数比英语系的录取分数要高不少，但我最后选择了去英语系。招生老师认为很可惜。后来我在英语系用英文学了一些高等数学和大学物理，之后的工作一直在科技公司。比如说在索尼必须要懂技术，懂产品；京东是基于互联网科技的零售公司，背后全都是靠技术，你必须要懂背后的业务逻辑。

我个人觉得文理结合是非常好的一种个人发展方式。我整个的职业生涯其实是理性偏多的；但2012年底我作为当时唯一的索尼中国区本土员工中提拔上来的女性副总裁，选择离开工作了18年、当时特别光鲜的外企职场，去到一家前途未卜的本土企业，这其中又有许多的情怀，可以说是理性与感性的结合让我做出了这个决定。公关工作正是一个理性与感性相结合的工作。

我始终相信，今天优秀的中国企业中终有一些能够成长为全球化的跨国公司，跨国公司所走过的路、跨过的沟坎，本土民营企业也会逐渐遭遇一些相似的情况。

例如，无论是跨国公司还是本土民营企业，在其发展壮大的过程中，主要都是两个方面的发展：一个是业务的拓展，我们可称之为"垂直型拓展"；另一个是市场的拓展，我们可称之为"水平型拓展"。当企业的垂直业务条线越来越多，跨越越来越多的行业领域时，公关部门也需要吸纳各行各业的资深人士来做相应的专业性工作；当企业在水平方向的市场拓展的面越来越宽，包括走向海外市场，并逐步拓展至更多国家和地区时，公关部门就需要建立起国际公关网络。

所以，与其说探讨跨国公司和本土民营企业之间公关体系的异同，不如说企业在不同的发展阶段，需要的公关能力有所差异。今天中国本土企业大部分只是征战在国内市场上，是因为中国市场化的时间还非常短，加上中国市场自身的独特性，还没有跑出来很多大型的国际化企业。但中国企业全球化是必然的趋势，只是全球化发展的速度需要依照各个产业的具体发展情况而定。

一些大型跨国公司，其业务大多遍及百余个国家，与之相匹配，其公关部门在全球的网络也会很庞大。我曾经在宝洁公司总部与它的全球首席传播官进行过交流，他当时告诉我，他在全球的团队超过了400人。然而，就在前不久，我作为阿瑟·佩奇协会（Page Society）中国市场高级顾问，和阿瑟·佩奇协会的国际业务负责人、中国区主席一起访问总部在杭州的吉利集团时，吉利集团的公关副总裁和我们说了类似的情况，吉利在全球的公关团队也有400多人的规模。所以，在某些产业，中国本土企业已经快速成长为跨国企业，与总部在欧美的跨国企业在国际市场上相遇。棋逢对手，往往可以促使中国本土企业更快地成长。无论是跨国公司，还是已经颇具规模并开始全球化发展的中国本土企业，企业公关负责人都必须拥有全球化视野，将企业公关战略作为企业全球化增长和竞争战略中的重要一环，搭建实力强大的全球化公关组织和企业沟通传播体系，打赢一个又一个漂亮仗。

第 2 节　中国企业的国际公关课题及战略思考

我的大公司职业生涯的最后 10 年，有 4 年是担任索尼中国区副总裁，负责索尼在中国的公共关系、品牌调研、品牌标识管理、公司官网及品牌项目"索尼探梦科技馆"等工作；后面 6 年多担任京东集团的副总裁，帮助京东搭建了整个公共关系体系，最后的两年又聚焦在帮助京东建立和拓展国际公关部门与运营体系，期间发起和开展了一系列重大的国际项目。

索尼是全亚洲国际化最成功的企业代表，京东是迅速崛起的中国民营企业的代表，探索国际化发展的时间不长。2017 年在我负责建立和拓展京东国际公关体系的时候，几乎找不到可供参考的信息，完全没有作业可以抄。我一方面快速回顾了索尼全球公关运营的原则和做法，从中汲取了一些非常有价值的思路；另一方面依据京东的实际情况以及时代的进步和面向未来的需求，开创了一些新的方法。基于在这两家亚洲极具代表性的公司的多年实践，我想就中国企业的国际公关课题分享一些观点。

索尼国际公关的启发

索尼的国际化之路至今已经有 60 多年的历史，它在成立 10 多年的时候，也就是 20 世纪 60 年代，正式开启了国际化的进程。后来，索尼近 80% 的业务来自海外市场，成为全亚洲最国际化的企业代表。在其准备开始国际化的时候，就有了最基本的品牌战略思维。

1. 为公司和品牌起一个好名字

索尼创立于 1946 年，原名东京通信工业株式会社。1955 年，井深大和盛田昭夫两位创始人做出了一个伟大的决定，为了让公司走向世界，将公司名和品牌名改为由 S、O、N、Y 四个容易发音、世界通用的字母组成的前所未有的新词"SONY"，词义源自拉丁文"一个活泼调皮的小孩"。起这个名字的时候并没有局限在哪个特定的行业，与创业者的名字也无关。这个名字当时在日本被视为异类，但它充分显示了井深大和盛田昭夫两位创始人的远见和魄力。

即便在今天看来，这也是非常高级的市场公关传播战略。第一，公司和品牌名称一致，让传播的效率达到了极致；第二，创造一个独一无二的名字，避免了在全球任何市场的名称侵权等法律问题；第三，品牌的发音在全球任何国家和地区都极为简单，清晰有力，朗朗上口，易于自传播；第四，公司和品牌名称没有呈现任何业务类型，对未来的发展完全不设限。

我们看到有很多类似聪明想法的企业，像亚马逊（Amazon）、阿里巴巴（Alibaba）、蚂蚁（Ant），它们给自己公司起的名字不仅都非常有创意，很大程度上也避免了侵权的问题，而且用字母 A 开头，在国际会议、论坛、展览等很多按字母顺序排序的大型国际活动中，这些企业就能被列在最前面，吸引更多目光，天然地占据了传播优势。也有一些中国企业从 SONY 的名字获得启发，将公司名和品牌名直接定为简单易读、易传播且直接避免了注册和侵权问题的几个独创的英文字母。

在一项业务开展之前就选择占据市场优势的航道正是战略选择的要义，不管是业务类型，还是品牌名称，都是如此。

2. 海外上市、投资并购及公司管理体制全球化

进入 20 世纪 60 年代，在公司刚刚成立十几年的时候，联合创始人盛田昭夫就携全家赴美国定居，开始全力为索尼拓展国际市场。很快，索尼就成为日本第一家在美国上市的公司，为其国际化发展迈出了重要的一步。

在后续的二三十年里，索尼的消费电子产品风靡美国市场，还曾经连续多年被评为美国最佳知名品牌。到了 20 世纪 90 年代，不仅在美国，在日本、欧洲国家等世界范围内的品牌调查中，索尼品牌所获得的好评度均居于世界第一，知名度位居第二（仅次于可口可乐），获得了全球化的全面成功。许多西方消费者甚至不知道索尼是一家总部在日本的公司。索尼在欧美市场的成功，一举颠覆了人们对于日本产品不怎么样的印象。

20 世纪 80 年代，索尼并购了美国哥伦比亚三星电影公司，此举创下了日本有史以来最大的一宗海外并购案纪录。然而，好莱坞是美国文化的象征，这宗并购案令美国舆论哗然，亦出现了很多争议。以电子业务闻名于世的索尼，在进入电影娱乐行业之初并不被认可。好莱坞哥伦比亚电影公司（Columbia

Pictures）的影片一开始推出的片头，只是在最下面有一行小字，写着"A SONY PICTURES COMPANY"（属索尼影视娱乐公司）。对于这一巨额并购的业务，为了避免引发文化层面的争议，索尼将自己的品牌放到了很低调的位置，保留了哥伦比亚电影公司原品牌。经过多年的苦心经营，现在索尼影视娱乐和索尼音乐娱乐公司都已经分别成为世界知名的影视和音乐公司之一。而随着游戏业务成长为支柱业务之一，今天的索尼已经被越来越多的人认为是一家拥有电子、游戏、音乐、影视等多元化业务的互动娱乐集团，索尼也把"多样性"收入了企业价值观。索尼的创始人井深大、盛田昭夫早在 1955 年时将"东京通信工业株式会社"改名为不体现任何业务类型的"SONY"公司，足见创始人的远见卓识。而在收购美国好莱坞影视业务的时候，其采取的低调的品牌呈现方式，也是企业国际公关智慧的体现之一。

1999 年，出井伸之先生接任索尼 CEO，这位在年轻时曾经创立了索尼法国分公司的 CEO 导入了美国式的董事会治理架构。2005 年，索尼董事会宣布了一项令外界震撼的决定，主动任命了一名美国人霍华德·斯金格（Howard Stringer）担任索尼集团 CEO，这是索尼发展历史上第一位外籍领导人。这个举动在亚洲公司里面是绝无仅有的，也是索尼这家亚洲代表性企业立志彻底全球化的一个标志性事件。那时索尼已经成功地将业务扩展到了全球近 200 个国家。

当遇到重大的全球性事件时，索尼的国际公关网络运行方式，也是由日本总部和美国的公关团队先做充分的商讨并达成一致，再与全球各大市场的公关负责人分享，原因是日本作为总部所在地，是绝大部分业务的起源地，要想搞清楚一件事的来龙去脉，必须由日本总部的公关团队在总部内部做调查，而美国的媒体在全球的影响力远远领先于其他国家的媒体，如果解决了美国媒体的所有疑问，就基本上可以解决全球各国媒体的疑问。这一点对于我在京东负责国际公关期间的工作就是很好的经验参考。

企业国际公关是企业国际化战略发展中非常重要的一环，企业国际化发展进程的每一个关键时刻，都少不了国际公关的决策和配合，在各国、各地区市场与企业各利益相关方进行妥当沟通是企业顺利推进业务的基础。此外，这项工作还涵盖了在全球市场进行品牌营销／公关／传播／推广的战略定位、全球与本地市场相结合的影响力策略规划、传播资源的整合与分配，以及本土化的实施管理等。

3. 注重企业家个人的全球影响力传播

1998 年，索尼的创始人之一盛田昭夫先生作为唯一的亚洲人，被美国《时代》杂志评为 20 世纪 20 位全球最具影响力的商业人士之一。此时距盛田昭夫先生携全家赴美已经过去了 30 余年。他终生致力于推动索尼的技术和管理哲学全球化，曾提出"全球本地化"的管理理念，对提升日本电子工业的国际地位做出了巨大的贡献。

盛田昭夫先生也是为数不多的在世界上发挥主导作用的几个日本人之一。一个全球化品牌的诞生直至在全世界消费者和精英阶层的脑海中留下深刻印象，不仅依靠出色的产品和技术，到位的市场营销和公关传播推广，创始人和／或企业高层管理人员通过国际主流媒体、有影响力的论坛等场合，向各利益相关方持续传递企业的核心理念、价值观并展现出远见卓识和人格魅力，也是让品牌形象持续获得关注、提升好感不可或缺的组成部分。

从上述索尼国际化发展的几个里程碑事件，我们可以看到，如果一家企业准备全球化发展，有一个适合全球化发展的品牌名称，在全球主流市场的证券交易所上市，通过投资并购吸纳全球资源、更高效地完善企业业务形态并服务全球客户和消费者，企业的最高领导者在全球商业世界获得尊重，都是值得我们参考的做法。

中国企业国际公关大环境

1. 新兴产业是施展企业国际公关的大舞台

做公关必须要紧密关注时代和产业的发展。互联网时代和新能源时代的大背景下，中国企业与外国企业几乎站在了同一起跑线上。

进入互联网时代之前的30年，我们叫作"模拟时代"。那时候由于中国的经济基础薄弱，自主创新匮乏，我们在全球经济价值链中的地位更多体现在下游制造能力的廉价输出上。在那个时代，能够进入国际市场并能够打拼出一席之地的中国品牌凤毛麟角。我们与发达经济体之间至少有几十年的差距，很难在短时间内赶上。

进入互联网时代以后，这种情况发生了变化。中国互联网创新应用和创新商业模式在很短的时间内成长和繁荣起来。以在中国互联网时代成长起来的电商零售行业为例，按照中国国家统计局的数据，在中国市场，实物电商在整体社会零售中的渗透率从2012年的6.2%快速上升到了2022年的25%以上；京东的年销售额从2012年的600多亿元人民币增长到2022年的10462亿元人民币。同一时期，全球零售业巨头沃尔玛在《财富》500中排名第一，也是美国最具代表性的公司，它的年销售额的增长率基本上在2%~3%。也就是说，中国互联网零售的龙头企业，是以西方传统大企业十倍以上的速度增长壮大的。

现在世界前20大互联网公司几乎全部被美国和中国的互联网企业占据，其中中国互联网公司在里面占据了8~9席，接近一半。与制造业时代不同，中国互联网企业不仅已经可以和国际上最优秀的互联网企业同台竞技，并且，在互联网应用创新的活跃度方面已经超越了很多西方国家的企业。

近年来，随着环境保护意识的不断提高和政府对清洁能源的大力支持，中国的新能源汽车产业蓬勃发展，越来越多的消费者开始选择购买新能源汽车，传统燃油汽车的销量逐渐下降。2022年7月，我国的新能源汽车产量已经超过2000万辆，这标志着我国新能源汽车在产业化、市场化的基础上，已经迈入规模化、国际化的高质量发展新阶段。在销量方面，中国新能源汽车市场已超过欧洲、美国等其他主要市场，将会是全球新能源汽车发展的重要推动力。在这个领域，中国已经成为全球的领导者之一。

在国际市场，中国新能源汽车已经在全球 70 多个国家和地区建立了业务。中国新能源汽车需要坚持创新发展，在技术、产业链、销售和售后服务等各个方面不断完善和提高，打造更加实用和更加节能的新能源汽车产品，从而在全球市场上赢得更大的市场份额，并与国际知名汽车品牌展开正面竞争。

国际金融中心（IFS）曾预测，中国 GDP 将在 2028 年首次超越美国，成为世界第一大经济体；汇丰银行和英国智库也都曾经预测，2030 年中国 GDP 将登上世界第一的宝座。尽管各家金融机构的预测有所不同，随着时间的推移也会发生变化，但是，我们可以看到，未来的 10 年、20 年，中国不仅是世界经济版图中的重要组成部分，整个世界经济格局也会因为中国的崛起发生变化，更多的中国企业有机会发展成为全球化企业。而消费电子行业、互联网行业、电子商务、新能源产业，都将是中国企业有机会走向全球市场的重要产业，这也是企业国际公关可以尽情施展拳脚的舞台。

2. 中国企业的国际公关面临艰难之路

当然，对于任何企业来说，国际化都是一件非常艰难的事情。前文提到的索尼在国际化方面取得了巨大的成功，带给亚洲企业很多启迪；京东也从中国本土草根创业企业的原点出发，成为在国际市场上备受瞩目的互联网电商上市企业。但走向成功的道路从来都不是一帆风顺的，总会遇到各种各样的困难和挑战。往往刚开始走出去的时候，可能会看到一些很不错的事情，让你信心大增，快马加鞭往前冲；冲着冲着局面变得越来越复杂，甚至会乱成一团麻，这时候你需要披荆斩棘，冲出重围，才能再见阳光。

我们首先要有两个基本的认知，一个是"从 0 到 1"的认知。"Every time we create something new, we go from zero to one."（每当我们创造一个全新的事情，我们需要从 0 走到 1。）这是《从 0 到 1》的作者彼得·蒂尔的金句之一。彼得认为，所谓开创或创新不是从 1 到 N，而是从 0 到 1。中国企业国际化正是一个从 0 到 1 的过程，是一个开创性的工作。另一个认知就是，"One size does not fit all"（一个尺寸不会适合所有），在中国市场取得成功，不等于在国际市场也可以取得成功。

　　企业开始国际化的时候，常常会设置负责国内市场的部门和负责国际市场的部门，好像这是两个平行、对等的部门。凡是抱有这种思维的人，都对上面所说的两个基本认知没有深刻的领悟。当真正开始放眼大千世界，我们会发现，国内市场是一个市场，但是国际市场是很多很多市场。有人会说，在国内我们也分很多不同的区域，比如东北和江浙也会有很多不同啊！但在国内毕竟我们都讲同一种语言，在同一个政治体制和政策环境下，有统一的法律法规体系。在国际市场，一个国家和另外一个国家在几乎所有的方面都不相同，这些不同往往体现在以下几个方面。

　　从外部来看，各国的社会环境非常不同，包括政治体制、宗教文化、政策法规；各国的语言、社会价值观、竞争环境也都不同。从公司内部来看，管理国际市场，我们需要非常认真地思考下面这些问题：企业价值观如何传承，企业文化如何被接受和融入当地，商业模式和竞争优势是否还和国内一样有效，等等。所有企业都希望企业价值观是全球统一的，但做起来就会发现要做到建立全球统一的企业价值观是一件非常具有挑战的事情。在中国市场依靠某种独特的商业模式获得成功，不意味着在其他国家的市场，用同样的商业模式和竞争优势依然可以获得成功。我们必须得逐个研究分析当地的市场和竞争环境，做出因地制宜的商业上的判断和竞争发展策略，在每一个当地市场找到独有的定位和差异化的竞争优势。

　　下面不妨看几个我在做国际公关工作过程中遇见的真实的例子。

　　首先，对于一个国家的社会环境，本国人和外国人的理解和认知往往是截然不同的。2017年，我去了以色列的耶路撒冷和特拉维夫。我们在耶路撒冷与犹太家庭进行交流，去了著名的哭墙，也参观了大屠杀纪念馆等，对巴以冲突也有了略微深入的了解。到了特拉维夫，我们与20多家以色列的创业公司进行了交流，他们展现出了非常多的创新想法，思考站在了全世界和互联网产业的最前沿。很多人都知道，以色列是除美国之外在美国股市上市公司最多的国家。

当晚，我们和这些创业者共进晚餐，随着话题的深入，我不禁问他们："我们常常会看到巴以冲突的报道，也常常会看到武装势力枪杀平民的报道，生活在这里你们会不会觉得很危险？"他们大笑着跟我说："特拉维夫是全世界最安全的地方！你们看到的报道都是因为媒体只关注偶尔发生在边境地带的突发事件，我们从来也没有觉得危险。"由此可见，本地人和外国人对于以色列的认知是多么不同。

然而，时间仅仅过去了几年，巴以冲突在2023年却以一种极为惨烈的方式为世界所知，我曾经重新建立的认知再一次被完全颠覆。国际社会就是如此复杂，商业企业的全球化也无法避开地缘政治和国际社会环境巨变的影响，这就要求企业建立与其全球化业务目标和市场环境复杂度相匹配的国际公关能力。

我们再来看看社会价值观，只举一个工作时长的例子。在中国，我们早就习惯随时通过微信联络沟通工作的事情，还有很多创业企业实施"996"甚至"007"的工作模式。但是在欧洲，周末和节假日通常没有人会回复你工作上的事情。到了7月和8月的暑期，大部分欧洲人都要去度好几个星期甚至一两个月的假，几乎没人有心思工作。

有一次我在法国招聘当地的公关人员，我当时负责全球的市场公关传播工作，工作非常忙，但还是见缝插针、加班加点、以最快的速度在一周内面试了4个法国当地候选人，然后立刻就把面试评价发给了我们当时的法国办公室负责人，希望他能够在下一周完成对所有候选人的面试并给出意见。这样做原本是因为当时法国方面非常着急，9月份有重要的展览，他们希望尽快有新的公关人员入职投入到准备工作中。可是第二天，我收到了法国办公室负责人的邮件回复，邮件是这样写的："Dear Gloria, I will respond one month later."（亲爱的葛洛莉亚，我将在一个月后回复您。）我当时以为自己看错了，可是他确实告诉我，他要一个月以后再回复我。这个小例子说明欧洲人与中国人对待工作的不同态度。

京东的小狗吉祥物在中国大家都很熟悉了，可在印度尼西亚却没有使用这个小狗吉祥物。印度尼西亚主要的宗教信仰包括伊斯兰教、基督新教和天主教，其中绝大多数人信奉伊斯兰教。伊斯兰教圣训《古兰经》认为天使不会进入有狗或挂着狗画像的房屋。家中的狗或有狗的画像，都是不吉祥的东西，圣洁的天使拒绝进入。在伊斯兰教中，马则被视为福泽深厚的动物，受到特别的尊重。因此，出于对文化差异的理解和宗教信仰的尊重，京东当时曾决定将其在印尼的吉祥物改成小马的形象。后来我准备在泰国首次举办一系列媒体发布活动的时候，还特地查了下在泰国到底能不能用小狗的吉祥物标识，以免犯忌。

　　东南亚有很多国家，并且各国都有自己的语言、宗教信仰、价值取向，市场环境相当复杂。因此，不能说"东南亚市场"是一个市场，当我们看国际市场的时候，仅仅一个东南亚，就已经是很多市场了。亚洲除了东南亚，还有我们的近邻市场日本、韩国，它们都拥有自己独特的语言、文化、政治体制、法律规范。走出东方，我们还会遇见复杂的中亚、中东地区，来到西方，我们要研究拥有多个国家、多种语言和文化的欧洲市场，以及雄踞全球市场和产业食物链顶部、拥有全球最优秀的商务精英和竞争难度极高的美国等，每一个市场都极其复杂，在实施具体的市场行动之前需要做深入的本地市场调研、制定专属的市场公关战略。所以，企业在拓展国际公关业务时，为了在每一个市场找准企业的形象定位，招聘到认同企业理念的公关人员，将每一个国际公关项目完美执行、落实到位并达到最佳效果，相比起在国内的不同地区、省份做市场公关传播推广，其所需要的视野及在运作上的复杂程度都要高出很多。

　　认知和文化差异带来问题是必然的，比较常见。除此之外，中国企业在国际公关上还会遇到更多的挑战。例如，中美关系的波动、地缘政治的复杂，都给企业在海外开展业务带来许多不确定性，国际公关的工作难度极高，挑战极大。比如，美国政府对中国企业的制裁使得一些企业在美国市场上的经营受到限制，公关需要做很多博弈和危机管理的工作；中美关系动荡也已经影响到中国企业在美国寻求投资和合作的机会，影响了美国消费者对中国企业和品牌的印象。

2019 年 5 月 15 日，美国商务部以国家安全为由，将华为及其 70 家附属公司列入出口管制"实体名单"。这意味着美国将不再为华为供应电子芯片，曾经以为永远不会发生的事情还是发生了，华为生产端面临危机。在华为海思总裁何庭波看来，华为已经进入极限生存的状态。在这一背景下，她在 5 月17 日凌晨 02:14 发出了一封内部邮件：海思总裁致员工的一封信，通过这封信宣布：华为海思将会把所有曾经打造的备胎转正，在保持开放创新的同时，实现自立。"今天，是历史的选择，所有我们曾经打造的备胎，一夜之间全部转正。"挽狂澜于既倒，滔天巨浪方显英雄本色，艰难困苦铸造诺亚方舟，结合华为的至暗时刻，这封信读起来格外热血，既有生死存亡的危难感，又有一种民族企业的热血沸腾。这封信的发出不仅引爆了社交媒体平台，迅速登上各大社交网站的热搜榜首，《人民日报》、央视新闻、《环球时报》等官媒也纷纷转发，为华为打气，对华为的民族企业形象进行了加持。没有哪个企业的一封内部信能够像华为海思一样，引爆大众社交平台和国家权威媒体的高度关注和全民力挺，可以说，华为上演了有史以来"最精彩的一次公关"。然而，在国内的精彩公关，并不能缓解华为所面临的因美方制裁带来的困境。国内国外两重天。

在此前的 2018 年 12 月 1 日，途经加拿大温哥华的华为首席财务官孟晚舟突然被扣留，并于 12 月 5 日正式被捕，美国向加拿大要求引渡孟晚舟，称华为违反了美国对伊朗的制裁令，此事件即著名的"孟晚舟事件"。这件事一下子成为国际社会讨论的焦点，大量国际媒体进行了报道，华为也在第一时间发布了相当专业得体的声明（图 7-1），随后面向其全球供应商发出了一封信，澄清事实、表明态度。

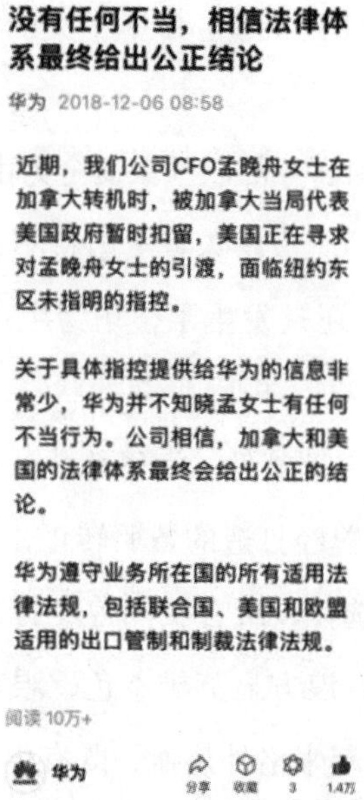

没有任何不当，相信法律体系最终给出公正结论

华为 2018-12-06 08:58

近期，我们公司CFO孟晚舟女士在加拿大转机时，被加拿大当局代表美国政府暂时扣留，美国正在寻求对孟晚舟女士的引渡，面临纽约东区未指明的指控。

关于具体指控提供给华为的信息非常少，华为并不知晓孟女士有任何不当行为。公司相信，加拿大和美国的法律体系最终会给出公正的结论。

华为遵守业务所在国的所有适用法律法规，包括联合国、美国和欧盟适用的出口管制和制裁法律法规。

阅读 10万+

华为

图 7-1 孟晚舟被捕后，华为第一时间发出企业官方声明

华为向其全球供应商表示：华为多次进行了澄清，公司在全球开展业务严格遵守所适用的法律法规。华为方面强调，该公司对孟晚舟所面临的"指控方面获得的信息非常少，且并不知晓孟晚舟女士有任何不当行为，公司相信加拿大和美国司法体系最终将给出公正的结论"。在这封信中，华为谴责了美国政府的做法："我们认为，美国政府通过各种手段对一家商业公司施压，是背离自由经济和公平竞争精神的做法。"但华为也郑重承诺："我们不会因为美国政府的无理而改变我们与全球供应链伙伴的合作关系。"

华为创始人任正非先生决定接受西方媒体采访，向美国和西方喊话。华为国际公关团队夜以继日地工作，半年多的时间里安排了数十家国际主流媒体到访华为总部，任正非先生一反行事低调的常态，与各国记者进行了真诚而充分的沟通，发出了大量的声音，这些采访后来结集成为厚厚的七八册书。在这一事件中，企业被深度卷入国际政治博弈，华为经历了大量的国际媒体报道的洗礼。

孟晚舟女士则历经多场庭审、抗诉、申辩，挺过了被软禁的艰难时光，最终在国家的支持下，于 2021 年 9 月 25 日返回祖国。近 3 年的时间里，随着事件的进展，华为多次在关键节点发布企业声明，每一次声明都受到高度的关注，被国内和国际媒体大范围报道。这一事件是极为典型的美国对于中国高新技术企业打压的事件，华为的国际公关团队也一直战斗在最前线。

近年来，华为等中国企业陆续遭到美国商务部的多轮制裁，波及的企业和业务相当广泛。华为在美国几乎没有了业务，而其他国家受美国的影响，对购买华为的 5G 产品也表现出犹豫不决。

2023 年 3 月，中国新兴互联网企业的代表抖音海外版 TikTok 的 CEO 被要求在美国国会听证会上回应美方议员有关国家安全方面的多项提问。不少美方议员认为应当禁止 TikTok 平台在美运营。再早之前，美国国会禁止联邦政府设备使用 TikTok 的视频共享应用程序，并有 20 多个州颁布了类似禁令。TikTok CEO 周受资及团队需要花费巨大的精力准备多场听证会的博弈，解救企业面临的危情。有媒体用"鸿门宴"来形容美国国会听证会给企业带来的不同寻常的威慑力，而周受资对于美方议员大量严苛提问的回应内容，正是国际公关团队在背后需要全力协助准备的。其主要目的是说服美国政府，允许其在改善安全和保障的前提下继续在美运营，同时维持目前的所有权结构。

在这样充满挑战的国际政治环境下，企业的国际公关团队必须与企业 CEO、战略部、法务部、合规部、政府事务部等企业治理的有关部门通力合作，此外还要准备一些外部咨询公司、律师事务所、国际公关公司等专业资源。一方面要做好国际公关传播和应对的战略，确定对外沟通、传播、应对的主线和核心信息；另一方面要对每一场要打的仗做好扎实具体的准备工作。

3. 企业文化全球化挑战

管理大师彼得·德鲁克说："文化能把战略当早餐吃掉。"（Culture eats strategy for breakfast.）因为在不好的企业文化面前，再好的战略也会在一顿早餐后被忘掉，团队文化才是战略中的"战略"。可见文化之强大。

国内一家知名大型创业公司的创始人曾说："由创始人所带领的公司，其公司文化就是创始人的文化。"如果你不了解创始人的追求和梦想，那么你来这家企业工作就完全没有做好准备。

微软 CEO 萨提亚曾说："对我来说，文化就是一切。"他通过重塑微软的文化，让微软重回世界市值前三。文化是一个组织思考和行为的方式，萨提亚说 CEO 的 C 也代表"文化"（culture），CEO 可以说是一家组织的文化管理者。

对企业文化的深度认同能激发职场人的使命感、责任感、荣誉感、成就感。跨国公司往往会在全球范围投入大量精力建设和巩固其企业文化，因为越是有积淀的企业，越深知企业文化才是驱动和保障公司向前发展的发动机和底盘。跨国公司在全球化管理方面有多年的探索、丰富的经验和一整套体系。

我从 2017 年开始帮助京东做国际公关，期间与很多国际组织、大型跨国公司有深入接触。我发现，"包容性"（inclusiveness）和"可持续发展"（sustainable development）是很多跨国公司谈及自身在全球范围的文化建设项目时都会提及的关键词，尤其是欧美企业。

当我和世界各地的伙伴交流或合作时，也发现了美国、欧洲与日韩、东南亚之间的巨大差异。尤其当我在东南亚深入参与到一些本地的工作时，我深深地意识到，企业总部所拥有的创业精神、远大理想，那些由创始人赋予企业的最为重要的精神内核，还远远未能来到海外分公司的团队中间。

中国企业大多数都是改革开放后发展起来的，而互联网企业也就是近 20 年间涌现出来的，相较多数跨国公司，发展的时间尚短，能够真正有规模地布局全球业务的中国企业依然凤毛麟角，少数走出去的中国企业在建立全球共通的企业文化方面也只是刚刚开始探索。面向未来，中国的优秀企业必将在全球市场成为佼佼者，然而，道阻且长，中国企业要想将其企业精神与文化渗透到全球各地的分支机构和团队中间，发展成为真正全球化的企业，还要走很远的路。

4. 语言屏障

对于中国的企业，或者任何一家亚洲的企业来说，国际化都会更难，因为我们有一个天然的语言屏障，从最开始就处处都是语言问题。我曾经访问过美国最大的消费品公司宝洁，并和它的全球公关负责人进行了深入的沟通。美国公司国际化的第一步会比非英语母语的公司更容易一些，它在总部的所有管理规范都是英文的，直接就可以供世界各地的分公司参考而无需翻译，因为英语是全世界通用的语言。而中国（或日本、韩国等）就不一样，2018年我的团队在准备公司第一次去参加美国2019年1月的CES消费电子大展时，大量的资料包括展场中的每一件展品的名称、说明，以及所有的宣传品全部都要做成英文版本，就这一点，我们就比美国公司要多花费大量的人力、物力和时间。

这看似是"小事一桩"，但在国际公关的运营实践中，相较于美国企业，中国企业就要多考虑这一点。

第3节　企业应为全球化长远发展做好战略层级的准备

尽管有着这样那样的挑战和困难，越来越多的中国企业走向国际化发展的长远趋势是不会改变的。

作为企业自身，企业家首先要考虑的是企业发展的愿景。国际化是一种达到商业目标的手段，不要为了国际化而国际化。如果确定了企业要将产品和服务提供给全球更多市场的消费者和客户，确定了走向世界的企业发展愿景，就需要思考企业的长远定位及全球化策略。这需要每个企业针对自身的情况进行大量的分析和策略规划。

除了确定企业的愿景和业务上的规划，当一家企业决定开展国际化运营，还需要有一些必备的公司职能。当公司变大，尤其除了兼顾国内市场竞争，还要进行国际市场拓展的时候，就必须要有更加体系化的管理能力，有具备国际视野和运营能力的一些专业团队来为公司的海外业务拓展保驾护航。

这些国际化专业团队包括公司战略、投资并购、政府关系、公共关系、投资者关系、法务／知识产权／合规、国际人事（劳动关系／招聘／薪酬／培训）等，这些职能之间需要进行有机的沟通和密切的协同，共同助力企业做好在不同市场的发展战略。这些战略包括增长战略、竞争战略、市场战略、投资并购战略、沟通战略、人才战略等，国际政府事务和国际市场公关团队重点要协调好与各利益相关方之间的关系，做好在具体国际市场上的品牌定位，建立一个专业且价值观一致的团队，准备好必要的渠道和资源，为企业在极为复杂的国际事务和具有高度挑战性的国际市场竞争中稳健运营创造条件、铺平道路。

国际市场公关传播有非常多的工作可以做，尤其在国际化的起步阶段，在什么积累都没有的时候，需要一边搭建基础设施，一边做出亮眼的项目。这貌似也意味着可以做任何事情，只要有足够多的钱……然而这才是考验管理者的地方，管理者要有很高的责任感，同时也需要发挥自身战略性思维的功用。

首先，开拓全新的市场一定要杜绝没有战略的"乱花钱"，要对计划进行优先级排序，确定哪些事情是必须要搭建的运营基础，哪些事情可以快速带来成效等。原则就是以创业者的心态思考，用最少的资金办最多的事儿，追求最高的投资回报率。有人可能会说，要开拓国际市场，公司要准备很高的预算才行。但我始终认为，从来就没有"公司应该怎么样"的逻辑，是你在公司的支撑下开创这项事业，是为创业。

以下就是我认为优先级应该往前排的一些事项。

1. 划定市场

通常，我们首先需要划定最主要的国际市场。例如，开拓东南亚地区，你得知道哪几个国家是重点市场，企业是要开工厂、建仓库，还是做合资公司抑或独资公司全方位地面向本地市场开展业务。再比如，欧洲按照不同的标准，共有 44~55 个国家，开始时就要划分出哪些国家是重点市场，哪些国家是次重点市场，每一个市场匹配不同的业务策略和推进节奏。有的可以通过投资并购，与本地合作伙伴联手推进业务，有的是先聚焦某一个业务条线，有的则是先做知名度，业务方面待未来进一步深化。企业的国际公关团队需要根据每一个市场具体的业务目标分别制定具体的公关战略规划和行动方案。

2. 搭建组织

依据企业国际化的愿景、业务目标、阶段性发展规划和推进节奏，为企业规划和搭建国际公关团队的组织，建立国际公关的运营体系。

我注意到，索尼作为亚洲全球化程度最高也是最成功的全球化企业之一（接近 80% 的业务来自日本以外的市场），在每一个主要的市场都是招聘当地的资深公关人加盟公司。企业的公关职能负责面向各个利益相关方传播企业的核心价值观，是极为关键的职能，为了能够让当地市场的公关团队与总部保持高协同性，不至于走偏，总部也会从日本派一名公关同事到一些较大的国际市场公关团队常驻，作为副手来辅助当地市场的公关负责人。

索尼在各个国际市场的公关负责人大都是当地人，共同的工作语言是英语，因为他们不讲日语，与总部的某些部门沟通起来就比较难，这名总部派来的公关同事就会起到非常关键的桥梁作用，既担当了传递总部核心价值观、守住总部使命的职责，又可以帮助国际市场的本地公关负责人与总部的各个部门就一系列具体公关项目进行深入沟通，获得总部方面的关键信息和支持资源。

受到索尼这一做法的启发，我在 2017 年初负责组建和拓展京东国际公关部门的时候，在美国和欧洲都是聘用的美国人和欧洲人（当时京东在法国设立了办事处）负责当地的公关工作（图 7-2）。当然我们也布局了日本、韩国、中国香港、东南亚等国家和地区，每个国家和地区都有专门的同事负责，一部分是兼职照看多个市场。

让所有团队成员都能及时了解公司总部的重大指示、发生的重要事项，并

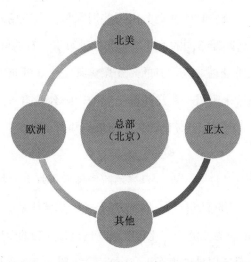

图 7-2　2017 年京东初步设立的国际公关架构示意图

及时获得需要的支持和资源，是运营国际公关部非常重要的一点。我们通过每周定期的电话会议和在内网共享重要信息来达到这个目的。此外，我和海外的公关负责人每周还会安排一对一的沟通。与国内的公关运营不同，运营国际公关团队确实需要花费大量的时间进行内部沟通，也可以称之为一种内部教育，从而确保分布在世界各地的团队成员在对外沟通和行动的时候，能够严格遵照企业的核心价值观和各项规范，确保对外传递出正确的企业核心信息。

我们的电话会议一般安排在中国的晚上，这也是纽约的早上、欧洲的下午。在电话会议上，我们会讨论当周和下一周的重大事项、新闻发布、媒体采访、高管演讲等公关工作，并对如何具体推进每一项工作做好部署。针对同一件事情，由于文化背景和认知的差异，各国的公关同事经常会有迥异的看法，常常要经过很长时间的讨论，团队伙伴们各抒己见，有理有据地陈述观点，直到最后达成一致。

对于国际公关团队的管理者来说，我认为倾听大家的分享是非常重要的。一方面这是对不同文化背景的同事表示尊重；另一方面，以开放平和的心态倾听大家的分享，可以获得大量真实的一手信息，这在国际公关团队运营中是非常重要的一点。每个周五的晚上，我们不会放松下来准备过周末，而是更加急切地把重要事项通过电话会议传递给纽约和欧洲的同事，因为当我们进入周五晚间的时光时，纽约正好迎来周五的早晨，纽约同事还有足足一整天的宝贵工作时间，不能因为我们要开始度周末而让海外团队感到这一天可以放松。

我们还通过公司内网将各个公关项目以及为准备每一个项目而产生的英文新闻稿、问答方案（QA）、演讲稿等文件、资料和图片共享给整个国际公关团队，形成了我们国际公关部门的内部数据仓库。京东的发展速度很快，很多公司和业务条线的介绍、可披露的经营数据、重要问题的口径都在不断发展和变化，这样的内部分享平台可以让世界各地的公关团队成员及时获得最新的素材，从而提升了工作效率，也尊重了每一个团队伙伴，让他们可以更好地规划和开展在每个本地市场的工作。图 7-3 为 2017 年京东国际传播制定的核心信息关键词示例。这是国际公关工作中很重要的一部分，在任何公关工作中，核心信息的制定都是必然的。

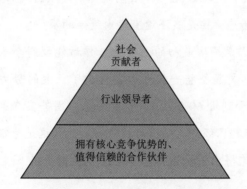

图 7-3　2017 年京东国际传播核心信息关键词示例

（每一个关键词的背后会有 3~4 个强有力的支撑信息）

相信这些实践经验，也能够给谋求国际化的中国企业在国际公关团队搭建上带来一些启发。

3. 设定策略

由于企业在国际化之初国际公关都面临资金少、任务重、人手缺、没资源等困难，因此通常需要以创业的方式开展这项业务，首先要制定一个国际公关的优先级战略。

以我在京东全面负责海外市场公关传播工作时的经历为例，我在接手这项工作后的第一个感觉就是，放眼望去，一片荒漠，什么积累都没有。回想起原来我在索尼的时候，无论到哪个国家或地区，都有当地分公司、当地公关同事，我还认为这是理所应当的，竟然完全忽略了当初索尼建立这样庞大的业务和公关网络是多么艰难。

在索尼工作了18年的时候，我突然提出离职申请，当时索尼中国的董事长先生主动约我谈话，他得知我将要去一家中国本土企业后，我们当时有这样一段对话：

董事长："以你现在的职位（索尼中国区副总裁），可以在保持很好的待遇的情况下，做到60岁从公司退休。"（女性通常是55岁退休。）

我："谢谢您，但是我还没有考虑退休的事。"

董事长："索尼从最初的一个手工作坊能做到今天全球跨国公司的规模和程度，是靠整整一代人为之付出了巨大的努力（董事长本人即是从20多岁干到近60岁），这其中的艰难困苦实在是太多了。现在的索尼，在全球都已经拥有了很好的市场地位，这是非常来之不易的。"

我："我觉得中国企业将来也会走向全球，中国也会产生真正的跨国公司。"

董事长："那会非常非常艰难。"

现在回头看，他说得没错。

以创业的方式，开展国际市场公关工作，我们应该怎样做呢？到2016年底，京东的销售额在中国已经超过原来的传统零售商巨头，成为第一大零售商，但基本上还没有拓展海外市场，只在东南亚有了初步尝试。当京东的高层管理者去欧美市场与国际著名品牌进行接洽时，大家并不了解京东，却都知道中国的另外一家电商平台巨头。

在当时，尽快提升京东在国际上的知名度是我们的首要任务。资金少，时间紧，任务重。我们确立了在短期内扩大京东国际影响力的三个策略：

- 策略一：持续强化京东英文媒体报道（通过与其他中国互联网及电商代表企业对标看我们的进步）。
- 策略二：开辟全新的京东非英文媒体报道战场，包括日、韩、法、德、意以及中国的港澳台等。
- 策略三：在全球范围内精选最具影响力的国际会议、论坛、展览，全方位突出京东的行业领导形象。

总的来说，就是扩大国际传播、精选国际舞台。目标和策略都明确了以后，我们补充了团队力量、夯实日常运营工作，依照上述目标和策略不断推进国际公关工作的开展。

持续的英文媒体报道监测显示，京东在2017年和2018年的英文媒体报道相比2016年、2015年有了大幅的提升，媒体报道的角度也丰富了许多。2017年的英文媒体报道数量达到2016年的3倍多，2018年的英文媒体报道数量（正面和客观报道）比2017年又增加了60%，达到了14000篇，超过了两家对标的中国颇具影响力的互联网公司，与最大的电商平台之间的差距也大幅缩小。

与此同时，我们开拓了全新的非英文媒体报道战场。重点稿件的多国语言发布又是一个从0到1的工作，我们在找到资源、确定发布规则、工作流程、审核方式之后逐步推进了这项工作，有不少重点稿件陆续通过日语、韩语、法语、德语、西班牙语、意大利语以及中文繁体等多种语言进行了发布。2018年的非英语国际报道达到近万篇。我们在海外社交媒体平台上也设立了账号，如推特、Instagram、脸书、LinkedIn等，随着各类企业新闻信息的发布，适合社交平台的信息也会同步发出。

以2018年为例，京东国际公关团队的国际媒体沟通范围覆盖了包括北美、欧洲、北亚、亚太、大洋洲、拉美、中东等板块的超过 30 个国家和地区，我们的团队撰写的企业新闻和企业重要信息通过全球 1000 多家国际媒体、近 2000 名国际媒体记者传播落地到了世界各地。

2018 年，我们的沟通名单上的国际媒体和记者的数量较 2017 年底增长了近 4 倍，共发布了超过 110 篇英文稿，包括十几篇官方英文新闻稿、近百篇英文博客文章和观点文章(图 7-4)。这些文章将京东的企业核心价值观"正道成功""与合作伙伴共赢"等信息传递了出去，让更多的国际市场合作伙伴了解京东世界领先的零售商业模式和卓越的用户体验，以及京东作为优质零售平台和国际商贸桥梁，致力于将中国优质品牌带向国际市场，非常愿意与全球各大品牌共同深耕中国市场。

本书作者李曦在韩国接受电视台专访（2017 年）

海外媒体报道京东物流技术（2017 年）

海外媒体报道京东技术（2018 年）

海外媒体报道京东新业务（2018 年）

图 7-4　海外媒体报道部分截图

2017 年上半年确认了国际公关工作的方向和策略之后,我们还专门成立了国际公关项目小组,负责在全球范围内精选最好的和最适合的国际会议、国际展览、国际论坛,陆续开展了丰富多彩的高级别国际公关项目。

2018 年全年,京东国际公关部安排京东高管在重要国际会议和论坛上的演讲有 80 场,是 2017 年全年数量的两倍,是 2016 年的 5 倍。演讲的话题精彩纷呈,包括公司整体的介绍、京东技术创新、零售商业模式、先进的物流能力、时尚及营销等话题。每一个演讲的背后,都凝聚了国际公关团队小伙伴的辛勤和汗水,我们准备演讲稿,确立演讲主旨,与业务条线核对最新资讯和数据,还要准备情况介绍和安排媒体采访,整个团队忙得不亦乐乎。

2018 年 1 月是京东最高管理层团队第一次在瑞士达沃斯参加世界经济论坛(下称达沃斯论坛)。此届达沃斯论坛共有 70 多名国家元首、1800 名世界顶级商业精英和 500 名全球最具影响力的媒体人参加。在这样的世界顶级峰会的场合,我们首次参与就策划了京东自己的午餐会活动,这是一个价值"2 万亿美元"市值的午餐会,全球顶级 CEO 们在此共聚一堂、倾听了京东创始人的演讲以及三位著名国际品牌 CEO 与《财富》杂志主编的对话,深入地了解了京东的企业理念和价值观,为彼此之间开展和深化商业合作起到了巨大的促进作用。

与此同时,我们利用 CEO 们集中于此的良机,在午餐会后的几天时间里安排了十多场 CEO 双边会谈。并且,在前期的超常努力之下,我们成功地安排了极为稀有的京东创始人与著名美国投资基金创始人"一对一对谈"的官方议程。通常达沃斯论坛以四五个人的论坛形式为主,一对一访谈机会极为稀缺,全球只有两个企业 CEO 获得了这个机会,另外一个是当时的谷歌新任 CEO。我们还安排了 10 场国际媒体采访,涵盖几乎全部影响力最大的头部媒体。达沃斯论坛期间,京东高管团队参加了总共近 40 场商务会谈,极大地推进了国际业务拓展、深化了国际合作。在那一次的达沃斯论坛,很多人听到了京东的名字。如此丰硕成果的背后,是国际公关团队极具战略性的规划和夜以继日、事无巨细的专业工作。

2017—2019 年，在国际公关团队的策划和安排下，京东作为中国最大的零售企业，还陆续参加了澳洲零售大会、世界零售大会、巴黎零售周、国际消费类电子产品展览会（CES）等重磅国际大会和展会，这些零售大会和行业大展聚集了全球零售行业、时尚和消费电子等行业的精英商务人群。京东创始人及其他高层管理者通过大会的重要论坛，面向全球零售行业管理精英，有效传递了京东的企业愿景、使命、核心价值观，以及在互联网零售、物流、科技等方面取得的成就，同时发出愿与大家成为合作伙伴、创造共赢商机的重要信息。

在这些重要的国际舞台上亮相、展示和论道，接受媒体采访从而产生有国际影响力的媒体报道，相比过往一个一个去拜访国际品牌、每每要从零开始介绍自己、推销自己的情况而言，不仅京东的企业和品牌形象上升到了更高的层面，我们也收获了非常高效的沟通成果。出现在这些精选的顶级国际舞台上，让京东的名字在国际主流市场广为流传，让京东的品牌在更加广阔的市场空间熠熠发光，让京东的商业模式被更多的潜在合作伙伴和消费者熟知，让"正道成功"和"与合作伙伴共赢"的核心理念在全球商务人群中留下烙印。

尽管上面都是我在京东负责国际公关时的案例，但划定市场、搭建组织几乎是每一个谋求国际化发展的企业在初期都必须要做的事情；而扩大国际传播、精选国际舞台，也可以成为许多中国企业在国际化初期采纳的国际市场营销公关传播的优先级策略。

除了市场公关传播推广工作之外，有一些管理性的工作也最好能够及早着手建立管理机制。例如，企业国际化应及早做品牌的规范化管理机制，建立国际公关危机管理机制。我想通过下面的实践分享这样做的必要性。

4. 索尼全球品牌规范化管理

品牌是一家 2C 企业最宝贵的资产，光有好名字还远远不够，还要有一套好的使用规范和到位的品牌管理。我在索尼中国担任副总裁期间，职责之一就是负责索尼品牌标识在中国市场的规范化管理。索尼总部会有专门的部门制定企业标识 CI 管理的原则和使用规范手册，至少需要有日语和英语两种版本，品牌手册摞起来有半米多高。作为总部，需要制定、编辑和更新这一手册，而在全球各个市场中则需要去落实品牌规范的管理。

像中国这样大的市场，我们当时有一个专职人员负责这块工作。这位同事首先需要接受总部的培训，要通读和理解所有的品牌规范，然后在中国对业务人员、市场营销人员、公关人员、合资工厂的有关负责人等进行培训，此外还要定期抽查在中国工厂生产的产品包装，各经销商店铺，大量营销活动，各分支机构及关联公司的办公楼或其他设施，甚至名片的印制等多种品牌标识使用场景，一旦发现错误就要求负责部门进行及时纠正。

企业在某个海外市场刚刚开始拓展业务的时候往往不会有很全面的管理，由于历史的原因会存在不少不规范的使用。开始规范化管理品牌标识之后，我们逐步建成了系统审批流程，各个机构和部门在使用品牌标识之前都需要经过审批。

我们从中得到一个启示，对于企业最为重要的品牌资产，从一开始就应该建立起适用全球的系统化审批和管理的架构。互联网时代可以用非常便捷的方法建立这样的管理系统，也可以让审核做到非常高效。所以，关键是我们有没有这个意识。有这个意识，及早建立了对应的机制，就不至于在大量的不规范使用到处都是了才开始重视这个问题，那时候就需要花很长时间去纠正市场上的大量错误使用。而错误的使用，不仅会导致品牌形象不统一，稀释品牌的影响力，还会导致事后管理成本的升高。

5. 及早建立国际公关危机管理机制

之前提到，企业开展国际化的时候，诸如公司战略、投资并购、政府关系、公共关系、投资者关系、法务 / 知识产权 / 合规、国际人事（劳动关系 / 招聘 / 薪酬 / 培训）等职能部门都应该紧密合作，此外，这些职能部门还需要建立 24 小时工作机制，以便能够及时处理突发事件。危机可以包括但不限于各种天灾人祸，如：地震、洪水、运营设施出现火灾、爆炸，政策原因导致的重大禁售事件，人身安全问题，等等。

一家企业生存发展非常不易，在发展和运行过程中，很多环节都隐藏着风险。比如我曾经服务的两家公司，索尼和京东，都是拥有重资产的公司，对公司资产和设施的安全管理从来都是公司管理层和运营负责人非常重视的问题。即便如此，在我任职期间，仍然都遇到过工厂爆炸或者仓库着火的事件。索尼的运营分布在全球 100 多个国家，这样的事件不一定哪天就会发生在什么地方。对于类似的潜在风险，我们必须提前做好预案，还要有危机应对机制以迅速处理。比如，发生火灾时，需要相关运营负责人第一时间将发生的事实详尽地汇报给公司的"危机管理小组"，通常情况下，业务负责人、法务、人事、公关、合规、政府事务、投资者关系负责人都应该在第一时间给出各自的专业意见，这时候 24 小时联络机制就发挥作用了。24 小时工作机制不是指一个人工作 24 小时，而是合理地安排全球各地的相关同事，做好分工，保证 24 小时都有专业人员及时处理紧急和重大事件。

我在索尼做公关的时候，有十多年的时间我都会随身携带一个巴掌大的紧急电话联络簿，这个紧急电话联络簿上有集团 CEO、各地区和各主要分支机构的老总与公关负责人的办公室电话、手机电话、家庭电话等紧急联络方式。无论在世界的哪个角落，一旦发生非常紧急和重大的事情，当地的公关负责人或业务负责人都可以使用这个电话簿第一时间知会公司的最高层或危机管理小组人员，之后可以根据做好的预案立即展开行动。当然，现在我们有了社交软件，类似这样的紧急联络比过去要容易了许多。

2001 年 11 月 7 日晚间，索尼当时的董事会主席、著名指挥家大贺典雄先生参加第四届北京国际音乐节，指挥东京爱乐乐团的演出，在挥棒指挥演奏柴可夫斯基的《E 小调第 5 交响曲》时，他突然发生意外，直接倒在了指挥台上。正在观看演出的一千多名观众，被眼前发生的一幕惊呆了。

就在三天前，他还亲自驾驶飞机从东京飞越重洋到了北京，公关部专门安排北京当地有影响力的媒体对此进行了报道，当时我和几位记者风尘仆仆地赶到机场，拍摄写稿，着实忙了一阵子。可是正因如此，这一突发事件更加备受关注。

事发数分钟后，大贺典雄先生被送往医院救治。我和大贺先生的夫人大贺绿女士立即一起乘车赶往医院，刚坐进车，我就立刻从手提包中摸出了那个紧急电话联络簿，拨通了东京总部公关部部长的手机。随后，东京总部公关部立即安排原来曾驻中国的公关负责人与我联系和了解具体情况，经过连夜的协同工作，在第二天凌晨，索尼集团总部和索尼中国对外发布了关于此事的官方声明。我当时才担任索尼中国的公关经理不久，还没有积累许多危机公关的经验，但总部为所有海外市场公关负责人做过的培训以及准备的那份紧急联络簿，在危机发生的关键时刻发挥了作用。索尼作为在美、欧、日上市的企业，由于有严密的全球危机管理工作机制，才能够有条不紊地在第一时间对任何海外突发事件及时调查事实，在必要的时候发出专业、得体的声明。这对于同为亚洲企业的中国企业的全球化进程有很高的参考价值。

24 小时工作机制重要，做预案同样重要。预案的制定能够让企业运行的风险和危机分出等级，并且根据等级确定具体的负责人。这些具体的内容我们在前面的章节里都有详细的阐述。如果没有这样的管理和分工，总部"危机管理小组"就会陷入疲于奔命的状态，并且效率和效果都会大打折扣。作为知名的上市公司，重大的危机都会受到投资者、客户、消费者乃至各地政府部门的高度关注，需要提前建立体系和制定预案，一旦发生需要立刻进行快速且专业的处理，帮助企业尽快度过危机。

互联网时代更是倒逼反应更加迅速的企业全球化体制的建立与成长。

网络时代之前，我们可以一个国家一个国家地解决当地的问题；当下的世界，发生在某个小角落的事件，有可能分分钟就会被传播到世界各地。这种情况是一把双刃剑，既有好处又有挑战。好处是，好的新闻可以获得快速而广泛的传播。比如在 2019 年初，我们经过一系列的策划和推进，终于实现了在达沃斯论坛期间发布"京东无人机在印尼实现首飞"的全球报道，这也是京东首次实现无人机在整个东南亚的首飞。不仅如此，这次首飞还将偏远小岛学校的孩子们渴望的书籍和文化体育用品送到了他们的身边。短短几天的时间，我们就在美国、中国、印尼和东南亚地区以及欧洲各国的全球近两千家媒体上收获了广泛的报道，其影响力非常深远。我们规划的这次公关传播的时间点恰逢达沃斯论坛开幕，京东、无人机、东南亚的印尼小岛、孩子……所有这些关键词吸引了媒体记者的眼球，传递出了现代科技致力于赋能和帮助他人的令人鼓舞和温暖的信息。坏处是，当你遇到危机时，消息也会同样以迅雷不及掩耳之势传遍全球，这样的案例现在并不少见。

第 4 节　企业海外上市和投资并购公关战略要点

在今天的时代，谋求全球化发展的企业，大多会通过资本的支持更高效地拓展其在全球的业务，参与到全球的市场竞争，这往往涉及海外上市和投资并购的需求。国际公关在企业海外上市和投资并购的整个过程中，在内部需要与企业的最高管理团队包括 CEO 和业务、战略、财务等负责人，以及投资者关系部保持紧密沟通，因为公关战略是全球化发展战略的一部分；对外则需要建立专业的财经媒体沟通能力。

企业海外上市公关

过去的 20 年间，有不少中国的科技和互联网创业企业纷纷到海外上市，主要原因是这些互联网科技企业在成长早期缺之资金，银行贷款比较难，更多地依赖股权投资基金的支持，而前些年活跃在国内互联网市场的大型股权投资基金几乎全部来自海外。这些股权基金熟悉海外资本市场，往往也建议被投企业到海外上市。

而对于创业企业来说，由于在早期的快速发展阶段吸收了大量融资，能够成功上市往往也就意味着"上岸"了，终于能够跨越生死线，可以有稳定的支持企业进一步发展的资金来源。此外，在国外上市对企业的要求相对也比较简单，很多创业公司尚达不到国内上市的要求。互联网企业成长很快，所以总是非常缺钱，在 C 轮融资以后就要准备上市做大规模筹资了，但多数企业这时候可能才刚刚开始赢利，甚至还没有赢利，不符合境内上市连续三年赢利的条件。可如果等两三年后再去上市筹资，也许早就错过最好的发展时机了。为了抢业务发展的时间，就要提前上市筹资。另外，有一段时间许多互联网科技创新型企业上市形成气候，受到各类机构投资的热烈追捧，估值水平很高，也起到了正反馈作用，这种情况也吸引了更多互联网企业谋求在美国上市。当然，在美国上市也是中国企业增加海外知名度、扩大海外市场的手段之一。

2022 年资本市场受各方面的环境影响较大，全球 IPO 市场急转直下，中国企业赴美上市也受到影响，上市数量和募资金额均呈下降趋势。随着有关政策的出台，也有一些中国企业选择在欧洲上市，其目的也是进一步提升品牌全球影响力，助推国际化战略。2023 年，在多重利好因素的影响下，香港 IPO 市场反弹，重新跻身全球前三大融资市场行列，继续发挥香港作为中国与全球市场的"超级联系人"角色。

无论是过"生死关"、获得高估值、获得更快速的发展还是拓展海外市场，上市对于企业来说都是非常重大的、战略性的事项。从启动上市到上市完成，企业一般会成立专门的项目组，由首席财务官和投资者关系部门牵头，公关部也是项目组的成员之一。

在得知企业的上市计划后，公关部需要制定整体的公关策略，目的就是配合企业和上市项目组，在公关的范畴做好各项准备和应对工作，最终帮助企业实现成功上市。在项目组中，公关部与投资者关系部门在日常要建立紧密的工作关系，及时了解重要的信息和进展，在对外沟通的核心信息上保持高度一致，在需要对外披露的信息内容上进行交互确认，就媒体和投资人可能提出的各项问题做好全面的准备，同时要对整个过程中的公关风险进行把控，提前干预。

投资者关系部门熟知企业上市地和交易所的相关规则、流程及交易所对信息披露的要求。其中，对于拟上市的企业有静默期的说法，基本上，在企业IPO前一段时间内，对外不应发布可能会影响到证券管理委员会、潜在投资者等做出判断的重大信息。当然，正常的公司运营的相关发布都可以照常，但绝不可在宣传中夸大其词或涉嫌误导。关于静默期，美国证券管理委员会的发言人曾说："证券管理委员会没有什么规定说你必须静默一段时间。这是个惯例，而不是规定。"他说，许多公司会为了避免触犯证券管理委员会的欺诈规章而选择不接受采访或不发表公开声明。不过，所有公司都必须让投资者及时了解公司的重大进展，许多公司都是通过向证券管理委员会报备来满足这一要求。

公关应掌握在每一个进展阶段公司披露信息的具体内容，根据上市进程中对外信息披露的节奏，做好公关侧相应的安排，比如招股书、路演、定价、敲钟上市。

招股书通常会披露大量企业经营的细节，既有很多亮点，又有大量的潜在风险，对于媒体来说信息量也非常大。招股书一发布，媒体的目光就会聚焦在企业身上，在报道这一商业新闻的过程中会产生许多问题，公关部需要与媒体做好专业沟通，帮助媒体梳理和解读招股书中的核心信息，回应媒体的各种疑问，尽量不要出现错误的媒体报道。

总之，该披露的必须要披露，不该宣传的就不要去宣传，整个过程中都体现高度的专业性和理性操作。

从媒体渠道策略来看，公关部首先需要进行媒体排查工作，梳理各媒体和记者们通常对企业报道的调性、内容、风格，哪些媒体和记者对企业的理解比较深入、比较客观、比较友好，哪些是理解不深甚至还做过负面报道，以及发生这类情况的原因等。当然自媒体和关键意见领袖的影响力也非常大。梳理过后，我们就知道什么样的沟通方式是更为得当的。

只要企业发出上市意向准备登陆资本市场，大波媒体就会一拥而上，从企业递交招股书的那一刻起，就会有各种各样意想不到的情况发生。这通常是指国内的媒体和自媒体环境相对复杂，当一家企业进入上市的进程，媒体对其的关注度就会提高，围绕企业的各种信息开始满天飞。例如，常常会出现"传言"甚至"谣言"，对于错误的信息，公关部需要及时发出声明进行纠正。

例如，媒体上可能会出现有关企业的前世今生的故事，如果此前没有在日常公关沟通工作中持续向媒体更新企业信息，这个故事就会与实际情况差距较大，公关部需要通过沟通纠正其中的问题。再比如，不排除有个别恶意媒体或自媒体，专门策划撰写即将上市企业的负面报道，作为一种谋求"合作"或提高自身声量和赚取流量的手段，而国内媒体刊发的负面报道也会很快被国际媒体看到，带来更大的负面影响。个别恶意媒体会抓住进入上市进程的企业的软肋，对企业进行要挟。所有这些问题都需要妥当地处理，无论最终能否成功上市，这样的事情都会对企业的声誉和品牌形象造成恶劣影响，需要尽可能提前预见，并进行风险管控和干预。

企业在申请上市的过程中，通常还需要准备路演视频、上市仪式、答谢晚宴、上市期间的媒体活动等。一部分活动的沟通对象只是资本市场、投资机构、投资者，一部分活动则面向企业的所有利益相关方，包括客户和消费者群体。在原则和方法上，这些媒体活动与其他的公关工作并没有本质上的区别，依然需要找到市场定位，设定好核心信息、准备好传播内容，通过选择面向不同受众群体的传播渠道，将企业希望传递的核心信息有效地传播到位。

有人认为做企业上市的公关需要"炒作"，甚至认为要靠"炒作"上市，这是对上市公关的深度误解。恰恰相反，企业上市的公关沟通不但不能炒作，甚至不能多说。每一次的信息披露，行文都需要确保严谨，新闻稿尽量不用形容词，只放事实，且绝不能夸大。正如招股书上会披露大量的企业情况说明、运营细节以及相当多的潜在风险一样，真诚坦荡、实事求是、可持续、可信赖、守规则，才是上市公关的原则和风格，投机取巧是绝对不可取的。

2014 年是中国电商行业飞跃性发展的一年，京东于 2014 年 5 月率先登陆纳斯达克，成为国内第一家成功赴美上市的大型综合性电商企业，引起国内外资本市场和行业的高度关注。有关股票定价的英文新闻稿在获得美国纳斯达克证券交易所的上市批准后，通过国际新闻专线发送给了全球千余家国际媒体。为了充分利用成功上市这一重大契机，提升京东在海内外市场的品牌知名度和美誉度，加强海内外市场对京东独特商业价值的理解，京东的公关团队围绕在美国成功上市这一重大事件开展了一系列的国内外市场公关传播活动。

在传播内容上，重点将京东的商业模式、经营理念、发展战略及京东创始人兼 CEO 刘强东"从宿迁到华尔街"的奋斗史进行深刻解读和传播。在传播媒体上，京东充分利用在海外具有较强影响力的主流媒体，包括道琼斯路透社、《华尔街日报》、CNBC、《纽约时报》、《福布斯》等数十家国际重量级媒体，均刊发了介绍京东及其上市的消息。京东上市当天在纳斯达克举办了敲钟仪式和新闻发布会，从国内邀请来的 40 多家媒体在现场见证了这一难忘时刻，时代广场上 40 多块屏幕同时闪现出红彤彤的京东广告。在发布会前后，京东公关部还安排了创始人及多名高管分别接受海外多家媒体和中国头部财经媒体的深度专访。时代广场上的一辆转播车，将敲钟仪式的现场场景传回了国内。与此同时，京东发挥整合营销的合力，从公关、广告、新媒体、事件营销、粉丝营销多角度进行了大范围传播，还将京东成功上市的消息通过二、三、四线都市媒体传播到了全国百余城市。

针对海外上市这一重点事件，通过一系列的海外品牌传播活动，京东赢得了众多国内外媒体的广泛关注，好评如潮，也显著提升了自身在海内外市场的知名度和美誉度，充分展示出京东的品牌故事与商业价值。也正是凭借这一系列成功的海外品牌公关活动，"京东成功赴美上市公关传播"事件，一举摘得中国公共关系协会"2014年最具公众影响力海外传播事件"。

外人看不到的，还有几个小插曲。

第一个小插曲是，整个上市公关活动的筹备工作是海量的，头绪非常多，参与的各方人员也非常多，我们做了一张很大的表，才能把各项准备工作都放进来，这个"大表"里的各种细节在整个筹备过程中一共被更新了几十个版本，这一细节反映了所有伙伴们的兢兢业业和辛苦付出。

第二个小插曲是，在美国证券交易所正式通知京东"随时可以在市场上交易"之前，我们从未有任何官方信息告知媒体内定的"敲钟仪式"的安排，预定敲钟的那天，行程单上写的是"时代广场活动"。严谨的工作作风在公司上市的整个过程中都是极为重要的，它也体现在每一个细节上。

第三个小插曲是，为了防范意外的发生，除了准备预定上市当天早上的敲钟仪式及有关活动——这已经足够复杂了——之外，京东公关部还做了"敲闭市钟"的预案。因为以前其他企业发生过由于一些法律文件突然需要调整，原定的敲钟仪式不能进行的事情。是否有"备用方案"是考验一个公关部是否成熟的标志之一。

第四个小插曲是，在敲钟仪式开始前两个小时，纽约下起了大雨，电闪雷鸣，京东公关部为所有的客人都提前准备了雨伞，在敲钟仪式开始前的半小时，雨停了，天晴了，所有准备好的雨伞都没有用上，这却是最好的安排。关键时刻绝不能出问题，是职业公关人最重要的专业素养。

类似这样的小插曲还有不少。通过这些小故事，我想说的是，任何公关活动，无论是国内还是国际，公关团队都要做极为缜密的规划和安排，以确保万无一失。要做到"使命必达"，不仅需要精神驱动，还需要专业能力。

投资并购公关

投资并购是企业全球化发展过程中的必经之路。很多企业都会选择通过投资并购快速进入某个领域或市场。中国企业走出去，跨境并购已成为重要的手段之一。

对于国际公关来说，这方面的工作也需要建立 24 小时工作机制。一个现实的情况是，很多国际合作伙伴都在不同的时差下工作，因此总部有关项目的负责人晚上开电话会到半夜是家常便饭。举例来说，我在京东经手的最后一个投资并购案，合作方参与并购案的人分别在伦敦、旧金山、北京、上海，大家开电话会选择开会时间本身就很关键，因为公关部门从企业的战略投资部门得到投资并购已达成协议的消息时，距离发布消息的时间往往非常少了，每个小时都很珍贵。

各个国家之间都有很大的差异，无论是与各国的合作伙伴还是与咨询顾问进行沟通，所花费的时间都是通常国内沟通所需时间的好几倍。为了在较短的时间内取得高效的工作成果，我的经验是，抓要点。因为合作各方的公关人员都是在很紧急的情况下临时被凑到一起，大家相互之间不认识、不了解，就必须有一个能抓住要领的人，在关键的时候带动一下、突破一下僵局、往达成结果的方向快走一步。如果出现了某一方在细节上始终过不去的情况，那么就要跳出细节，尽量说服对方以大局为重。何为"以大局为重"？具体到投资并购的公关新闻稿的准备来说，就是大家在标题和对外传递的主旨信息上首先要达成一致，在行文方面，首先服从相关的法律法规要求和证监会的有关规定，在此基础之上，再想方设法对外传递对双方都积极正面的重点信息，力争达到共赢。

即便如此，合作各方常常会为了对几个词的表述有不同意见而反复争论，过程中会涉及各方的公关人员、交易核心人员、法务人员，大家反复讨论甚至争执都解决不了时，还会再上升到负责投资并购的负责人乃至 CEO 等层级，有时候这样的讨论也常常会发生在某一方的深夜。最终，经过各方努力，能够在新闻发布稿、问答方案等大量文件的每一个字句上达成一致，可以说非常不易。然而，当投资并购的新闻稿发出去的一刹那，你会觉得所有这一切都是值得的，因为它所引发的关注度和影响力会在瞬间抵达世界各地，企业所有的利益攸关方——股东、客户、员工、政府、媒体、公众——都会高度关注，很多人会认真读这篇发布稿，斟酌字里行间的深意，因此，它必须值得也经得起所有人的推敲。

这类事情的沟通复杂程度很高，效率比单纯在国内做事会低很多，对于这种情况国内企业的公关人员要有所准备。同时，以往依靠单打独斗或英雄主义成功的企业，可能特别需要注意，在企业国际化的过程中，无论是内部还是外部，人与人之间的沟通都是极为重要的事情，它往往代表了对合作方的尊重态度，然而这也相当花费时间和精力。如果省去了必要的沟通努力，短期内也许获得了高效率，长期就可能出大事，因为所有的事情都是靠人做成的，认知不同步，做事必定出问题。

在投资并购项目宣布之后，合作双方团队的沟通、融合是接下来极其重要的事情。在这个融合的阶段，双方的公关部往往也需要合力运用智慧开展积极有效的推动工作，通过多种形式帮助双方团队更快达成相互的理解，在文化的融合上有序推进，直至成功。如果双方的公关团队可以沟通得非常默契，就有机会推动合作深化，并朝着越来越积极的方向发展。

【案例 2　京东与沃尔玛战略合作项目】

2016 年 6 月，京东与沃尔玛共同宣布达成战略合作，沃尔玛将此前收购的一号店转交给京东运营，同时入股京东。京东与沃尔玛这两家中外零售巨头的战略合作项目令业界瞩目，在发布之前，双方公关团队进行了相当默契的沟通。幸运的是，双方均能以大局为重，在新闻标题和核心信息传递方面，经过讨论很快达成了一致，在小的问题上都不多纠缠，从而令这条重磅新闻在准备时间非常紧迫且正值"6·18"大促最繁忙的时段还能够按计划顺利发布。

6月18日23:59是每年"6·18"大促结束的时间，6月19日0时起，公关团队忙于收集"6·18"大促的各项战果，除了大促达成的总成果以外，还需要收集各个品类的战果和亮点，连夜收集汇总之后，在6月19日清晨，公关团队与高层管理团队就重要数据和亮点进行确认后发出了"6·18"大促战果新闻稿，每次这个稿件一经发出都会引发大量媒体的报道和评论，也标志着这一重大行业事件的落幕。

然而我们的团队知道，这一年的"6·18"注定不同，一则重磅的消息正在紧锣密鼓地酝酿中。纽约时间6月20日（北京时间6月21日0点），京东和沃尔玛共同发布了双方达成战略合作的中英文新闻稿，以及京东CEO就此次战略合作发给全体员工的一封信。对于整个零售和互联网电商行业来说，这是具有历史意义的一刻，以为行业大促落幕了的媒体，紧接着又收获了一个行业重磅新闻。在互联网圈工作的那些年，公关的工作永远没有完结的时候。

投资并购项目能够成功，价值观趋同至关重要。正如沃尔玛总裁兼CEO董明伦（Doug McMillon）所说的，"京东与沃尔玛持有相同的价值观，那就是让顾客生活得更好。京东与沃尔玛业务互补，是我们在中国通过提供极具吸引力的全新购物体验来服务更多顾客的最理想合作伙伴"。在这一重大发布之后，双方团队成功策划实施了沃尔玛CEO访华期间到访京东的一系列重磅活动，包括在沃尔玛CEO到访京东时，双方共同宣布沃尔玛官方旗舰店、山姆会员店在京东平台正式开业；双方CEO和管理团队友好会晤；沃尔玛CEO对话京东员工等新闻发布和内部沟通活动，这一系列高端活动通过我们的专业传播当即获得了国际最有影响力的英文媒体原创报道超百篇，国内报道超过3000篇，不仅产生了极大的社会和行业影响力，也为双方在宣布战略合作之后，进一步落实和深化合作营造了非常好的内外部环境。

有了良好的开端，后续更多的业务合作开化结果，沃尔玛入股京东并在京东平台上陆续开出 5 家旗舰店；双方共创营销节并实现了前所未有的销售奇迹；双方进一步打通线下库存共享的智能供应链以提升运营效率、更好地服务消费者，并在区块链领域合作推进食品安全保障。所有这些实际的业务进展，又进一步丰富了双方战略合作的话题，国际公关团队紧跟每一个深化合作的亮点，陆续发表了多篇英文博客文章。

此外，在沃尔玛 CEO 到访京东时，我介绍了京东到家的创始人 CEO 与沃尔玛 CEO 进行会晤，这一桥梁的搭建在后来被证明非常关键，沃尔玛不久后决定入股京东到家，并扩大了和京东到家的合作。截至 2019 年 3 月，双方的合作已经覆盖了全国 270 多家沃尔玛线下店，由京东到家为沃尔玛线下超市进行网上订单的快速送达服务，此举大幅度提升了沃尔玛线下超市的销售，并有效拓展了年轻的客户群。

回顾双方达成战略合作的时刻以及后续的一系列深化合作的行动，可以说实现了公关举措和业务推进的相互促进，既开展了有血有肉、话题丰富又不失节奏感的公关传播，又真实有效地推进了双方不断深化的业务合作。所以，在投资并购案件中，好的战略合作达成双赢的结果，好的公关传播可以助推合作深化，并给行业带来深远的影响。

【案例 3 吉利收购沃尔沃】

浙江吉利控股集团于 2010 年 8 月 2 日宣布完成对沃尔沃轿车全部股

权的收购。早在 2007 年，吉利集团创始人李书福就通过公关公司致信彼时拥有沃尔沃的福特汽车总部，提出收购沃尔沃的意向。只是当时并未引起福特重视，因为当时的吉利实在太小了。然而，李书福对自己看准的事情从不退缩，后来历经波折，终于成功收购了沃尔沃，并在后续的 10 年间，交出了一份亮眼的成绩单。沃尔沃汽车历经 10 年转型后成果卓著，2021 年沃尔沃汽车在瑞典斯德哥尔摩证券交易所成功上市，掀开了发展历程的新篇章。

起初，吉利并购沃尔沃汽车的举动并没有多少人看好，人们也不大相信吉利真的能够成功。出乎大多数人的意料，吉利并购沃尔沃汽车之后，并没有强加干涉，而是开出了"放虎归山"的药方，放权让其自主发展，激发活力。得益于此，沃尔沃汽车在很短的时间里就走出了轰轰烈烈的品牌复兴之路。2020 年，沃尔沃汽车全球销量达到 661713 辆，为 10 年前全球销量的两倍，也早已完全扭转了原来的亏损局面。吉利与沃尔沃汽车不仅用丰硕成果打碎了外界的质疑，还获得了社会各界的普遍认可和赞誉。在全球各大商学院，吉利并购沃尔沃汽车都被列为当代商业史中的经典案例。

品牌关系上，吉利与沃尔沃汽车更像"兄弟"。吉利与沃尔沃汽车进行了全面的资源协同，涉及研发、制造、采购、销售等多个方面。最显著的例子是，2013 年吉利与沃尔沃汽车共同设立了吉利欧洲研发中心 CEVT，CMA 基础模块化架构在此诞生。如今，这一架构已应用到领克、沃尔沃、吉利等多个品牌。此外，吉利与沃尔沃汽车还在更多"新四化"前瞻技术领域协作，如动力总成、三电技术、高度自动驾驶等。在智能电动汽车领域，在共享 SEA 浩瀚、SPA2 电动车架构基础上，双方已经启动下一代纯电专属模块化架构的联合开发，实现核心技术成果的共享和规模化优势。

以前吉利只是一家小企业，但这几年其产品的品质和消费者口碑迅速提升。可以说，没有并购沃尔沃汽车，就没有现在全球化的吉利。没有吉利与沃尔沃汽车的协同，就没有现在的领克、极星，也就没有中国车企带着自信和实力走向全球的良好局面。吉利并购沃尔沃汽车堪称一个商业奇迹，不仅让其企业声誉和品牌价值得到了很好的提升，为自己打开了国际市场，也给整个中国汽车工业赢得了尊严和自信。

如果把眼光放大到中国汽车工业由小到大、由大到强的成长脉络上，以至中国经济全球化大发展的历史大格局中，吉利并购沃尔沃汽车就更具现实意义。沃尔沃汽车的 10 年发展是中国汽车工业全球化发展的写照，它为中国汽车企业站上全球舞台提供了一个难得的成功范本，其中尤其凸显的成就，就是企业的声誉提升和品牌成功。

总结吉利并购沃尔沃的成功，首先得益于"放虎归山"的充分授权，其次是双方不断探索实现深度协同，再者是沃尔沃汽车在中国第二本土市场的实践，最后还与全球型企业文化的推动以及体系力的锻造和完善密不可分。正是吉利在并购沃尔沃汽车之后，对不同文化的尊重，坚守所做的承诺，才使得吉利后续的海外投资有了巨大的信用和实力背书。吉利全球化发展路径具有样本意义，代表了中国企业崛起的成长转型路径：从成本优势到质量优势再到原创优势，最终实现管理优势，输出文化价值观。而在所有这些探索和实践中，战略型公关的理念早已融入李书福的思考，并贯穿始终。

国际合作会遇到非常多的挑战，很多时候，即便双方 CEO 已经达成共识，战略方向也非常正确，但在具体运营层面仍然会遇到诸多问题。在这样的时候，双方团队必须以"共同为顾客创造全新的价值"为一致目标，真诚地携手推进合作，才能够真正在运营层面去落实这些战略合作，做到优势互补和共赢。只有当双方的目标一致，才有可能实现这样的结果。

第5节 公关战略预防："史无前例"的国际化

2017年我在京东刚刚全面负责国际公关部的时候，一天，我在公关行业的朋友，彼时宝马中国的公关副总裁在一个公关大咖群里说道："今年是宝马在中国20周年，我们要忙很多项目。"我立刻感受到了中国企业与国际跨国企业的差距，同时也非常羡慕跨国公司已经取得的成就。

西方的商业历史远远长于中国，有很多超过百年的全球知名跨国公司，诸如宝马、惠普、索尼等大型跨国企业，仅仅在中国一个海外市场，就已经扎根超过20年，形成了颇具规模的业务，聘用了最优秀的本土公关人才，用本地的智慧与勤奋，开展着卓越的市场营销、公关传播、企业社会责任等工作。它们已经度过了早期的市场拓荒阶段，进入精耕细作的发展期。中国企业要想赶上这些跨国公司，需要走的路还很长。

我们绝大部分企业、绝大部分工作都还处在从0到1的阶段。在我探索国际公关的这两年中，我和我的团队已经做了许许多多"史无前例"的事情。

为了能推进京东与"世界经济论坛"这个全世界顶级论坛的战略合作事宜，我专门去瑞士日内瓦总部，"舌战群儒"般地游说，把京东的亮点一一介绍给这些在总部负责重大议题投票的人们，与中国代表处的负责人也进行过多次深入的交流，每一次交流都要考虑好沟通策略和核心信息。最终，京东加入后很快就成为世界经济论坛的战略合作伙伴，这样的推进速度和推进成果对于世界经济论坛来说也是史无前例的，在全球几乎绝无仅有。

第一次参加"世界经济论坛"时，我们遭遇了达沃斯48年不遇的暴雪，所有活动的物品都被阻隔在小镇以外进不来。通往成功的道路永远是曲折的，但是再大的风雪，也无法阻挡我们前行的脚步，最终，我们想尽办法，搞定了所有该搞定的事。我们首战告捷，将别人眼中的不可能变为现实，也宣告了中国本土创业企业成功地在世界话语权的巅峰插上了一面旗帜。

2019年再赴达沃斯，我们设立了整个达沃斯系列公关活动的主题"创新传递信任"，京东是唯一一家在达沃斯主街上设立带大广告牌的专属会客室的中国企业。在这个会客室里，我们共安排了 20 多场 CEO 级别的会晤，组织了以"用技术消除信任鸿沟"为主题的早餐会和以"波折下的全球化发展新方向和新动力"为主题的高端午餐会。此外我们还举办了一场派对，有近 30 位全球顶级公司的 CEO 参加。我们策划安排了三位公司支柱业务子集团 CEO 的精彩亮相，并将三位 CEO 亮相达沃斯的消息及时发回了国内。这一举动也相当于向世界宣布了京东将在强大的管理团队的带领下继续成长的承诺和必将走向世界舞台的决心。

海外市场的拓展将会是无数次的"从 0 到 1"。在京东国际化初期，去海外市场做的所有事情，可以说都是我的平生第一次，每一个项目都是在一个陌生的地方开展。例如，首次以参展商的身份参与 CES 消费电子大展，从给每一个展品起名字和写英文介绍开始，到将所有参展物资海运到拉斯维加斯，再现场搭建和运营展场。尽管此前我在索尼工作期间曾经多次去 CES 参观或安排媒体活动，但亲自做展仍是第一次。首次在世界零售大会等多个国际行业大会上做主题对话。2018 年我们首次安排了 80 场高管海外演讲，绝大部分的场合都是京东高管首次出现，等等。

通过这些例子，我真正想说的是，在中国企业的国际化进程中，很多事情都将"史无前例"。国际化的道路也注定不会一帆风顺，中国企业在国际化的进程中将会遇到诸多想象不到的挑战和困难。负责在海外建立企业声誉和品牌形象的国际公关团队，可以列出尽可能详细的事项检查清单，从国际政治、社会环境、宗教信仰、文化差异、竞争形势到消费倾向，以预防在全新的市场发生任何意外和闪失。

国际化没有一个放之四海皆准的标准，这也正是这项工作最具困难和挑战，同时也是最具魅力的地方，相当于一直走在创业路上，需要不断摸索、完善，跌倒了再爬起来。

国际化是把双刃剑。从业务发展来看，国际化令我们有了更广泛的业务机会、更多元化的收入；它的挑战往往来自大规模投入、更低的资金使用效率、更高的管理成本。从企业形象的角度来看，国际化一方面可以更快地让全球各地都认知品牌和企业，另一方面也需要具备强大迅速的危机管理机制，应对随时可能传遍全球的危机消息。

我相信在下一个 10 年、20 年、30 年，会有越来越多的中国企业开展国际业务，为全球消费者提供来自中国的产品和服务，真正走向世界舞台的中心。那时，除了提供优质的产品、卓越的服务，中国企业还应该承担更多的企业社会责任，以"全球本地化"的原则将战略和运营深入到每一个市场和社区。而国际公关在其中，也必将扮演越来越重要的角色。

有志者，事竟成。

第 8 章　公关战略成就卓越组织

第 1 节　企业首席传播官：为企业制定与时俱进的公关战略

近年来，国际大型企业纷纷设立首席传播官职位，国内企业通常将类似的职务称作公关副总裁或公关负责人。他们负责帮助企业开展系统化、专业化的沟通管理，其中最为重要的职责，就是为企业制定公关战略。企业 CEO 往往并不知道一名公关负责人如何为组织带来更卓越的价值，而这恰恰是首席传播官们需要去创建、定义并呈现给 CEO 们的。

做好系统化、专业化沟通管理的先决条件是对于"声音市场"的洞悉。首席传播官们需要有一根"天线"，对舆情走势、市场动态、全球政治与经济格局的变化、主流媒体及关键意见领袖的观点、合作伙伴与客户的声音等，都要及时掌握；还需要有一个"探测器"，对企业内部的业务方向、发展策略、竞争走势、财务情况、团队状态、一线战况等方方面面的内容与变化都要在第一时间知悉，在洞察的基础上，制定公关战略规划，帮助企业设立或评估愿景、使命、价值观这些最核心的信息，构建企业对内对外沟通的原则、目标、策略、内容、渠道，并进行公关团队的运营管理、公关效果的评估，再持续提升。建立了完整的体系之后，再通过专业化、精细化的运营，一步步推动公关体系的螺旋式上升发展和持续改善。

今天，一个好的企业不仅要服务好它的客户，还必须要满足围绕在其周围的所有利益相关方的要求，做好与他们的沟通互动，做对全社会负责任的企业。做好与各利益相关方的沟通管理已经成为企业非常重要的软实力，这是时代对企业和企业传播管理者的要求，更是首席传播官的重要职责和能够为企业创造卓越价值的地方。

首席传播官的职责在企业发展的不同阶段也会有巨大的差异。企业通常会经历初创期、快速发展期、成熟期、再造期（或衰退期），每一个阶段都需要制定适合的战略，公关战略作为企业整体发展战略的一个重要组成部分，必然要有不同的战略优先级。例如，在企业快速成长时，公关战略将企业的前瞻思想、核心价值观精准有效地传递给所有利益相关方，最大程度地提升企业的影响力，赢得各方支持，令其成为引领整个行业发展的重要力量；在企业遇到危机时，公关战略以专业高效的方式与各利益相关方沟通，帮助企业渡过难关；在企业面临衰退和再造的艰难时刻，公关战略帮助企业重塑品牌、重建声誉，再一次获得市场的信赖……在每一个关键时刻，首席传播官都必须做出正确且英明的战略决策，发挥其关键作用。他们根据企业业务的发展需求，在整体发展战略框架下进行公关战略的规划，并且要具有远见，基于对未来发展的预期及时做好组织和能力上的准备。

与很多其他类型的职业相比，企业首席传播官一定要拥有极强的随机应变的能力，这是他们突出的差异化优势。例如，为一个高速发展中的创业企业做沟通管理工作，可能很难按部就班地依照如上发展规律制定公关战略，通常需要边定战略、边打仗、边建团队、边调整；在创意内容时，要能敏感地抓住任何一个可以借势的社会热点或行业热点，在最好的时机推出契合的巧妙内容创意；在管理复杂项目时，可以随机应变，轻松化解矛盾和解决问题；在危机处理时，可以在第一时间快速且完美地应对。所有这些看似辗转腾挪、身轻如燕的表象的背后，不是靠撞大运，而是依托长期的能力建设、经验积累、深思熟虑、融会贯通和职业训练，以深厚的底蕴为基础练就浑身的武艺，成为高手。资深公关人的内心始终有专业的准绳，内在的规律一直都存在，纵使变化无尽，也不会不知所终。

从 2020 年起，我担任阿瑟·佩奇协会的中国市场高级顾问。阿瑟·佩奇协会是全球领先的高级公共关系和企业传播管理人员及学术精英的专业组织，其会员包括很多全球财富 500 强公司的首席传播官、全球重要公关公司的 CEO 以及来自顶级商业与传播学院受人尊重的精英学者，会员遍及全球 28 个国家。阿瑟·佩奇协会的起源和企业公关负责人的职责与使命关联密切，其命名源自一名叫阿瑟·W. 佩奇（Arthur W. Page）的先生。佩奇先生在 1927 年至 1946 年期间担任美国电话电报公司（AT&T）的董事，负责公共关系相关工作。在那个时代，他是第一位能够担任大型上市公司高管和董事会成员这些重要职责的公关负责人，可以说，他奠定了当今首席传播官在企业中战略角色的基础。阿瑟·佩奇协会就是以佩奇的名字命名，并将其使命定义为助力企业的首席传播官，提升他们在企业中的战略地位和领导地位，通过逐步扩大会员规模和全球化扩展，联合全球最具影响力的传播者，一起推动"商业让世界更美好"的愿景。

与那个时代相比，当今媒体环境已经发生了巨变，由于在理论上"人人都可以成为媒体"，公关专业人员的工作也已经远远超出了传统上只与专业媒体沟通的范畴，还应关注包括政府机构、非政府组织、专家、关键意见领袖、关键意见顾客、广大网民等在内的整个"声音市场"的声音，需要运用科技手段对企业身处的"声音市场"进行随时监测与分析，针对五花八门的事件进行专业判断，做出正确决策。这是一项越来越艰巨的工作。当今欧美企业所广泛流行的企业首席传播官的称呼正是由此而来，其职责早已经超越了原来的企业传播（Corporate Communications）负责人的定义，因此称呼也更上一个台阶。企业的首席传播官作为资深的社会洞察者，需要为企业做出真正高屋建瓴的战略规划，引领企业与各利益相关方开展最有效的沟通，精准传递企业核心信息，让企业在前行的道路上拥有更多的同路人、拥护者和追随者，直至达成企业的愿景。

阿瑟·佩奇协会在 2019 年开展了一次全球首席传播官调研，反映了近年来他们的工作核心内容的变迁。2012 年，绝大多数首席传播官的主要工作是帮助企业或机构树立其品格（character），并与利益相关方进行有效互动和获得有规模的支持；2016 年，全球的绝大多数首席传播官不仅在企业内部与所有 C 职级的高层管理者保持了非常密切的工作关系，还不同程度地建立了与企业重要利益相关方进行互动的数字化体系。2019 年，很多首席传播官都在通过提升和强化公司品牌、企业文化、社会价值的创造以及传播技术的应用，来越来越强有力地支持企业的重大转型。那些在传统不断被颠覆的时代中勇于变革并展现出成效的首席传播官们成为"引领者"。

具体来说，这些传播精英们在过往的几年中走过了这样的发展路径：从专业人士（professional），到探路者（pathfinder），再到引领者（pacesetter）。

- 专业人士：这一层次的工作是比较基础的，他们收集和处理繁杂的信息，进行巧妙的故事性包装和叙述，通过与有影响力的人士，包括媒体、意见领袖等核心群体进行沟通来影响目标群体的看法。
- 探路者：这一层次的工作从影响他人的看法到进而改变他人的行为。
- 引领者：这一层次的工作已经能够缩小客户在体验上的差异、推动运营上的变革，并产生业务上可衡量的成效。

我们在与近 30 名中国的知名首席传播官讨论的时候，有人表示，他们正在面临巨大的挑战，这些挑战包括：新闻信息的源头不再明确，信息传播的路径不再清晰，当中心化的传播方式彻底被去中心化的形式所代替时，围绕企业的所有利益相关方接收信息的方式也彻底乱了，固有的秩序被打破，新的秩序尚未建立，迷茫的企业管理者不仅仅是首席传播官和首席营销官，也包括首席人力官、首席战略官……乃至 CEO。随着新兴商业模式层出不穷地出现，很多企业的 CEO 在迷茫中需要寻求更强有力的帮助，于是，"乱世"中出现了"首席变革官""首席数字官""首席用户官""首席体验官"等各种新职称，仿佛这些新冒出来的首席 XX 官可以成为帮助企业找到新方向和新路径的"英雄"。然而，没有一个新职称能够代替首席传播官的角色。很多企业只有在遭遇重大声誉危机的时候，才发现首席传播官在挽救企业声誉和品牌形象这个重大工程中至关重要的作用。

首席传播官最重要的作用体现在帮助企业塑造"软实力"，尤以建立企业声誉、提升品牌形象、创造股东价值和社会价值、建立企业与利益相关方之间的信任度为重。这些"软实力"在当今信息纷繁庞杂得让人难以分辨真伪的时代中变得越来越重要，哪怕企业做得再好，"不会说、说不对、处不好"对于任何一个上了规模的企业来说都是致命的弱点。在阿瑟·佩奇协会的调研报告中，全球的首席传播官正在致力于通过企业品牌、企业文化、社会价值的创造以及传播技术（CommTech）的创新这四个重点维度帮助企业塑造在当今时代的"软实力"。

首席传播官还在"创造社会价值"还是"创造股东价值"这个问题上进行了探讨。过去 20 多年来，美国颇具影响力的 BRT（Business Roundtable，商业圆桌会议，一个由 200 家美国最著名公司的 CEO 组成的协会）一直明确地奉行"股东至上"的原则。该组织曾宣称："管理层和董事会的首要职责是对企业股东负责，其他利益相关者的利益是企业对股东负责的派生物。"然而，时代变了，美国大企业正在寻找新使命。2019 年 8 月 19 日，BRT 发布了一份新的公司使命宣言，重新定义了自身使命，不再只是最大化股东价值，而是最大化社会效益。在这份 300 字的新声明里，强调了"为客户创造价值""投资于员工"，促进"多样性和包容性"，"公平且合乎道德地与供应商打交道"，"支持我们工作的社区"，"保护环境"等，而直到第 250 个字才提到了股东。彼时 IBM 的 CEO 罗睿兰说："社会给了我们每一个人一张经营许可证。这是一个社会是否信任你的问题。我们需要社会接受我们的所作所为。"罗睿兰本人的工作就反映出了这种变化，她推动企业支持相当广泛的培训和劳动计划，这一计划远远超出了企业自身能获得利益的范畴，而更加专注于社会的需要。

在《财富》杂志的一次调查中，有64%的美国人认为公司的首要目标不仅仅是为股东赚钱，还应该包括让世界变得更美好。在这个方面，年轻员工对他们的雇主期望更高。25~44岁的人群对此类行动的支持是压倒性的。千禧一代可能比任何人都更热衷于推动变革——他们倾向于在那些也在推动变革的公司工作，在25~34岁的受访人群中，80%的人表示，他们希望为"有担当的公司"工作。这不仅仅发生在西方。在一份针对中国"00后"的研究报告里，我们发现中国的"00后"相比其他代际，表现出更为明显的对大自然的关爱和对社会的关注。他们还拥有"世界公民"的胸襟，不仅关心自己的国家，也关心世界上其他地方正在发生的事情，关注世界上不平等的情况。这反映了在互联网环境下生长的"00后"具有更开放的视野和胸襟，而他们的价值观决定了未来企业的价值取向。

在阿瑟·佩奇协会的调研中，某位硅谷技术公司的首席传播官说："在社会问题上，如果我们不对外发声，我们就会在内部遇到阻力。"这和我们十几年前受到的职业教育截然不同，那时我们被告知，凡是与公司所在行业或公司业务无关的事情，我们都最好不做评论。那时候，面对一个富有争议且没有直接影响企业盈亏的社会问题时，CEO的标准反应是"沉默是金"。

提升企业的信任度是首席传播官重点讨论的另一个话题，也是永恒的话题之一。企业的声誉和品牌形象的树立，需要基于企业愿景进行长期策略的制定，并通过一个有竞争力的、与时俱进的传播机制进行持之以恒的建设，且需要在相当长的时间里维持受众认知的一致性，每一次的核心信息变化都要非常谨慎、反复斟酌，可通过专业调研的方法进行其效果的预测。只有这样持之以恒地不断正向积累声誉，才能在不同市场建立起受众对企业的信任度，而提升信任度对于企业在海外的成功运营不仅有着长期的效应，也有着切实的影响。

所有这些围绕首席传播官职责和使命的讨论，也正是新时代对于各大企业的要求发生新的变化所引发的讨论。企业的最高负责人至少应当看到两个方面：一是随着市场竞争不断深化，企业需要站在促进行业和社会正向发展的视角制定更加高屋建瓴的公司战略；二是随着企业发展壮大，其对于行业和社会的示范作用就会越大，正向价值观的树立和企业责任的担当就愈发重要。简而言之，企业组织必须将社会公众利益置于首位，不断用实际行动增进与社会、经济环境的协调性，实现共同发展。

而企业的首席传播官正是帮助企业最高领导层定义企业的社会责任、通过传递企业核心信息，树立企业声誉和品牌形象并获得利益相关方长期信任的关键规划人。

企业的首席传播官在企业中的定位和价值，很多时候要靠自己去创建和定义。如果始终把自己放在企业发展的战略层级去思考、规划、实践，就可以发挥战略层级的价值。首席传播官能否成为企业的灯塔，在茫茫大海一个关键位置上发光并引领船只行驶在正确的航道上？最难的永远是突破自己。只有不断突破自己的局限，在纷繁的世事中认清局势、明晰期待，找准价值，才能助力企业长久屹立和创造辉煌，为企业带来卓越的价值。

第2节　穿越周期：开放进程中的公关战略经验与洞见

可持续增长，是所有企业发展的永恒之困。《连线》杂志创始主编凯文·凯利曾发出著名论断：所有的公司都难逃一死。大部分的企业其实都有此觉悟和判断，然而，令人猝不及防的是，进入21世纪，企业的寿命似乎变得越来越短。据美国《财富》杂志报道，美国中小企业平均寿命不到7年，大企业平均寿命不足40年。

能够成功穿越周期的企业凤毛麟角，必备的是远超他人的战略远见。在本书前面的章节，我们用了相当长的篇幅探讨在不同的企业发展阶段，公关战略如何助力企业破局、增长、发展、转型乃至重塑。不管什么企业，都需要做关于企业的生命周期管理。从创建到跑通业务，到成长扩张、稳定发展，乃至经历衰退和再造，整个过程伴随着宏观环境的变化、产业趋势的波动，以及企业自身不断认知自我和超越自我的成长历程。那么在这一过程中，公关是否可以为企业带来更加卓越的价值呢？我基于近30年的企业公关探索和实践，对这一课题进行了深刻的思考和艰苦的梳理，在此将研究成果做一个提炼和总结。

在企业初创最艰难的时期，新产品或新服务需要跨越一个从"早期采用者"到"大众采用者"市场的危险鸿沟，在这一过程中成功者寥寥，失败者众多。能够更好地运用企业公关战略的创始人、CEO，更有机会超越他人获得成功。

京东家电在2012年曾遭遇生死关头，京东创始人刘强东在微博上发起了"8·15"大战，以闪电般的突袭掀起了挑战家电大鳄的公关之战，凭一己之力制造了巨大的全民舆论热点。这一战的结局并不完美，但成功地让大众市场认知了"上网可以买家电"这件事，并开始从京东尝试，京东家电得以度过危机时刻存活下来，继续向前发展。

这场公关战让我们获得一个启迪：如果在创新业务需要从"早期采用者"市场过渡到"大众采用者"市场的阶段，能够通过一个引爆全民关注的热点话题，去推动创新的产品、技术、应用或商业模式为大众所认知，就能切实地帮助企业跨越危险的市场鸿沟，让好的创新成果避免被传统势力打压或扼杀在摇篮中。一旦这些创新产品、应用或商业模式活下来，再通过不断的改进和完善逐渐变得强大，那就会为提升消费体验、促进技术进步和行业发展做出贡献。

实际上，让一个全新技术概念的影响力从无到有，从小到大，如能采取战略层级的公关策略，可以获得更佳的效果。这些策略包括创始人作为新思维意见领袖和代言人，突破技术圈层制造大众感兴趣的话题，并在传播上确定战略优先级，采用海陆空相结合的立体公关传播方式，全方位渗透受众群体。软件开源运动的创始人正是通过成功的全方位公关战略，最终让软件开源开发这种颠覆性创新思维冲破了传统开发模式的重重围剿，占领了一方战场，并获得了后续的持续成长。

如果初创企业采取低调公关策略依然能够完全达到其商业目标，当然可以维持这样的做法，大多数初创企业都是采取这样的方式，但是不要指望在很短的时间周期里让一个全新的概念获得广泛的公众认知。若要掀起新的革命，公关战略的运用是必不可少的。

企业变得越来越大的时候，公关的重要性开始凸显。企业管理层需要精准理解和回应不同群体对企业的期待。对于快速成长的企业来说，其公关战略与创意尽可以丰富多彩，如能充分运用战略型公关，将可以收到以小博大的效果。

事实上，能够获得快速成长的企业，大都极早地意识到了公关的重要性，它们能利用公关战略助其成长，顺利度过激烈竞争中的险象丛生。

在企业的快速成长期，无论是垂直方向的突破，还是水平方向的扩张，不管是商业模式快速迭代，还是通过投资并购合纵连横，在每一个业务突破的关键节点，公关战略都能助企业一臂之力，凸显公关战略为企业带来的巨大价值。

索尼的 Walkman 是划时代的产品，索尼的营销推广和公关传播营造了一个全新的时尚潮流，制造了一场轰动全球的音乐收听革命，最终 Walkman 风靡和领导了一个时代的便携音乐流行产品。尽管许多如 Walkman 一般曾经在自己的时代红极一时、如日中天的创新产品，在今天已经荡然无存，公关战略的底层思维却可以穿越周期，这也是为什么公关战略相比公关实务中的任何分支都更加重要，也正是本书的核心所在。

对于企业水平方向的业务拓展，战略型公关需要先从组织的匹配上下手，建立与企业业务拓展规模相匹配的公关能力，包括组织和团队的建立。联想一直以来都非常重视公关，从国内市场的城市扩张，到全球市场的国际化拓展，其公关战略始终是企业整体发展战略中的重要一环，很好地支持了业务扩张的需求，其稳扎稳打的公关"基建"成就了关键时刻的大放异彩。尤以收购 IBM PC 业务为例，其成功的公关战略为企业在最关键的发展时刻营造了几近完美的舆论环境，从而赢得了各利益相关方的支持，亦收获了几何级的影响力，令企业声誉和品牌形象跃升了一个新的台阶。

京东从 2013 年着手建立公关体系，在其后 3~4 年的高速成长期，面向投资者、合作伙伴、消费者等各个关键利益相关群体分层次、有针对地传递了大量的关键核心信息，整合了众多的媒体资源，开展了丰富的、立体的公关传播活动，让各界人士对京东有了更深入、更准确的了解，为企业发展的多个重大里程碑——投资并购、赴美上市、业务高速增长、规模迅速扩大、业务模式创新等保驾护航。

处于快速成长期的企业就像人到了青壮年时期，生命力旺盛，此时要特别关注心肺功能——企业的关键管理职能能否跟得上，强化经营的系统能力开始变得重要。同时，随着与市场、社会、政府部门等各个层面的接触变得更加深入，企业也需要加强品牌、政府事务、公关、法务、合规等职能的完善，力争赢得社会更多群体的支持，包括原来接触不到的更有影响力的财经媒体、专家、意见领袖等。

外卖平台"饿了么"在其高速成长期曾遭遇央视"3·15"晚会的曝光，这对它来说是一记重击，在一段时期内陆续引发了大量的顾客投诉、工商和消费者保护机构的造访和查处，一时间令其应接不暇、焦头烂额，不仅严重影响到其日常的业务运营，品牌声誉也遭受了巨大的贬损。这一重大媒体危机事件在其快速成长期的经营发展中是一个巨大的教训。

高速成长期的企业未能意识到战略型公关的重要性的有很多，与高度重视并进行战略型公关部署的企业相比，它们将缺失在整个产业中的有效影响力，很难成为引领行业趋势的领导者。战略型公关强调重视企业在社会中的定位，帮助企业确立关键核心信息、对外输出企业价值观，不仅提供好的产品和服务，更影响了人们的认知。大多数人都倾向于跟随，拥有战略型公关优势的企业更有机会通过观念引领行业的发展。

度过快速成长期，企业便进入了成熟期。此时，企业的公关部门既是企业连接各利益相关方的关键纽带，又是确保其企业和品牌持续获得市场、合作伙伴、客户群体认可的关键战略部门。在成熟市场的红海竞争环境下，公关与品牌的战略目标是持续提升企业的美誉度，保持品牌的生命力，引领企业进行市场突围，赢得客户长久信赖，助力企业基业长青和成为更受尊敬的企业。

在公关运营管理日渐精细化的同时，企业的首席传播官必须考虑公关职能的战略发展。一是公关核心专业能力的建设和巩固，以企业业务目标为驱动，哪些能力缺失，就要建立哪些能力；二是公关内容与品牌策略的创新和突破，通过建立内部创新机制来确保品牌形象不会老化。既要向下夯实地基，又要向上盖高楼，是这一阶段对于首席传播官的要求。

很多跨国企业规模庞大，采取了"母品牌＋子品牌"的品牌群星策略，而不同品牌的群星策略存在差异。宝洁走"一品多牌"的品牌战略路线，联合利华则实施品牌延伸战略。宝洁选择多品牌战略，其优势在于提高总体市场占有率，满足市场差异化需求，各个子品牌形象鲜明，又在公司内部形成竞争格局。不少跨国大企业通过内部市场化运营思路保持企业战斗力和竞争力，通过自身不断创新和内部市场竞争，甄选出真正经得起考验的团队和品牌业务，总比让他人来颠覆自己得好。而联合利华选择将现有成功的品牌用于新产品或修正过的产品，既丰富了公司旗下的产品种类，满足不同细分市场的需求，强化品牌效应，又减少了新建品牌的大规模投入和市场风险。

产品是有生命周期的，品牌却不同。建立有生命力的品牌，可以超越产品的生命周期，且有机会持续增值。一旦品牌成功树立，即使产品不断地改良和换代，仍然会拥有广大的忠诚顾客群体。品牌战略能够为企业创造巨额附加价值。

索尼中国公关部曾出版过一本名为《Sony Style》的杂志，以轻松愉悦的氛围、高雅时尚的气质，巧妙融入了索尼品牌的精神内核，包括其对梦想的追求、对未来的探索、对顾客的承诺、对社会的贡献。它的发行量比很多市面上的杂志都要大，如同一座桥梁，将索尼品牌与顾客的心紧密地连接了起来。传统媒体时代还没有"自媒体"的概念，索尼中国公关部已经拥有了"自媒体"的思维并将这种战略公关思维付诸实施，获得了巨大的正向反馈，收到了独树一帜的效果。作为处于成熟期的行业领导企业，必须要有更出色的公关传播创意和呈现。

愿景的创作和发布成为壳牌公司独有的"软性资产"，其对能源行业发展趋势的深入洞察和价值观点的发布，加上公关团队努力扩大利益相关方的沟通行动，帮助公司在全球范围内建立了在能源领域的意见领袖地位，此举大大提升了壳牌的品牌知名度和美誉度。

传播内容的创意创新，各项公关专业能力的持续提升与夯实，公关资源广度和深度的扩展，企业公关价值的衡量和投资回报率的持续提升等问题，是处于成熟期企业公关的课题，通过具有战略思维的公关规划可以更好地运作处于这一发展阶段的企业公关职能。

著名的管理大师彼得·德鲁克曾经说过："由于资金日益充裕，技术日益廉价，已没有任何国家、任何产业或任何企业，能够长期拥有不变的竞争优势。"很多企业在经历过高速发展和充分竞争的时期后，会进入一个低谷期，有的企业则逐渐衰落，再也没有回天之力，最终从市场上消失。仅有少量企业保持了长期创新和自我迭代，在产业周期更迭、企业开始向下滑的关键时点，再次建立起全新的竞争能力，创造出第二增长曲线，参与到下一轮的竞争中。

成功的企业可以穿越周期。跨国企业例如微软、IBM等，中国企业例如TCL、李宁等，它们都曾经历了初创期、成长期、成熟期乃至一度进入衰退的危险周期，这些卓越的企业通过顽强的自我革命，再一次涅槃重生，重新焕发出了活力。

对于公关职能部门来说，遇上企业衰退期无疑是最难的，公关费用通常会被大幅削减，仅保留最基本的能力和必要的人员规模。公关部作为沟通专家，基于对企业实情的深入理解，对"声音市场"的长期洞察，以及对沟通渠道的全方位把控，可以有效地帮助企业最高管理层对内、对外以最恰当的方式沟通企业业务收缩、裁员、进行组织变革等一系列艰难的决定，帮助企业获得内部、外部各利益相关方的理解，缓解矛盾，疏导舆论，化解危机，避免因沟通不得法或不妥当导致的越来越多的棘手问题。

战略型公关尤其可以在企业组织与文化变革、帮助老化的品牌翻盘再造和重塑企业声誉等方面，助力企业在衰退期、转型期、再造期重塑品牌形象和良好的企业声誉，再一次获得市场的信赖。

微软通过企业文化的变革再造辉煌。其 CEO 萨提亚·纳德拉曾明确表示，业务转型并不是他作为微软 CEO 的第一要务，他认为比业务转型更重要、更急迫的事情，是重塑微软的企业文化，这才是他作为 CEO 的首要任务，他甚至称自己为"微软首席文化官"。这凸显了公共关系的极致作用——通过巧妙的方式影响人的认知，激发人的动能。与业务转型相比，人的思维转变更具挑战性，做到这一点，企业才能重获新生。

对于运动品牌来说，品牌老化是这个行业的典型问题。李宁是曾经红极一时的中国本土第一运动品牌，随着其顾客群体年龄的增长，其品牌形象也自然而然地趋向老化。在经历了 4 年的下滑期之后，创始人李宁重新回归管理层，明确了以专业运动＋运动时尚为方向，重新定位品牌，积极参加海外时装周，对在海外时装周爆红的设计进行大力推广。李宁公司于 2018 年推出运动时尚系列"中国李宁"，对于"00 后"的年轻人来说这是一个令人激动、充满青春活力、受到年轻人追捧的运动时尚品牌。通过开辟"国潮"产品新赛道，以及公关营销、品牌战略的助推，李宁公司终于实现了涅槃重生。

经历了财务造假危机的瑞幸咖啡，也经历了重塑品牌声誉的过程。几年间瑞幸发生了翻天覆地的变化，首先公司回归到正向的企业价值观，"价值观文化的重塑是根本，价值观正确是万物之源。"这正体现了战略型公关的重要性，帮助企业确立或重新审视愿景、使命和价值观，是每一个称职的首席传播官首先要做的事。挽救企业于既倒，还需要以专业的沟通方式回应和处理监管机构和投资人的各种诉求，尽最大努力积极促成各种问题的解决。解决这些棘手的问题少不了公关战略发挥价值。

在企业的艰难时期，企业的首席传播官需要具备超级的责任感和强烈的使命感，将企业最高责任人的变革思想进行有效的传递和贯彻。此刻，企业内部员工亦是企业公关沟通的重要对象。

企业再造、品牌重塑的过程极为艰辛，首席传播官要深刻理解业务变革的实质和意义，与企业负责人一起，重新定位企业的差异化竞争战略，制定公关战略、品牌战略，并付诸行动，一点点扭转消费者的认知，并通过审视与评估市场反馈进行必要的调整，直至回到螺旋上升的健康发展轨道，再一次赢得市场和公众的信赖。

通过上述梳理和总结，我们有了如何通过公关战略助力企业穿越周期的一些重要思路。希望这些基于近我 30 年企业公关探索和实践积淀提炼出来的思考，能够为企业负责人和公关同行们提供参考，也期待更多公关人在此基础上将公关战略助力企业穿越周期的课题长久地探索下去，并在持续的思考与实践中真正为企业的发展带来卓越价值。

第 3 节　公关战略创新带来不凡价值

我们的时代正在永远向前。科技发展一日千里，社会形态不断演变，人类不会停止思索，市场潮流千变万化……总之一句话，企业如果不与时俱进，必然面临穿越周期的挑战，同样，公关从业者们如果不创新很快就会被时代抛弃。

"公关创新"是我近 10 年来听得很多也说得很多的词。公关之所以必须不断地创新，主要基于两个大的背景。一个背景是，近十几年中国企业的发展风起云涌，诞生了非常多的创新型企业、创新的商务模式、创新的思维方式，很多传统都被颠覆了，在高科技产业尤其突出。另一个背景是，媒体从中心化的信息分发方式转变为去中心化的信息分发方式，发生了天翻地覆的革命性变化，继续沿用原来做事的方法已经无法满足变革时代的需求。企业是公关团队的客户，媒体行业是公关从业者的战场，这二者的巨变必然带来公关行业的变革。

公关沟通与传播最主要的要素就是内容和渠道,但在去中心化的信息传播时代,由于传播渠道过于纷繁复杂,同样的内容需要被做成多种形式,分别发布到不同的媒体传播渠道。市面上有很多图书和课程,教人们怎么做抖音和短视频,怎么做小红书笔记,我认为这些类似于将同样内容包装成不同的形式、通过不同的渠道进行传播的创新,都属于战术创新。战术层面的创新实在太多,更迭的速度也极快,读者可以根据自己的兴趣和需求,针对性寻找各种教程。

而我更想谈的是公关的战略创新,这也是本书的主旨。于企业而言,战略创新通常指企业发现了行业战略定位中的空白,然后选择去做这件还没有人做的事,通过这一具有远见卓识的战略性选择,企业从一开始就获得了一种市场优势。企业需要将这种战略优势转变成创新商业模式,然后将其落地运营,建立起成功的生意。公关战略创新与此如出一辙,凡是有痛点的地方,就有创新的机会。首席传播官的天线要保持灵敏,思维要保持敏锐,还要经常从熟悉的、习惯的工作框架中跳出来看一看,尽可能去发现、选择和做还没有人做的事,从一开始就获得公关传播的优势,且这种优势一旦获得,就是所向披靡的。

公关内容与传播的战略创新

公关战略创新无非就是围绕公关的两大核心要素——内容和渠道展开。

1. 内容创新

内容创新方面,本书的第四章做了比较详尽的阐述,给出了企业战略公关创意的几大创意撒手锏。这些企业战略公关创意经典,是我在多年的公关从业生涯中总结出来的,写在书中也是抛砖引玉。我相信创意无极限,公关同行们尽可以继续补充。

在这些创意经典中,我们看到京东与腾讯通过合纵连横,打通了两家企业在互联网电商和社交领域的数据,能够以极其丰富的维度,为品牌商提供数字营销解决方案，创造性地发布了前所未有的"京腾计划"，这一消息的发布让市场沸腾，让竞品无话可说。

我们看到 IBM 曾领先于同业，早在 21 世纪初就预见到超级计算能力终将被应用到各行各业，融入人类生活的方方面面，人们的工作和生活都将升级到更加智慧的状态，并在全球范围内首推"智慧地球"的宏大概念。这一概念借助广泛而深入的公关传播与营销行动，成功地渗透到了各个行业、各个层面，影响了一代 IT 人，引领了"下一个大未来"。

我们看到海飞丝、王老吉、京东家电、小罐茶、江小白等，通过开创全新的市场概念，包括去头皮屑洗发水市场、凉茶市场、网购家电市场、送礼茶叶市场、年轻人的白酒市场等，定义了自己的战场，形成了能够凸显其差异化优势的专属战场，并获得了商业成功。

我们看到英特尔作为半导体厂商，没有遵循绝大多数 2B 品牌的传统，选择向前一步，讲述了精彩的 B2B2C 的故事，让终端消费者从"我们不买芯片、只买电脑"的固有思维意识，转变为如果不买有"Intel Inside"标识的电脑，会觉得这不是一台真正的电脑，或者不是一台有质量保障的电脑产品。

我们看到 GE 的品牌主旨随着百余年来时代的更迭和业务的拓展数次演变，每一次演变都意味着一场变革。不仅是百年 GE 商业发展历程中的重要里程碑，树立了 GE 不可磨灭的品牌精神，也映射了每一个大时代的社会思潮的演变，而 GE 在每一个时代发展周期都会找到自身的价值，回应人们的期冀。

我们还看到 GE 的 CEO 杰克·韦尔奇通过独到而深刻的企业管理思想，影响了一代又一代的企业家和商业精英，传奇商业领袖的魅力令 GE 的企业声誉、品牌形象备受尊敬。

我们看到微软 CEO 萨提亚·纳德拉将自己称作"微软首席文化官"，不遗余力地通过变革微软的文化带领这家企业再攀高峰。微软的使命从"让每个家庭的桌子上都有一台计算机"（1980 年提出）到萨提亚·纳德拉上任后转变为"予力全球每一个人，每一个组织，成就不凡"（2015 年提出），正是从实现自我到赋能他人的升华，让微软短短几年之后再次成为全世界市值前三且更受人们尊敬的企业。

我们看到京东通过开发独有资源，基于平台大数据的挖掘与分析，成为产业趋势和消费洞察新闻的源头，公关部将功能进一步扩展到了媒体一方。融合时代的创新没有边界，除非你给自己设限，这一做法开创了一个新闻内容源的蓝海。

我们看到阿里巴巴、京东都打造了现象级的一天："双 11"和"6·18"，创造了一个又一个销售奇迹。原本电商制造"网购狂欢节"是为了错开线下销售旺季，在传统的销售淡季推广网上购物，发展至今它们已经成为人人皆知的全民购物狂欢节，不只局限于网购，也带动了线下零售与服务的消费，为提振经济做出了重要贡献。

还有，"超级品牌日"原本只是普普通通的日子，却让参与的品牌收获了令人难以置信的惊人销售业绩。京东"一线员工日"在电商、物流行业也是首次设立。通过设立专属的一天来表达对一线普通劳动者的尊重和关爱，为原本普通的一天赋予了不同寻常的意义。

最近，人工智能技术的应用有了新的突破，利用 ChatGPT 可以写新闻稿、做设计，虚拟人、数字人纷纷出现，成为一股新风，让品牌传播更新颖、立体和丰富，不仅有令人耳目一新的高科技感，还避免了一些品牌代言人突发丑闻、人设崩塌的风险。

去发现、选择和做一件还没有人做的事，从一开始就会获得公关传播的优势，且这种优势一旦获得，就是所向无敌的。更深入地去想，我们就会发现，战略创新之所以能够被称作"撒手锏"，带来"无敌效果"，是因为它所蕴含的内涵本身就是无敌的。"超级计算能力终将让我们的地球变得更加智慧""当实现了自我之后，我还要去赋能他人""我们尊重一线员工，想要创造一个专属的日子关爱他们"……所有市场公关传播主旨的背后，蕴含的更是前所未有的社会意义、进一步升华的认知价值。

2.传播渠道创新

当下，传播渠道的优化策略成为渠道战略创新的重中之重，原因有二。第一，传播渠道在过去 10 多年发生了天翻地覆的变化，社会化媒体——新媒体完全取代了传统媒体的位置，成为营销、公关、品牌和传播的主战场。发声渠道从原来的媒体机构变为媒体机构、大平台、企业、个人……理论上，任何人都可以发声，且发声的渠道极为多元。第二，企业能够投入营销、公关、品牌和传播的资金、资源、人力都是有限的，如何利用有限的资金、资源和人力获得更好的传播效果，是当今的社会化媒体环境给企业市场和公关人员带来的最大挑战。

互联网产业的高速发展，成就了一些拥有亿级活跃用户的大平台。例如，社交 App 微信的月活跃用户数超过了 10 亿；互联网生活服务 App 美团的月活跃用户数已接近 8 亿；短视频直播平台抖音的月活跃用户数超过了 7 亿；视频 App 爱奇艺的活跃用户数接近 6 亿；出行 App 滴滴的月活跃用户数突破了 5 亿；资讯平台今日头条的累计激活用户数接近 5 亿；几大电商平台中淘宝的月活跃用户数超过 8 亿，拼多多月活跃用户数达 7.5 亿，京东的活跃用户数接近 6 亿，生活方式平台的崛起者小红书活跃用户数已超过 2.6 亿……这些拥有巨量活跃用户的平台，已经彻底改变了人们的生活方式，包括吃穿住行、购物消费、信息获取和沟通交流等。这些平台的共同之处就是拥有海量的数据，并有能力通过大数据洞察、机器学习、人工智能等先进的 IT/互联网技术，将海量信息和人进行尽可能精准、高效的匹配再转化成销售。传统线下零售的方式，很难将人流与商品进行精准匹配，举例来说，某个卖场的电视机销售区域，一天中来了多少顾客，这些顾客有什么主要特征，他们各自的喜爱偏好是什么，等等，都是模糊的，对比那些通过大数据洞察进行尽可能精准匹配的互联网销售模式，经营的效率就偏低。

营销、公关、品牌和传播的渠道优化策略也是基于同样的道理。首先，传统纸媒从生产方式上，其新闻内容报道的滞后已经不可避免，至于哪些读者读了哪些内容，报社广告经营部门也只有一个非常模糊的概念，无法做到精准。而品牌商家都希望能够依据更精准的数据分析投放广告。

"去中心化"信息分发时代下，媒体机构、大平台、企业甚至每个人都可以是媒体，传播渠道一下子从原来可数的到不计其数，从原来有清晰的规则到杂乱无章。这又给企业带来了更大的难题，必须要深入研究哪些传播渠道对企业自身的生意来说是最有效的，既能带来更多的粉丝关注，又能带来较高的转化率。可是网络如大海，要想钓上鱼肯定不能靠遍撒鱼饵，谁也没有那么多的资源，同时还需深谙其中奥妙，在哪儿钓，用什么饵，吸引什么鱼。这已经成为一项极为专业的技能，必须要有技术的支持，通过数据分析和洞察，将纷繁复杂的社会化媒体渠道和受众之间进行尽可能精准的匹配，再为每一个精选出来的优先传播渠道量身定制适合的传播内容。在视频传播风行之时，又出现了能够精准分析视频浏览热度的技术，我们可以知道哪一帧画面浏览热度更高，反映了人们怎样的情绪。这帮助市场和公关从业者得以更好地洞察受众观看视频过程中的情绪波动，从而更好地策划视频内容，更精准地匹配受众，尽可能提升传播和转化效果，提高传播的效率。如今，营销科技（MarTech）和公关科技（CommTech）已经成为行业必备的专业技能。

创新往往都是基于痛点，痛点也是机会。在社会化媒体大行其道的传媒发展时代，企业也要抓住可以自己发声这个机会，积极建立自身独具特色的自媒体传播渠道矩阵（图 8-1）。所有的品牌如同种类各异的鱼儿一样在市场的大海中游弋，绝大部分是小鱼小虾，只有非常少的品牌将自己做成了巨鲸和鲨鱼。例如，罗振宇的"逻辑思维"网络视频脱口秀、建立的同名微信公众号和知识型社群，因其极为独特的定位（国内第一个做此定位的知名品牌）和成功的运营，创办不久其内容就在几大平台播放超过 10 亿，后续他进一步成功创办了知识付费第一平台得到 App。李子柒曾以拍摄精美绝伦的原创美食短视频而声名鹊起，她在富有诗意的田园背景中制作各种美食，以让人羡慕的亲近自然的方式生活着，堪称网络时代的中国"田园诗"。她的这一定位也几乎是独一无二。李子柒的美食短视频不仅在国内广为流传，还以超过 1400 万的 YouTube 订阅量刷新了由其创下的"YouTube 中文频道最多订阅量"的吉尼斯世界纪录。科技创新带来的社会化媒体环境，既带来了在海量渠道中如何开展高效传播的挑战，也带来了通过创新型传播策略将企业和个人自媒体做出超级影响力的机会。

图 8-1　企业需要构建自身的传播渠道矩阵

　　在公关融入科技色彩的同时，我们依然需要注意回归公关的本质：将定位准确的核心信息通过合适的传播渠道抵达预先定义好的受众。重要的核心信息传递渠道通常需要考虑三个维度：大众传媒、行业媒体，以及财经和权威媒体渠道。社会化媒体的渠道优化只是更好地管理了在大众传媒范畴的传播。若要在行业内和对商业精英群体和政府部门产生足够大的影响力，就必须做好在行业媒体、财经媒体、权威媒体等传播渠道的针对性的内容定位和沟通的工作（图 8-2）。它们是媒体中的意见领袖，这些媒体刊发的报道具备行业引领意义、经济全局意义和政府主导意义。

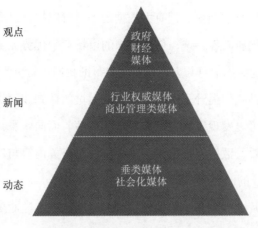

图 8-2　信息传递渠道的三个维度

如上所述，公关传播渠道策略创新应考虑以下三个维度：

（1）社会化媒体传播的渠道优化策略创新；

（2）企业自媒体矩阵传播内容创新；

（3）构建大众媒体、行业媒体、财经媒体和政府媒体多维度立体传播的完整创新策略。

今天，那些拥有巨量活跃用户的大平台已经彻底改变了人们的生活方式和接收信息与沟通交流的方式。这些平台本身就具有了媒体的属性，例如，每一辆共享单车、每一辆滴滴网约车都可以成为品牌营销、公关传播的载体。美团的外卖骑手，每一个骑手的制服、每一个外卖包装袋也都成了品牌营销、公关传播的载体。只要你想，传播渠道的创新点无所不在。

3. 融合时代

公关内容与传播战略型创新往往还产生于那些未定义的地带或模糊地带。公关、营销、媒体、品牌之间的边界已经模糊，越来越多的营销，会先通过一个公关事件发起，以话题新闻的方式吸引受众的关注，然后再用营销的方式去铺开。没有必要固守到底什么是公关，何为营销，谁是媒体。融合时代，市场和公关人可以尽情跳出局限、打开思路、灵活创新。

数据的重要性日益凸显。拥有大数据的平台可以把自己变成新的独家新闻源，生产出独家优质内容，这一创新带来的市场竞争优势无可比拟。数据分析帮助我们更深刻地洞悉信息与人，机器学习帮助我们进行更为精准的人群匹配，最为重要的是帮助我们提升了市场公关专业人员的认知，而认知的提升是创新的源泉与基础，可以发现别人还没有发现的事情。面向未来，拥有技术和互联网思维越来越重要，数据将是重要的核心资产，公关内容与传播创新离不开市场科技、公关科技的助力。

移动化、碎片化的趋势不可逆转。人们越来越习惯随时随地获取信息、商品和服务，并随时随刻分享感受，人们的注意力变得很短，新媒体内容的创意与时长都要充分考虑这一特征。

当今时代，唯一不变的就是变化，战略创新成为企业生存的必备条件，而公关创新是企业创新战略的重要一环，应与品牌、企业携手共创新价值。在去中心化的传播时代，与各利益相关方开展恰如其分的沟通和互动是如此重要，因而战略型公关亦成为企业发展的新生产力，有机会为企业带来创新的潜力与空间，共同促进业务的发展。

科技创新激发公关战略创新

三年新冠疫情期间，全球公关行业遭遇了前所未有的挑战与困难。线下活动一度近乎停滞，即便在逐步恢复期，也只允许举办小规模的活动，大型活动彻底消失。由于大量国际航班熔断，加上各国疫情管控政策不一等因素影响，大量的国际活动不得不取消。投资和创业活动陷入前所未有的低谷，大量企业遭遇前所未有的困难，营销与公关投入大幅削减。

互联网行业常说一句话："痛点即创新的机会。"公关属于创意产业，挑战和困难激发了公关人新的创意和灵感。疫情期间，人们更加充分地利用了互联网，网上授课、远程办公、视频会议、直播电商、网络游戏……一切都在通过互联网展开，人们在互联网世界学习、工作、生活、做生意、享受娱乐，云计算服务的需求突然大幅增长，一下子跨越了市场教育阶段，成为越来越多企业的刚需；以大数据为基础的人工智能应用迅速突破；支撑更大规模的互联网和智能应用的IT基础设施——"新基建"更加快了建设的步伐。这些行业和医疗健康、户外露营、保险养老等行业，成为疫情期间极少数快速增长的行业领域。

许多公关活动转为线上举行，小到培训讲座、行业论坛，大到汽车的新产品发布活动，技术驱动成为疫情期间公关行业战略创新的最大亮点。疫情剥夺了人们线下聚集和实地体验的机会，汽车厂家和公关公司把大型汽车新品发布会活动搬到线上实属无奈，却因此激发了全新的创意，让所有的参与者收获了超出想象的惊喜。

2023年初，ChatGPT迅速破圈，国内外大模型争先恐后密集发布，将人们带入通用人工智能发展新阶段和算力产业新时代。据预测，未来5年内全球算力将增长超过100万倍。人工智能驱动算力呈指数级增长，让包括公关、营销在内的所有行业都不得不重新思考，我们战略创新的方向将如何再一次转换？现有的生意模式、运营方式应该如何变革？战略创新从来都不是在过往经验的延长线上产生，那是战术层面的创新。战略创新要求我们必须打破原有的思维框架，在全新的全球市场经济和科技发展的格局中，抓住促使社会心理与人类行为演变的核心因素，从根本上创造新的模式、新的创意、新的手段。

"00后"是互联网世界的原住民，他们生活中的一部分在现实世界，另一部分在网络世界，这是他们生活的常态，也是未来主流受众人群的生活新常态。许多媒体逐渐演变为"融媒体"，集纸媒、资讯、视频、直播等多样化报道方式为一体，内容被多视角包装和呈现，既有线下，又有线上；针对不同的细分群体，推出针对性的内容，把这些做对、做准、做好成为媒体运营的新常态。这是市场公关人身处的环境，是我们的新战场，需要深刻洞察，祭出战略创新的撒手锏。

市场营销与公关行业已经出现许多的创新尝试，例如，数字人、数字形象、

AIGC（人工智能生产内容）、沉浸式虚拟现实体验等都已经开始被很多品牌尝试应用。元宇宙作为人类未来的虚拟世界，必将产生越来越丰富的应用场景，这为市场公关人、品牌、企业提供了广阔的想象空间和无限的可能性。有专家提出，元宇宙的到来也将激发更多国际传播的创新路径，在原来我们常说的"地缘政治"的基础上，未来还会出现"网缘政治"。

从另一方面看，终于走出疫情的人们，见面、微笑、流泪、拥抱，真切地感受着人与人面对面交流的那种感动和珍贵。无论科技如何发展，回到根本，还是要更好地服务人类。无论有多少创新的展现空间、传播方式和内容载体，真正有见地的创新思维和观点引领才能让人们追随前行，真正打动人、能共情的内容传播才能达成有效的交流和情感的链接。在未来，公关人需要积极利用科技的创新发展，变幻多姿的内容承载形式，传递真正有价值的核心关键信息，达到引领思维、创造价值、激发共鸣、链接情感的效果，才能最终与社会各方同频共振，共襄盛举。

世界向前，人才辈出，公关战略价值将由你创造。

改革开放 40 多年中国涌现出大量优秀的企业，制造业和服务业有了跨越式的发展，科技互联网和新能源等前沿领域有了弯道超车的精彩突破。而我们的"软实力"，诸如公关战略、品牌价值、企业声誉等，距离在全球市场达到一个更为理想的状态仍然有很长的路要走。

面向未来，必将有越来越多的优秀中国企业走向全球市场，服务全球的消费者，并在多个核心技术开发领域一展身手，随着产品、服务、技术走向全球，源自中国的企业文化和价值观也必将与全球的文化和价值观进行交融和碰撞。一家中国企业的愿景、使命和价值观能否被其全球各地的团队深深认同，能否被其全球的市场和客户真正理解，获得尊重并转化为支持行动，将会成为中国企业全球化发展的重要课题。

回想我们这一批公关人，从 20 世纪 90 年代入行，也许可以算作中国改革开放后的第一批专业服务于企业沟通需求的职业公关人。由于那时中国公关行业刚刚起步，我们中的很多人最初受到的专业培训是跨国公司总部为全球各大市场安排的，至今回想起来，那些培训都有相当高的水准，也相当"正宗"。能够在激烈的市场竞争中逐步成长为行业中数一数二的企业，且能够在全球市场布局并受到全球消费者广泛认可的大型跨国公司，其核心发展理念、企业价值观大都是非常正向的。这些行业领军者不仅致力于完成企业自身的使命和目标，还常常会为行业发展和社会进步做出自己的贡献。所以，诸如秉持正向价值观，坚守道德底线，重视战略思考，奉行可持续、包容性发展这些公关理念，从一开始就已植入它们的骨髓。在这近 30 年的时间里，无论行业发生多少变化，我们这一批公关人当中的大多数始终坚信，公关应该是一个知识驱动、价值引领，具有战略定位、创意创新，不断对社会做出贡献的行业。当看到一些低俗的"公关"操作的时候，我们会感到非常痛心，觉得这些以公关之名行龌龊之事的行为极大地败坏了这个行业的名声。

中国的第一代公关人经历了中国改革开放最为轰轰烈烈的时代，他们身先士卒，大量学习、探索、创新、实践。总结其中的精华，分享其中的洞见，可以助力大量中国企业在初创时期，在高速成长时，在展开深层竞争乃至全球竞争时，在穿越周期的艰苦旅途里，跨越障碍，闯过难关。

我在从跨国公司"学成"并转至服务中国企业后，通过高度浓缩跨国企业的经验和紧紧抓住中国企业发展战略的核心，在极短的时间内建制、练兵、打仗、创新、迭代……完成这一切的速度也映射了中国企业令人震惊的发展与超越，一年抵三年，毫不夸张。因而，我坚信，尤其是处在前沿科技领域的中国企业，其国际化的大周期很快就会到来，而在这一进程中，过往在国内市场发展和竞争的经验并不都适用，企业面临的是前所未有的挑战，而应对挑战首先需要具备更高站位的战略型公关思维。我在帮助中国企业开启国际化市场拓展的过程中，对这个庞大的关乎企业"软实力"的课题深有感触。

在写这本书的过程中，一幅非常久远的画面再一次浮现在我的脑海中。那是 1995 年秋日的一天，在东京的一座坐落在半山腰的白色小楼里，一间窗明几净的会议室中，来自全球十几个国家的公关专业人士正在用英文讨论着看似与他们服务的这家企业关系不大的话题，从消费市场到产业趋势，从宏观经济到地缘政治，间或也会就宗教信仰、文化差异等话题进行分享和探讨。如果不是从玻璃窗看见约百米开外的另一栋白楼上在阳光下熠熠发光的蓝色品牌标识，很难想象这样一场话题宏大的会谈是一家跨国公司的内部公关会议。

这是我第一次在一个跨国公司的总部，参加其全球公关负责人的内部会议。彼时的中国市场，刚刚进入跨国公司的开发版图。我那时还是一个懵懵懂懂的年轻人，一个完全的公关小白，很幸运有机会参加了这样一场会议，它带给我的震撼是巨大的。这次会议让我对"公共关系"这个行业充满了好奇心和好感，它意味着从业者必须具备海量的知识、睿智的判断、平等的意识、包容的胸怀、极高的人文素养以及全球的视野，当然，这些都需要以正向的企业价值观为基础。所有的东西都需要一个年轻的中国女孩孜孜不倦地去学习。我还深深地感受到了"公共关系"这个词、这个行业的美好和被尊重。就在那一刻，我决定进入这个行业，好好努力。近30年过去了，我践行了自己对于职业最初的尊重。

时代快速更迭。今天，在"世界经济"的定义中，中国不仅不可缺少，更将成为重要的支柱力量。我有一个愿望，有朝一日从职业的战场上下来的时候，我想尽自己的努力做一个传承，把我通过思考和实践沉淀下来的经验分享出来，尤其是那些关于企业公关的关键战略思维的探索。很多公关战术可能会随着时代的发展和媒体环境的变化而过时，然而，公关战略可以穿越周期，在较长的时间里给予企业战略层级的帮助，这也正是我写这本书的初衷。

为了尽可能让这一分享带来价值，我将自己近30年来在具有代表性的跨国公司和中国民营企业中所做的公关探索与实践经验、在近4~5年担任企业顾问或为企业授课时根据企业的不同需求所做的研究和撰写的大量备课内容，以及我为探究企业发展战略相关问题而补充阅读的数十本专业书籍作为创作这本书的原材料，将企业不同阶段的发展需求作为创作构思的原点，梳理出来一个相对清晰的逻辑，比较系统化地输出了公关战略能够给企业的发展带来的价值。好的公关战略成就卓越的商业组织，而这也将贡献于"商业让世界更美好"的愿景。

我深知自己的局限肯定会导致遗漏一些更加精彩的公关战略思考，因此希望本书能起到抛砖引玉的作用，也期待更多公关人更精彩的分享。在此我也向清华大学出版社的资深编辑冬雪老师表示感谢，感谢她允许我并支持我按照自已的思路和节奏完成这本书的创作，并常以她对于读者群体和出版市场的丰富经验及时给予我有价值的反馈。

可能任何有关"战略"的课题都不是一个容易的课题吧，我在写作的过程中数次卡壳。我甚至曾有两次幻想过，也许传奇的 ChatGPT 技术能够对我有所帮助，然而，让人沮丧的是，由于这方面的著述仍是空白（至少在国内），我竟然不能通过 ChatGPT 获得一丝一毫的帮助。当然，这一结果反而在后来让我感到很欣慰，面对大踏步发展的人工智能技术对于公关人的挑战，很多人惶惶不安。其实大可不必，创意创新是公关行业的精髓，我们可以非常自信地说，公关人永远都会有发挥他们独特价值的空间，而 ChatGPT 以及未来更多的技术和应用，将帮助我们提升效率、丰富创意、扩大战果。

近 30 年前在跨国企业总部参加的那场国际公关会议，给我留下了深刻的印象。我希望有一天，类似这样的会议能够越来越多地出现在中国企业的总部，主讲人是充满智慧的中国企业的全球公关负责人或首席传播官。在某一刻，我们中国的企业公关人也可以骄傲地让来自远方某个国度的年轻人，就像当年的我一样，感受到这个职业充满魅力和备受尊重，感受到中国企业软实力的厉害。

我们这一代的企业公关人跑完了一程，现在把这个接力棒递给年轻一代的企业公关人，希望他们可以帮助中国企业跑得更快更远。我们打了一个地基，做了初步的建设，希望看到年轻一代在这个基础上建起真正宏伟的高楼大厦。这些高楼大厦应当持续夯实正向的价值观和公关专业的实力，导入科技发展的新成果，不仅样子好看，更要有支撑它们的公关精神内核和高屋建瓴的顶层设计。

中国企业公关软实力的建设需要几代公关人的前赴后继，我想，我们每一代公关人要做的就是完成时代赋予我们的使命。这本书的撰写也是我践行这一原则的行动之一，对于这个行动，我赋予了足够的真诚。

李曦

2023 年 11 月 1 日